工业和信息化普通高等教育
"十三五"规划教材立项项目

高等院校"十三五"
电子商务系列规划教材

U0747354

ELECTRONIC COMMERCE

EC

电子商务
理论与实务

微课版 第3版

屈燕 杨成宝 ◎ 主编

黄效文 李玮 尹瑞林 ◎ 副主编

人民邮电出版社

北 京

图书在版编目（CIP）数据

电子商务理论与实务 : 微课版 / 屈燕，杨成宝主编
. -- 3版. -- 北京 : 人民邮电出版社，2021.4
高等院校"十三五"电子商务系列规划教材
ISBN 978-7-115-55188-7

Ⅰ. ①电… Ⅱ. ①屈… ②杨… Ⅲ. ①电子商务一高
等学校一教材 Ⅳ. ①F713.36

中国版本图书馆CIP数据核字(2020)第210409号

内 容 提 要

　　本书结合当前电子商务发展的新趋势、新热点，对电子商务领域的相关知识体系进行了重新编排。全书
共 10 章，系统地介绍了电子商务相关基础知识、电子商务商业模式、电子支付、互联网金融、电子商务物
流、网络营销、电子商务安全、移动电子商务、跨境电子商务以及网络店铺运营等内容。每章开篇都有导入
案例，章后配有实践训练、练习题，便于读者课后实践。

　　本书既可以作为应用型院校本科电子商务专业等相关专业的教学用书，也可以作为对电子商务感兴趣的
人员的参考用书。

◆ 主　　编　屈　燕　杨成宝
　　副主编　黄效文　李　玮　尹瑞林
　　责任编辑　孙燕燕
　　责任印制　李　东　胡　南

◆ 人民邮电出版社出版发行　　北京市丰台区成寿寺路 11 号
　　邮编　100164　　电子邮件　315@ptpress.com.cn
　　网址　https://www.ptpress.com.cn
　　北京天宇星印刷厂印刷

◆ 开本：787×1092　1/16
　　印张：12　　　　　　　　　　　　2021 年 4 月第 3 版
　　字数：247 千字　　　　　　　　2025 年 9 月北京第 7 次印刷

定价：39.80 元

读者服务热线：(010)81055256　印装质量热线：(010)81055316
反盗版热线：(010)81055315

前　　言

随着互联网的快速发展和智能手机的普及应用，传统电子商务、移动电子商务获得了长足发展。另外，"互联网+"也促使政企服务更加多元化和移动化，并使其在电子商务的推动下产生了新的经济运作方式、新的商业模式以及新的应用内容。为适应数字经济发展的需要，《电子商务理论与实务（微课版　第3版）》在保留第2版知识体系的基础上，对原有的部分章节进行了调整，并增加和完善了新的案例与数据，以符合当前电子商务教学的需求。

本书特色如下。

（1）内容新颖

本书紧跟电子商务发展的新趋势，增加了商业模式、云计算、大数据、人工智能、网络直播和短视频营销、H5营销、网络店铺数据分析等内容，内容新颖，与时俱进。

（2）应用性强

本书每章后附有实践训练和练习题，便于读者课后实践；文中还设置了"课堂思考"模块，便于读者即时现学现用，具有较强的应用性。

（3）形式新颖

本书区别于以往的传统教材形式，以二维码形式链接微课视频，讲解书中的重难点知识，利于读者利用碎片化时间进行线上与线下学习，可以提高学习效率。

（4）配套资源丰富

本书不仅提供教学课件（教师版和学生版）、实训课件，供读者选择使用，还提供案例库、试题库、教学大纲、课程标准等资源，便于教师教学。用书教师可在人邮教育社区（www.ryjiaoyu.com）免费下载。

本书的参考学时为48～64学时，建议采用理论实践一体化的教学模式或混合教学模式。各章的参考学时如下，教师在使用过程中可根据教学的实际情况进行调整。

章名	课程内容	学时
第1章	电子商务概述	4
第2章	电子商务商业模式	8

章名	课程内容	学时
第3章	电子支付	4～6
第4章	互联网金融	2～3
第5章	电子商务物流	4
第6章	网络营销	8～10
第7章	电子商务安全	6～8
第8章	移动电子商务	2～3
第9章	跨境电子商务	2～6
第10章	网络店铺运营	8～12
学时总计		48～64

本书由屈燕、杨成宝担任主编，黄效文、李玮、尹瑞林担任副主编，其余参与人员为胡伟、陈绪英、李海燕、马翠萍和甘信丹。此外，本书在编写过程中也得到了一些兄弟院校、朋友的支持和帮助，在此深表感谢。

由于编者水平和经验有限，书中难免存在不足之处，恳请读者多提宝贵意见，以便在修订版中不断完善。

编　者

2021 年 1 月

目　录

第 1 章　电子商务概述

📁【学习目标】

本章主要介绍与电子商务相关的基础知识，使读者了解现实生活中的电子商务，理解电子商务的含义及其与传统商务的区别；了解电子商务的发展现状及发展阶段；掌握电子商务的分类。

💼【导入案例】

山东菏泽"淘宝村"：全村2 600人年产1.5亿元

2019 年，山东省菏泽市共有 307 个村成为"淘宝村"，带动 48 万人就业。其中 57 个省定贫困村由于发展成为淘宝村，实现全村脱贫。

山东菏泽的这个叫湾子张的小村，生产了全国 80%的布艺小板凳，产品甚至出口海外。"双十一"前的这段时间，越来越多的人打开地图搜索"湾子张村"，然后驱车前往。在地图上搜索"湾子张村"，搜索引擎会立马弹出一个指甲盖大小的标点。标点不太显眼，如果从北京出发，至少要坐上 6 个小时的火车才能到达菏泽，然后还得从菏泽转车，经一个小时才能到达这里。

只有小学二年级文化程度的农民，在这里成了全国最大的布艺板凳生产商；曾经地处三县交界的"三不管"的偏僻角落，发展成了定陶区的首个中国淘宝村。电商产业的发展，让全村 500 多户人家实现了脱贫。

从 2009 年开始，村子里办起了隔板加工厂，2011 年开始有村民瞄准电子商务，在网上销售起自己生产的木质家具，村子从此换了一副模样。村里最有名的"板凳姐"杨俊红，作为第一批做电商的人，还带动了不少同乡从事电商。

就连在外地打工的"电商达人"，也逐渐被政府邀请回乡创业，并且还带动了大学生返乡创业。镇上返乡的大学生多达 86 人，其中仅湾子张一个村就占到 49 人。镇上有人做过统计，湾子张村不仅自己的发展态势良好，还带动了周边约 1 200 人就业。

在这条不断升腾的生产链条里，村里的商户默契配合着，每个人都能在电商生意里找到属于自己的角色。10 年前隔壁曹县就有 80 岁的老大爷做淘宝客服，靠"一指禅"式的打字，敲出一个"亲"字。现在，湾子张村的老老少少都搭上了淘宝的顺风车，使全村 500 多户人家实现了脱贫。

1. 什么是电子商务？
2. 电子商务与传统商务又有什么区别？
3. 为什么越来越多的企业选择了电子商务之路？

1.1 电子商务的含义及特征

近年来，互联网改变了传统企业的经营行为，改写了企业竞争规则，企业界的高级主管不管到哪里都可以听到电子商务（Electronic Commerce 或 Electronic Business）的话题，电子商务已经成为企业界的讨论热点。要想了解和认识电子商务的本质，必须从其基本概念入手。

1.1.1 电子商务的含义

究竟什么是电子商务？不同的人对电子商务有不同的理解，因为电子商务这一概念自产生起，就没有一个统一的定义。各国政府、学者、企业界人士都根据自己所处的地位和对电子商务参与程度的不同，从各自的角度提出对电子商务的认识，因而，今天我们可以看到关于电子商务的各种阐述。

1997 年 11 月 6 日至 7 日，在法国巴黎，国际商会举行了世界电子商务会议（The World Business Agenda for Electronic Commerce）。会议认为，电子商务使整个贸易活动实现电子化。从涵盖范围方面可以定义为，交易各方以电子交易方式而不是通过当面交换或直接面谈方式进行的任何形式的商业交易；从技术方面可以定义为一种多技术的集合体，包括交换数据（如电子数据交换、电子邮件）、获得数据（如共享数据库、电子公告牌）以及自动捕获数据（如条形码）等。

经济合作与发展组织（Organisation for Economic Cooperation and Development，OECD）是较早对电子商务进行系统研究的机构。该组织认为，电子商务是利用电子化手段从事的商业活动，它基于电子数据处理和信息技术，如文本、声音和图像等传输数据，其主要遵循 TCP/IP 和通信传输标准，遵循 Web 信息交换标准，提供安全保密技术。

国际商业机器（International Business Machines，IBM）公司提出了一个电子商务的定义公式，即"电子商务=Web+IT"。它所强调的是在网络计算环境下的商业化应用，是把消费者、商家、厂商及其合作伙伴在互联网（Internet）、企业内部网（Intranet）和企业外部网（Extranet）上结合起来的应用。

惠普（Hewlett-Packard，HP）公司提出，电子商务是指从售前到售后支持的各个环节实现电子化、自动化。电子商务是跨时空的电子化世界（E-World），即"Electronic Commerce + Electronic Business + Electronic Consumer"。

从总体上来说，人们对于电子商务的认识和定义大致有广义和狭义之分。一般认为，广义的电子商务（Electronic Business，EB）是指利用 IT 技术使整个商务活动实现电子化，人们将利用互联网、企业内部网和企业外部网等在内的一切计算机网络以及其他信息技术进行的所有的企业活动都归属于电子商务。狭义的电子商务（Electronic Commerce，EC）特指运用互联网开展的交易或与该交易直接相关的活动，它仅将基于互联网进行的交易活动归属于电子商务，我们称之为 E-Commerce。

1.1.2　电子商务的特征

从电子商务的含义可以看出，电子商务具有以下基本特征。

1. 普遍性

电子商务作为一种新型的交易方式，将生产企业、流通企业、消费者和政府带入了一个网络经济、数字化生存的新天地。

2. 方便性

在电子商务环境中，人们不再受地域的限制，客户能以非常简捷的方式完成过去较为烦琐的商业活动。例如，通过网络银行，客户能够全天候地存取账户资金、查询信息等，同时使企业对客户的服务质量得以大大提高。

3. 整体性

电子商务能够规范处理事务的工作流程，将人工操作和电子信息处理集成为一个不可分割的整体，这样不仅能够提高人力和物力的利用率，还可以提高系统运行的严密性。

4. 安全性

在电子商务环境中，安全性是一个至关重要的核心问题。它要求网络能提供一种端到端的安全解决方案，如加密机制、签名机制、安全管理、存取控制、防火墙、防病毒保护等，这与传统的商务活动有很大的不同。

5. 协调性

商业活动本身是一种协调过程，它需要客户与企业内部、生产商、批发商、零售商之间进行协调。在电子商务环境中，它更要求银行、配送中心、通信部门、技术服务部门等通力协作，电子商务的全过程往往是一气呵成的。

电子商务系统以互联网为依托，给整个社会和经济都带来了巨大的影响，其应用的范围也越来越广，这体现在以下几个方面。

① 国际旅游和各国旅行服务行业，如旅店、宾馆、饭店、机场、订车票、订房间、信息发布等一系列服务。

② 图书、报刊、音像出版业，如电子图书发行、报刊、图书的网上订阅等服务。

③ 新闻媒体。

④ 进行金融服务的银行和金融机构，如网上银行、网上证券业务的开展等。

⑤ 政府的电子政务，如电子税收、电子商检、电子海关、电子行政管理等。

⑥ 信息服务行业，如房产信息咨询服务、导购咨询服务等。

⑦ 零售业，包括在线的商品批发、商品零售、拍卖等交易活动。

⑧ IT 行业等。

由此可见，电子商务正深入社会的每个角落，对社会的方方面面都产生着影响，甚至引起了巨大的变革。在各个领域，如交易活动管理、市场调研、广告宣传与信息发布、咨询洽谈、网上订购、网上支付、网上金融服务、服务传递、在线服务支持等方面，电子商务都发挥着重要作用。

课堂思考 联系我们的生活，还有哪些行业或领域没有与互联网相结合，小组讨论后，阐述你的观点。

1.2 我国电子商务的发展历程

1.2.1 我国互联网发展现状

我国网民总数不断攀高。2020 年 4 月 28 日，中国互联网络信息中心（China Internet Network Information Center，CNNIC）发布第 45 次《中国互联网络发展状况统计报告》（以下简称为《报告》)。《报告》显示，截至 2020 年 3 月，我国网民人数达 9.04 亿，较 2018 年年底增长 7 508 万人，互联网普及率达 64.5%，较 2018 年年底提高 4.9 个百分点，如图 1-1 所示；我国手机网民人数达 8.97 亿，较 2018 年年底增长 7 992 万人，网民使用手机上网的比例达 99.3%，较 2018 年年底提高 0.7 个百分点。我国网民人数和互联网普及率如图 1-1 所示。

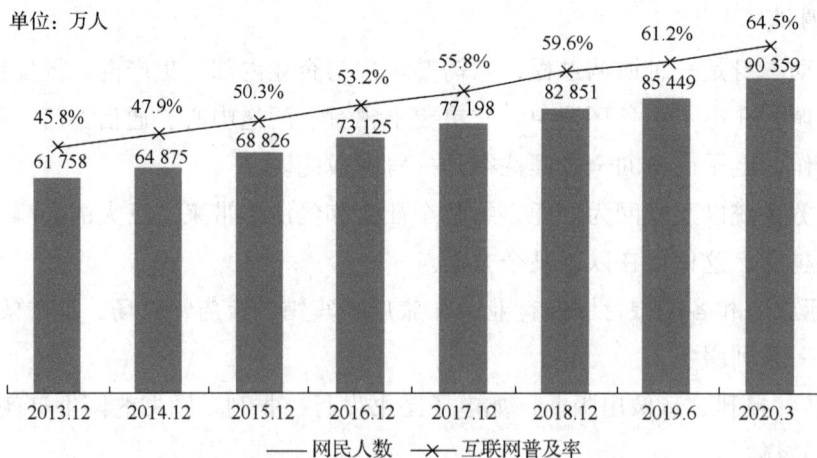

图 1-1 我国网民人数和互联网普及率

《报告》同时显示，截至 2020 年 3 月，我国农村网民人数为 2.55 亿，占网民整体的 28.2%，较 2018 年年底增加 3 308 万人；城镇网民人数为 6.49 亿，占网民整体的 71.8%，较 2018 年年底增加 4 200 万人。农村人口是非网民的主要组成部分。截至 2020 年 3 月，我国非网民人数为 4.96 亿，其中城镇地区非网民占比为 40.2%，农村地区非网民占比为 59.8%。调查发现，使用技能缺乏、文化程度限制和年龄因素是非网民不上网的主要原因。我国网民以中等教育水平的群体为主。截至 2020 年 3 月，初中、高中/中专/技校学历的网民群体占比分别为 41.1%和 22.2%；受过大学专科及以上教育的群体占比为 19.5%。2019 年以来，我国个人互联网应用保持良好发展势头。其中，受新冠肺炎疫情影响，全国大中小学开学推迟，教学活动改至线上，在线教育用户较 2018 年年底增长 110.2%；此外，在电商直播的带动下，网络直播用户较 2018 年年底增长 41.1%。

1.2.2 我国电子商务发展阶段

我国电子商务起步于 20 世纪 90 年代中期，发展步伐相当快，可以概括为以下几个阶段。

1. 1993—1998 年，起步阶段

1993 年，国务院批准成立了国家经济信息化联席会议，相继组织了金桥、金关、金卡 "三金工程"，取得了重大进展。1996 年，金桥网正式开通。1997 年，我国第一家垂直化工网站诞生——中国化工网。1998 年 3 月，我国第一笔互联网网上交易成功；同年 11 月，腾讯成立。

2. 1999—2002 年，初步发展阶段

1999 年 5 月，8848 等 B2C 网站正式开通，网络购物进入实际应用阶段。同年，政府上网、企业上网、电子政务、网上纳税、网上教育和远程诊断等广义电子商务启动并进入实际试用阶段；1999 年 9 月，阿里巴巴成立。2000 年，卓越网成立；同年 6 月，电子商务协会成立。2002 年 3 月，eBay 购入易趣网 33%的股份；2002 年 10 月，阿里巴巴实现收支平衡。在这个时期，网民的网络生活方式还仅仅停留于电子邮件收发和新闻浏览阶段。

3. 2003—2006 年，回暖阶段

在这一阶段，当当、卓越、阿里巴巴、慧聪、全球采购、淘宝等企业成为互联网的热点。2003 年 10 月，阿里巴巴推出支付宝，同年 12 月慧聪网上市。2005 年 8 月，阿里巴巴收购雅虎，同年 9 月，腾讯推出拍拍网。这个阶段对于电子商务来说较大的变化有 3 个：大批网民逐步接受网络购物的生活方式，并且网购规模还在高速地扩张；众多的中小型企业从 B2B 电子商务中获得了订单，获得了销售机会（2004 年 1 月马云提出 "网商" 的概念，从此深入商家之心）；电子商务基础环境不断成熟，物流、支付、诚信瓶颈

基本得到解决，在 B2B、B2C、C2C 领域，不少网络商家迅速成长，积累了大量的电子商务运营管理经验和资金。

4. 2007年以后，电子商务进入纵深发展阶段

这个阶段最明显的特征就是，电子商务已经不仅仅是互联网企业的天下。数不清的传统企业和资金进入电子商务领域，使电子商务世界变得异彩纷呈，如 2008 年中粮"我买网"成立，苏宁易购、国美在线成立。B2B 领域的阿里巴巴上市标志着电子商务发展步入了规范化、稳定的阶段。2009 年开始"双十一"购物节；淘宝的战略调整，百度的试水意味着 C2C 市场不断地优化和细分；PPG、红孩子、京东商城的火爆，不仅引爆了整个 B2C 领域，更让众多传统商家按捺不住，纷纷跟进。

尽管我国电子商务呈现出高速发展的态势，但是仍然存在一些问题。比较典型的问题如电子商务发展所需要的市场经济环境不完善，企业信息化建设滞后，电子商务交易存在安全性问题以及电子商务人才缺乏等；同时电子商务法律法规、标准、规范滞后，亟须加强。因此，我国需要在电子商务发展规划和宏观指导、信息基础设施建设、企业信息安全以及人才培养等方面采取措施，加快我国电子商务的建设步伐。

1.3 电子商务的分类

电子商务的分类方法有很多，不同行业、不同视角都有不同的分类标准，主流的分类方式主要有下面几种，如表 1-1 所示。

表 1-1 电子商务的分类

分类标准	电子商务
商业活动的运作方式	完全电子商务、不完全电子商务
开展电子商务交易的范围	本地电子商务、国内电子商务、国际电子商务
使用网络的类型	基于 EDI 的电子商务、基于 Internet 的电子商务、基于 Intranet 的电子商务
交易对象	B2C、B2B、B2G、C2C、C2G
商贸业务过程中的不同阶段	支持交易前的系统、支持交易中的系统、支持交易后的系统

1.3.1 按照商业活动的运作方式分类

根据商业活动的运作方式，即交易的电子化程度来分，电子商务一般分为两种类型，即完全电子商务和不完全电子商务。

1. 完全电子商务

完全电子商务即可以完全通过电子商务方式实现和完成整个交易过程的交易。换句话说，是指商品或者服务交易的完整过程都是在信

微课 扫一扫：

电子商务漫谈之互联网+

息网络上实现的，如计算机软件、电子报刊、商业信息等交易。

2. 不完全电子商务

不完全电子商务即无法完全依靠电子商务方式实现和完成完整交易过程的交易，它需要依靠一些外部要素，如运输系统等来完成交易。电视、衣服等有形产品的交易都属于不完全电子商务。

1.3.2　按照开展电子商务交易的范围分类

电子商务按照交易的地域范围可以分为 3 类，即本地电子商务、国内电子商务和国际电子商务。

1. 本地电子商务

本地电子商务是指利用本城市或本地区内的信息网络实现的电子商务活动。本地电子商务系统交易的地域范围较小，是开展国内电子商务和国际电子商务的基础。

2. 国内电子商务

国内电子商务是指在本国范围内进行的网上电子交易活动，其交易的地域范围较大，对软、硬件和技术要求较高，要求在全国范围内实现商业电子化、自动化，实现金融电子化，交易各方应具备一定的电子商务知识、技术和经济能力，并具备一定的管理水平和能力等。

3. 国际电子商务

国际电子商务是指在世界范围内进行的网上电子交易活动，涉及交易各方的相关系统，如消费者国家进出口公司系统、银行金融系统、税务系统、运输系统及保险系统等。国际组织制定的世界统一的电子商务标准和电子商务协议，使全球电子商务得以顺利发展。

1.3.3　按照使用网络的类型分类

电子商务按照使用网络的类型可以分为 3 类，即基于 EDI 的电子商务、基于 Internet 的电子商务和基于 Intranet 的电子商务。

1. 基于 EDI 的电子商务

EDI（电子数据交换）是指将商务或行政事务按照一个公认的标准，形成结构化的事务或文档数据格式，它是从计算机到计算机的电子传输方法。EDI 主要应用于企业与企业、企业与批发商、批发商与零售商之间的批发业务。但是，由于 EDI 必须租用 EDI 网络上的专线，即通过购买增值网（Value Added Network，VAN）服务才能实现，因此费用较高，从某种程度上阻碍了中小型企业使用 EDI。

2．基于 Internet 的电子商务

互联网是一种组织松散、国际合作的互联网络。该网络通过自主遵守计算的协议和过程，支持主机对主机的通信。具体来说，互联网就是让一大批计算机采用一种叫 TCP/IP 的协议来即时交换信息。互联网电子商务就是现代国际商业的最新形式，它以计算机、通信技术、多媒体技术、数据库技术为基础，通过互联网络，在网上实现营销、购物服务等多种活动。

3．基于 Intranet 的电子商务

Intranet 是在 Internet 基础上发展起来的企业内部网，或称内联网。它在原有的局域网上附加一些特定的软件，将局域网与互联网连接起来，从而形成企业内部的虚拟网络。它与 Internet 的最主要区别在于，Intranet 内的敏感或享有产权的信息受到企业防火墙安全网点的保护，它只允许授权者进入内部 Web 网点，即外部人员只有在许可条件下才可以进入企业的内联网。

1.3.4 按照交易对象分类

按交易对象进行分类，电子商务主要有以下 5 种类型，一般称作电子商务的 5 种应用模式。

① 企业与消费者之间的电子商务——B2C。这是消费者利用互联网直接参与经济活动的形式，类似于电子化的零售商务，如亚马逊、当当网等。

② 企业与企业之间的电子商务——B2B。B2B 是电子商务应用最重要和最受企业重视的形式，如阿里巴巴、慧聪网等。

③ 企业与政府之间的电子商务——B2G。B2G 覆盖了企业与政府间的各项事务。

④ 消费者与消费者之间的电子商务——C2C。C2C 是个人利用互联网进行的交易活动，如淘宝网、易趣网等。

⑤ 消费者与政府之间的电子商务——C2G。C2G 是政府的电子商务行为，不以营利为目的，主要包括政府采购、网上报关和报税等。C2G 电子商务除了可以使政府为公众提供方便、快捷、高质量的服务，更重要的是可以开辟公众参政议政的渠道，建立政府与公众良性互动的平台。

课堂思考 按交易对象分类，请列出每种类型具有代表性的网站，多思考，尽可能多写，看看哪个小组列举得多。

1.3.5 按照商贸业务过程中的不同阶段分类

按照商贸业务过程中的不同阶段，电子商务可分为 3 类。

① 支持交易前的系统：将商贸信息公布在互联网上提供查询业务等。

② 支持交易中的系统：在买卖双方之间，交换商贸活动中的各种业务文件及单证

等，如直接索要报价单、洽谈商品价格等业务细节，以及填送订购单、支付购货费用、出具发货通知单等一系列单证和票据交换。

③ 支持交易后的系统：主要涉及银行、金融机构和支付问题，要求该系统能够完成资金的支付、清算及货物承运等功能。这种方式对数据交换的可靠性和安全保密性的要求很高，不但要求资金可靠，同时要求账号、数字签名、开户银行等严格保密。

实践训练

1. 按照交易对象分类，如 B2B、B2C、C2C，选择对应的代表性网站，分析这些电子商务网站的功能差异，可选择交易模式、经营产品品类、支付方式、物流方式、营销推广方式、用户体验等方面进行对比。

2. 联系生活，列举"互联网+"的典型应用，如互联网+政务，互联网+交通，互联网+医疗，互联网+金融，简述其中的代表性网站，分析中国电子商务应用现状及其与世界电子商务发展的差异。

练习题

一、单项选择题

1. 狭义的电子商务英文缩写是（　　　）。
   A. E-Business（EB）
   B. E-Commerce（EC）
   C. O2O
   D. EDI

2. 按照交易的电子化程度进行分类，电子商务可划分为（　　　）。
   A. 完全电子商务和不完全电子商务
   B. 本地电子商务、远程国内电子商务和全球电子商务
   C. 网站电子商务、电视电子商务和移动电子商务
   D. B2B、B2C、C2C 和 B2G

3. 阿里巴巴的电子商务模式属于（　　　）。
   A. B2B 模式
   B. B2C 模式
   C. C2C 模式
   D. B2G 模式

4. 在电子商务的定义中，网络是指（　　　）。
   A. 计算机网络
   B. 互联网
   C. 以互联网为主的计算机网络
   D. 增值网络

5. 电子商务的基本特征有（　　　）。
   A. 方便性
   B. 协调性
   C. 普通性
   D. 整体性

二、名词解释

电子商务　O2O　不完全电子商务　完全电子商务

三、简答题

1. 如何正确地理解电子商务的含义？它有哪些分类方式？

2. 比较分析传统商务与电子商务的优劣势。

3. 家具行业开展电子商务活动相对传统商务活动而言，可持续的竞争优势是什么？劣势是什么？机会在哪里？

4. 访问 3 个熟悉的电子商务网站，了解这 3 个网站经营业务的差异，并确定它们分别属于哪种模式？

5. 你有网上开店的想法吗？说说你的创意。

6. 你认为网络购物安全吗，是否会因担心其安全性而放弃网络购物？

第2章 电子商务商业模式

【学习目标】

本章主要介绍电子商务商业模式的概念及分类，使读者了解 B2B、B2C、C2C 这 3 种模式的特点、分类及典型网站；理解新兴的电子商务模式及特点；能运用商业模式的内涵分析网站的特点；理解盈利模式的定义及基本要素。

【导入案例】

分众传媒

分众传媒（Focus Media）是中国领先的数字化媒体集团，创建于 2003 年，产品线覆盖商业楼宇视频媒体、卖场终端视频媒体、公寓电梯媒体（框架媒介）、户外大型 LED 彩屏媒体、电影院线广告媒体、网络广告媒体等多个针对特定受众，并可以有机整合的媒体网络。2005 年 7 月，分众传媒成功在美国纳斯达克挂牌上市，成为海外上市的中国广告传媒第一股。2012 年 8 月，分众传媒宣布开始私有化进程。

2014 年下半年，分众传媒的楼宇电梯广告加入 Wi-Fi 热点之后，增加了互通、互联、互动功能，分众传媒及时抓住移动互联网，成为一个基于位置服务（Location Based Services，LBS）的公司——通过楼宇的基于地理位置的广告平台与移动互联网上的所有客户端进行互动。

分众传媒在 2015 年 2 月 14 日"情人节"当天，推出了"全城示爱"活动——只需关注活动微信公众号并提交对他/她的表白内容，就能在全城分众框架显示屏上看到自己的示爱话语像弹幕一般滚动而过。鉴于弹幕的表达方式，用户上传的表白内容上限为 50 个字，随后用户可选择示爱城市以及特定楼宇作为投放地点。小区楼下、办公大楼、购物中心都成了表白弹幕的核心投放地点，如果某栋楼宇没有设置框架显示屏，则用户可以勾选"全城投放"。

虽然无法统计目标人群年龄，但分众传媒预计，参与用户将主要来自全国热衷于弹幕文化的"80 后""90 后""00 后"，覆盖全国 46 个直营城市。截至 2016 年 6 月 30 日，分众传媒拥有自有版位超 121 万块，覆盖超 1.5 亿社区人群，市场占有率超过 70%。2018 年 7 月 18 日，分众传媒发布公告称，阿里巴巴集团及其关联方将以约 150 亿元人民币战略入股分众传媒，双方将共同探索新零售大趋势下数字营销的模式创新。

"全城示爱"无疑开创了一个新的互动模式，同时也说明分众传媒凭借自身的媒体资源在 LBS、O2O、大数据等互联网新鲜领域进行尝试，实现了媒体的转型升级，推动户外媒体进入了一个线下/线上互动，媒体即渠道、渠道即媒体的时代。

【思考】

1. 分众传媒作为中国纯广告传媒企业，成功开创了"全城示爱"营销活动，你认为它的创意在哪里？

2. 这种商业模式相对于你认知的电子商务模式有什么不同？

2.1 商业模式概述

管理学大师彼得·德鲁克说过："当今企业之间的竞争，不是产品之间的竞争，而是商业模式（Business Model）之间的竞争。"在经济日益信息化和全球化的今天，商业模式的重要作用已经得到社会各界的高度重视。有一个好的商业模式，企业就成功了一半。

微课 扫一扫：

电子商务商业模式
之韩都衣舍

2.1.1 商业模式的含义及特征

1. 商业模式的含义

迈克尔·拉帕（2004）认为："商业模式就其最基本的意义而言，是指做生意的方法，是一个公司赖以生存的模式，一种能够为企业带来收益的模式。"他认为，商业模式规定了企业在价值链中的位置，并指导其如何赚钱。

奥斯特瓦德（Osterwalder）、皮格内尔（Pigneur）和图齐（Tucci）（2005）从战略视角来解释商业模式，认为商业模式是建立在顾客、产品、财务和企业内部管理四大维度共十个构成要素基础之上的一个理论工具，它以盈利和可持续性盈利为目的，在企业生产、销售、传递价值及客户维护等方面体现其价值所在。商业模式要素如表 2-1 所示。

课堂思考 以阿里巴巴集团为例，从商业模式的 8 个要素着手，分析企业的商业模式是如何开展的。

表 2-1 商业模式要素

要素	关键问题
价值主张	消费者为什么买你的产品
盈利模式	如何赚钱
市场机会	目标市场、市场容量
竞争环境	竞争对手、市场环境
竞争优势	进入目标市场的特点和优势

要素	关键问题
营销战略	产品和服务的销售计划、渠道
组织发展计划	组织结构
管理团队	各类员工和领导

（1）价值主张

价值主张指基于技术的产品为客户创造的价值，其核心问题是目标客户。企业所创造的价值中，最为重要的是客户价值。客户是企业立于不败之地的根本，企业必须能够有效地识别、分析并解决客户的需求问题。然而，因为企业经营范围不同、客户市场类型多样，企业需要依据自己的情况确定客户市场，解答企业自身"给谁提供"与"提供什么"的问题。

（2）盈利模式

盈利模式是企业如何从客户手中获得收入、产生利润，以及获得高额投资回报的策略与技术。例如，广告盈利模式是为企业、客户等广告主提供广告宣传的场所，并向广告客户收取一定的费用；交易费用盈利模式是企业收取授权或进行交易的费用，如天猫的很大一部分销售盈利来自入驻天猫平台的商家或企业。

（3）市场机会

市场机会指企业所预期的市场，以及企业在该市场中有可能获得的潜在财务收入的机会。它表现在能够为消费者或客户创造价值或增加价值的产品或服务中。环境的变化、市场的不协调或信息的滞后、领先或者出现缺口以及市场中各种各样的其他因素，都会为企业带来市场机会。企业要善于识别和利用这些变化与不完善，抓住市场机会，为企业的发展赢得时间和空间。

（4）竞争环境

竞争环境指在同一个市场空间中经营、销售同类或相似产品的企业所处的环境。影响企业竞争环境的因素有活跃的竞争对手，企业规模，竞争对手所占的市场份额，企业的盈利情况、定价情况等。

企业直接竞争对手是指那些在同一细分市场上销售同类产品或提供类似服务的企业，企业间接竞争对手是指处于不同的行业但仍然产生竞争的企业。在任何一个细分市场中，若存在大量的竞争对手，则意味着该市场利润大，也表明其门槛低、商家多。总之，企业只有培养自己的竞争力才能在市场中立足。

（5）竞争优势

竞争优势（Competitive Advantage）是相对于竞争对手所拥有的可持续性优势，分为成本优势、差异优势及聚焦优势。相较于竞争对手拥有的可持续性优势，竞争优势包括优势资源（社会资源、人力资源、自然资源、财力资源等）、先进的运作模式（管理、商业模式、创新力等）、更适合市场需求的产品和服务（高价值、优势价格、独特性等）。

当企业能够比它的竞争对手生产出更好的产品或是向市场推出更低价格的产品时，表明该企业获得了竞争优势，其特点主要体现在其他竞争对手难以模仿或者模仿成本高。但竞争优势并不是一成不变的，企业要保持同行业的竞争优势，就需要不断创新。

（6）营销战略

营销战略指企业如何吸引客户进入新市场，即吸引新客户的具体举措所构成的营销计划。将企业的产品和服务推销给潜在的消费者就是营销，一个好的营销计划是企业获得成功的开始。无论企业本身有多好，制定和执行营销战略对企业来说都是至关重要的。

（7）组织发展计划

组织发展活动是订立和实施发展目标与计划的过程，企业需要设计各种培训学习活动来提高其目标设置和战略规划的能力。组织发展计划是描述企业如何组织所要完成的工作，每个企业都要有一个组织来有效地实现它们的商业计划和战略。组织发展的一个重要方面就是让组织设立长远学习目标和掌握工作计划技能，包括制订指标和制订计划，按照预定目标确定具体的工作程序以及决策技能等。

（8）管理团队

管理团队由企业中负责各类业务模式运作的员工组成。企业的每个业务模式都需要有专门为之负责的运作团队。一支强有力的管理队伍能使其业务模式迅速地获得投资者的信任，能准确地捕捉市场信息，并从商业计划的实施中积累经验。项目经理人是团队的核心，好的项目经理人要具备系统的知识和技能以及驾驭团队的能力，项目经理人是企业取得竞争优势的源泉。

2. 商业模式的特征

依据上述商业模式的定义与构成要素的理解，商业模式的特征包括以下几个：系统性、差异性、动态性和共赢性。

（1）系统性

商业模式是由一系列要素组合而成的有机整体，这些要素联系紧密，要素间的协调性会影响整个商业模式的成败。在分析商业模式时，也必须从整体上去把握。以北京小米科技有限责任公司（以下简称小米公司）为例，当谈到"小米公司的商业模式"时，大家会想到它的"饥饿营销"。其实，在商业模式的构成要素方面，小米公司与同行其他手机厂商相比有其自身的优势。

首先，小米手机给用户的感觉是性价比高，低价格、高配置，主要迎合了市场空间较大的消费者群体。除了与三大运营商合作的定制机，小米公司还采用了官网直销模式。在整个销售过程中，小米公司建立了庞大的客户管理系统，并对其网络客户关系进行维护，根据客户反馈不断改进、完善产品和服务，从而获得快速发展的基础。

其次，小米手机拥有强大的研发核心团队（原谷歌、摩托罗拉、金山、微软等公司的技术骨干），并通过小米论坛、微博、小米同城会（网络社区）等低成本、快捷的途径，将"粉丝"和用户的产品需求信息直接融入其研发之中。同时，小米公司走精品手机路线，其手机款式不会更新很快，但软件的功能更新速度快，并根据用户的意见不断创新。

最后，为实现小米手机的高配置，小米公司选择全球知名公司的产品（如高通公司的芯片，LG公司的电池，夏普公司的液晶屏，三星公司的内存卡等）作为配件，其强大的手机市场需求也增加了自身的谈判能力，进而能够获取低价采购。小米公司把握具有高附加值的研发、品牌运营环节，将相对低附加值的生产直接外包，从而赢得了较大份额的国内手机市场。由此可见，饥饿营销只是小米公司吸引"粉丝"和潜在购买者的一个手段，是其商业模式中的一部分，而其他环节的紧密结合，才促成了小米公司的成功，这是商业模式各要素紧密结合的结果。

（2）差异性

要想在同行业竞争者中脱颖而出，企业必须拥有自身的竞争优势，而这种竞争优势体现在企业的商业模式中，我们称其为"难以被模仿，难以被复制"。当今产业竞争格局加剧，即便是拥有先见之明的企业，能够迅速发现并占据一块新的市场，随后不久，企业也很容易陷入红海竞争的困境。所以，拥有一个好的商业模式十分必要。

好的商业模式主要依托企业对部分要素的独特性优势，借助这些优势，企业能够阻碍竞争对手实现短时间模仿。商业模式拥有一定的可持续性，可以在一定的时间内保持相对稳定。例如，其他企业可以模仿小米公司的网络直销、网络预订、原料采购、不断试错机制和生产外包等，却很难模仿小米公司的研发团队、企业文化、品牌等因素。因此，商业模式本质上存在差异性。

（3）动态性

企业面临的外部环境变化迅速，客户的需求和竞争者不断变化。对于每个企业而言，拥有快速响应市场的能力就意味着把握了市场的先机，而这种快速响应市场的能力就是企业商业模式的动态性。商业模式的动态性是通过商业模式的创新来实现的。为了保持一定的竞争优势，商业模式各构成要素的内容、结构或关系不是一成不变的。因此，商业模式的构成要素需要在动态的协调中变化。

（4）共赢性

客户、企业与合作伙伴是共赢的关系。任何一方的价值需求得不到满足，商业模式都难以成功。首先，商业模式的核心围绕客户价值展开。客户得到产品或服务的价值，并对企业给予相应的回报后，企业才可以拥有后续生存的动力。客户需求是企业生存的根基。无论采取何种手段、借助何种路径，企业必须时刻围绕客户的需求，进而保证所提供的价值是客户所需要的。其次，企业创造的价值离不开合作伙伴的支持，企业得到回报后，只有通过让渡部分有吸引力的利益给合作企业，稳定的伙伴关系才可以建立。最后，商业模式离不开各方的参与，只有各方的价值同时得到满足，整个系统才可能有序地进行下去。

2.1.2 盈利模式

盈利模式是对企业经营要素进行价值识别和管理，在经营要素中找到盈利机会，即探求企业利润来源、生产过程以及产出方式的系统方法。盈利模式是实现利益分配的组织机制、收益架构，是企业通过投入自有生产要素，并整合外部资源包括周围所有经济关系和利益相关者的力量、资源而形成的一种实现价值创造、获取收益，并最终实现利益分配的组织机制和收益框架。

任何企业的盈利模式都可以简化为 5 个基本要素——利润对象、利润点、利润杠杆、利润来源、利润屏障。

1. 利润对象

利润对象指企业提供的产品或服务的购买者和使用者群体，他们是企业利润的唯一源泉，解决的是向哪些顾客群提供产品或服务的问题。利润对象也是企业的价值对象，价值对象决定了企业的市场定位。

2. 利润点

利润点指企业可以获取利润的产品或服务，解决的是面向客户提供什么样的价值的问题，企业需要明确客户的需求偏好，为构成利润源的客户创造价值，从而为企业创造利润。

3. 利润杠杆

利润杠杆指企业生产产品或服务以及吸引顾客购买和使用企业产品或服务的一系列业务活动。这些业务活动是价值创造的过程。所有企业的盈利模式要想获得成功，都必须拥有其核心业务，如与市场的对接、客户关系的维护和其超额利润的获得都有赖于企业的核心业务。企业的核心业务由盈利模式的价值结构决定。一般而言，企业可能拥有一种或多种核心业务。例如，B2C 的价值创造环节的业务主要是为其正常运营并且获利而展开的一切活动。

4. 利润来源

利润来源指企业的收入来源，即从哪些渠道获得利润，解决的是收入来源有哪些的问题。企业的收入来源来自于为每个种类的潜在客户群提供其确实想要为其买单的价值。盈利模式可以包括两种不同类型的收入来源：一种是通过客户一次性支付获得的交易收入；另一种是经常性收入，是客户为了获得其长期价值而形成的持续支出。

5. 利润屏障

利润屏障指企业为了防止竞争者掠夺本企业的利润而采取的防范措施。企业要想保持持久盈利，就必须建立有效的利润屏障。利润屏障一般包括两个重要因素，即保持一定的资源和能力、建立企业核心竞争力。

（1）资源和能力

企业只有同时拥有资源和能力才能在竞争中处于领先地位，二者缺一不可。企业间的竞争是通过产品或服务体现的，没有一定数量和质量的资源作为基础，企业的能力也就成了无源之水。反之，虽然企业资源雄厚、优越，但是如果没有能力，其聚集的资源也无法有效地转化为消费者需要的产品或服务，自然也就没有竞争优势可言。例如，B2C电子商务的能力即其对客户和潜在客户的了解以及各种促销经营方法等，其资源即支持企业正常运行的软、硬件设备和能够提供更低进价的商品供应商。

（2）竞争优势及其持久性

企业的资源和核心能力同步发展，造就了其在行业竞争中的领先地位。核心能力能够使企业在竞争中占据领先地位，其所具有的难以模仿性和难以替代性则进一步形成了阻止竞争对手模仿和取而代之的屏障，进而巩固了企业在竞争中的领先地位。

2.1.3 电子商务模式的分类

电子商务模式常见的类型有 B2B、B2C、C2C、O2O、M2C、B2B2C、B2M、ABC等，如图 2-1 所示。

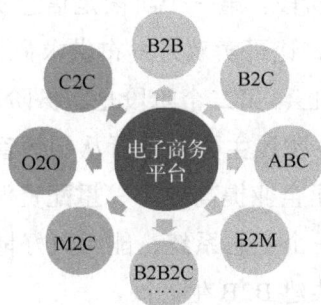

图 2-1 常见的电子商务模式

2.2 B2B 电子商务模式

B2B 电子商务模式是指企业与企业之间的营销关系。它将企业内部网、B2B 网站与客户相连，利用互联网的特点为客户提供更好的服务，从而使企业得到更好的发展。

2.2.1 B2B 含义及发展现状

1. B2B 含义

B2B（Business to Business）是指商家对商家的电子商务，即企业与企业之间通过互联网进行产品、服务及信息的交换。它也是企业使用互联网技术及商务网络平台完成商务交易的过程。B2B 交易过程包括供求信息的发布，订货及订单过程确认，支付过程

及票据的签发、传送和接收等。B2B 电子商务不仅能够降低交易成本、提高效率，而且新型电子商务基础行业的不断涌现，扩大了企业间电子商务活动的行业范围，为企业特别是中小型企业提供了高效、快捷的市场平台，使其成为近年来电子商务最活跃的领域之一。

2. B2B 发展现状

随着我国经济全面进入"新常态"，由人口红利、低劳动力成本带来的出口优势渐趋弱化，内需成为拉动经济发展的核心引擎。国家持续扩大内需的刺激性政策给中小型企业带来了更多的发展机会。在此背景下，国内企业（尤其是中小型企业）转型动力巨大，而企业也逐步认识到 B2B 电子商务在帮助自身提高流通效率、降低流通成本、拓展市场渠道方面的作用，纷纷开始主动转型触网，B2B 电子商务成了众多中小型企业落实"互联网+"跨出的第一步。另外，国内百度、阿里巴巴等互联网巨头们也一直致力于培育自己的生态圈，并通过垂直型 B2B 在各自行业里打造产业生态圈，引领"互联网+"趋势。

国内 B2B 主要经历了两个阶段。第一个阶段是信息阶段，主要是解决信息不对称的问题，通过建立网络 B2B 平台，让买卖双方发布供求信息，进行商业信息的沟通交流，在这个过程中产生了新的商业机会。第二个阶段是服务阶段，也就是目前国内各行业 B2B 电子商务正在经历的阶段，这个阶段主要是进行从销售管理到客户服务，再到供给侧生产供应链的改革。这是一套行业企业提高效率、重配资源、降低成本的解决方案，B2B 不再是一个商业模式而更像是一个生态系统，能够更好地服务于各个行业中各细分产业的合作伙伴，实现合作共赢，共建 B2B 生态圈。

2.2.2 B2B 电子商务模式分类

B2B 电子商务网站分为水平型综合类网站与垂直型网站两类。

1. 水平型综合类 B2B 网站

水平型综合类 B2B 网站可以为多个行业的企业提供在线交易服务，其信息和服务的综合程度高。此类著名的网站有阿里巴巴、慧聪网、中国制造网、环球贸易网等。

（1）水平型综合类 B2B 网站的盈利模式

水平型综合类 B2B 网站可以产生很大的利润流。通常情况下，如果水平型综合类 B2B 网站将重点放在广告上，那么可以有一个很好的盈利机会。另外，水平型综合类 B2B 网站通常会举办网上拍卖会，网站可以向成交的商家收取一定比例的交易费。水平型综合类 B2B 网站还可以靠出售网上店面来赚钱。此外，水平型综合类 B2B 网站还可以自己开展电子商务，直接从商务活动中赚钱。水平型综合类 B2B 网站的盈利模式如表 2-2 所示。

表 2-2　水平型综合类 B2B 网站的盈利模式

利润来源	概述	代表
交易费用	很多拥有 B2B 电子交易市场的企业都对在其网站上达成的交易收取一定额度的交易费用，通常是交易额的一个百分比。无论是来自消费者还是商家，这都是网站的主要收入来源	Chemdex（诚德科技有限公司）一手包办产品的库存与物流的网站，以及像 Fast Parts 一样，仅建立虚拟交易市场让买卖双方见面的网站
拍卖佣金	有消费者主导和商家主导两种拍卖形式，网站向商家抽取提成。但如果没达成交易，则商家无须付费	Paper Exchange（向商家抽取成交金额的 3% 作为佣金）
软件许可费	是大部分 B2B 平台软件商的主要利润来源	拍卖软件商 Open Market 表示，软件许可费是其相当重要的财源
广告费	目前是许多电子商务公司的主要收费项目。电子商务公司可以对网上显示出来的一切有关商品、商家的信息进行收费，一些网上拍卖市场会对参加拍卖商品的信息展示进行收费。即使一些电子商务公司并不把信息展示费看得很重，但它们可以利用对商品征收信息展示费来保证所列商品的质量。这是因为一般厂家不会花钱将别人不要的劣质品展示出来，这样可以防止网上商品泛滥，将优质品淹没	Verticalnet（股票代码为 VERT）的每个网站都有专门的页面介绍其商品或服务，赞助商广告则以最常见的横幅广告为主。另外，许多拍卖网站也向店家收取商品的登录费用，虽然该收入不是利润的主要来源，却可确保商家的品质与信誉。广告费不应该是盈利的核心，而应该只是一个商业模式的附属品。正如目前许多网站所做的，它们可以免费为一些公司做广告，对信息展示也不收费，因为它们希望通过这些来增加其他方面的收入，如拍卖佣金等。这些收入的增加可以用来补偿其广告费用，而且有利于促进其品牌的传播
出售"内容"	收集、整理厂商目录、客户信息、业界动态等	以 Verticalnet 为代表，其模式是收集不同厂家的产品目录，然后添加搜索功能，让消费者使用起来更为方便
节省成本的回报	电子市场为买卖双方带来可观的成本缩减，在此模式当中，网站从商品差价中提成。好处在于将采用新交易模式的投资报酬纳入盈利渠道，如果成本不减反增，则无须付费	互联网咨询行业中常见
其他服务费用	专门提供 B2B 所必需的资金流、物流或应用软件等方面的服务，分享利润	如 Corio 的 eMarket 软件专为电子交易市场量身定做，用来集成市场的交易机能与公司的企业资源计划（Enterprise Resource Planning，ERP）、客户关系管理（Customer Relationship Management，CRM）等系统

（2）水平型综合类 B2B 网站的困境

水平型综合类 B2B 网站是为了给诸多行业厂家提供服务。因此追求"全"，即行业全、服务全，这样才有竞争力。但因为太"全"，相对来说，其对于每个行业而言都不专业。对水平型综合类 B2B 网站来说，如何在"全"和"好"之间找到平衡点，是其需要解决的问题。

2. 垂直型 B2B 网站

垂直型 B2B 网站将上游的供应商和下游的销售商聚集在一起。生产商或商业零售商可以与上游的供应商之间形成销货关系，如戴尔公司与上游的芯片和主板制造商就是通过这种方式进行合作的。生产商与下游的经销商也可以形成供货关系，如卡西欧与其分销商之间进行的交易。著名的垂直型 B2B 网站有全球纺织网、中国化工网、全球五金网等。

垂直型 B2B 网站专业性较强，面临的是本行业的客户，这些客户具有较高的潜在购买力，在广告效用上效果较好。因此，广告收入是垂直型 B2B 网站的主要盈利来源。此外，垂直型 B2B 网站还通过产品列表及网上商店门面收费，向拍卖交易成功的商家收取一定比例的交易费，收取客户的信息费等。

同时，垂直型 B2B 网站面临的最大挑战是很难转向多元化经营或向其他领域渗透，这是由其具备鲜明行业特征的专业知识和客户关系所决定的。

2.2.3　B2B 应用案例

1．慧聪网

慧聪网成立于 1992 年，是国内 B2B 电子商务服务提供商。慧聪网形成了以中关村在线为首的，包括家电电子商务公司、汽车产业电子商务公司、化工电子商务公司、酒店用品电子商务公司、工程机械电子商务公司、安防电子商务公司、电子产业电子商务公司在内的 8 家垂直型电子商务公司。同时，慧聪网还拥有消费品电子商务公司（包括 18 个行业）、工业品电子商务公司（包括 20 个行业）、慧聪 O2O 电子商务产业园公司及兆信防伪科技公司等 5 家独立公司。慧聪网共有 13 家独立公司，专注于电子商务、金融、地产及防伪四大领域。

作为一个 B2B 网站，慧聪网通过企业上网解决方案、网络营销、商务服务及专业市场四大部分的功能，提供全面、完整、多选择的服务，以此获取利润。与阿里巴巴唯一不同的是，慧聪网是靠资讯起家的，资讯一直是其强项。慧聪网的产品或服务主要有以下内容。

（1）买卖通

买卖通是慧聪网为企业提供的网上做生意、结商友的诚信平台，企业可以通过买卖通建立起集合产品展示、企业推广、在线洽谈、身份认证等多种功能的网络商铺，以获得更多的商机。

（2）商机搜索

将专业的行业信息融入搜索结果之中，提供给客户更为准确和专业的搜索结果，且将搜索结果按照行业性质分类，使企业准确定位目标人群，有效投资、推广和掌握自己的投入计划。

（3）慧聪商情广告

其在全国发行，成为以商情报价、产品广告、产品技术信息为主的广告媒体。其信息量庞大、及时、集中、针对性强，便于行业内厂商与客户查询，成为供需双方的信息沟通渠道之一。

（4）资讯大全

其按照全新的商业视角，把行业市场资讯、产品、黄页等信息加以汇编整合成册，致力于为行业经营者、客户提供具有商务价值的行业资讯，解决行业发展各环节存在的信息取向烦琐问题。

（5）慧聪发发

它是慧聪网发布的一款网上交易即时沟通软件，帮助服务商把握商机、在线洽谈生意并结交商界网友，目前已有手机绑定功能。

（6）行业研究与媒体监测

慧聪网主要聚焦于 IT、通信、消费电子、汽车、制药、媒体等行业市场研究和 1 400 多家平面媒体监测、6 000 多个网址源监测的媒体服务，致力于提供行业研究、市场调查、营销策划及管理咨询等多层次的高品质服务。

2. 阿里巴巴

阿里巴巴网络技术有限公司（简称"阿里巴巴"）是以马云为首的 18 人于 1999 年在杭州创立的公司。他们相信互联网能够创造公平的竞争环境，让中小型企业通过创新与科技扩展业务，并在参与国内或全球市场竞争时处于更有利的位置。

阿里巴巴经营多项业务，主要包括淘宝网、天猫、聚划算、全球速卖通、阿里巴巴国际交易市场、1688、阿里妈妈、阿里云、蚂蚁金服、菜鸟网络等。2014 年 9 月 19 日，阿里巴巴在纽约证券交易所正式挂牌上市，股票代码为"BABA"。2015 年，阿里巴巴总营收为 943.84 亿元人民币，净利润为 688.44 亿元人民币。

> **课堂思考** 观看阿里巴巴上市视频，小组分析并讨论我国电子商务的发展情况，并分析其发展趋势。

阿里巴巴的战略目标是要成为一家持续发展 102 年的公司，成为全球十大网站之一，成为全球最大的电子商务服务提供商，让天下没有难做的生意。从阿里巴巴当前的目标客户结构来看，中小型企业已经不是主要目标客户，它更多地希望把直接消费者培养为忠诚客户，有需求就有供应，需求是供应商最强的动力，也是供应商得以生存的根本。越来越多的中国人接受淘宝购物的观念，直接带动了更多的企业进行网上直销，带动了现代物流业的倍速增长，创造了更多的就业机会。

阿里巴巴的盈利模式从发展付费会员逐渐向开发综合应用、增加收入渠道发展。收取会员费是阿里巴巴初始的盈利途径，先通过低价甚至免费吸收大量的会员，之后通过提高收费标准剔除大量低效益会员和一些恶意用户，从而牢牢地掌握了通过缴纳会员费获取收益的老会员，之后通过品牌效应、口碑营销不断发展新会员，会员费的增长是阿里巴巴目前营业收入的主要组成部分。

除了会员费，网站竞价排名、阿里软件服务、支付宝、阿里贷款以及旗下所有的网站广告推广、贸易培训、阿里商学院教育产业和物流等都是阿里巴巴的利润来源。

2.3　B2C 电子商务模式

智研数据研究中心发布的《2016—2022 年中国 B2C 电子商务市场研究与投资方向

研究报告》显示，从 B2C 市场未来发展情况来看，随着网络购物用户网络购物意识的逐渐成熟及网络购物行为的日趋理性，产品品质及服务水平成为影响网络购物用户购买决策的重要因素，对高品质产品的诉求将继续推动 B2C 市场的高速发展。

2.3.1　B2C 含义及发展现状

B2C 中的 B 是 Business 的首字母，即商业供应方（泛指企业），C 是 Consumer 的首字母，即消费者。B2C 电子商务是按电子商务交易主体划分的一种电子商务模式，即表示企业对消费者的电子商务。这种形式的电子商务一般以直接面向消费者开展零售业务为主，主要借助互联网开展在线销售活动，故又称为电子零售（电子销售）或网络销售。

Analysys 发布的《中国网络零售 B2C 市场季度监测报告 2019 年第 3 季度》数据显示，2019 年第 3 季度，我国网络零售 B2C 市场交易规模为 15 559.5 亿元人民币，同比增长 21.1%。从报告中可以看出，我国已经成为全球最大的 B2C 市场，并且 B2C 网络零售市场份额首次超过 C2C 份额成为市场的主体。越来越多的消费者已经逐渐接受方便快捷的网络购物，尤其是作为 B2C 类型代表的天猫、京东、苏宁易购等大型综合平台，不仅送货上门，而且对产品质量有较为稳定的保证。

2.3.2　B2C 电子商务模式分类

1.　按照是否负责销售环节分类

（1）平台式 B2C 网站

平台式 B2C 网站指为企业或商家提供交易平台，但不负责销售、物流等相关环节的网站。天猫商城是该模式的典型代表。2019 年天猫"双十一"总交易额为 2 684 亿元，创造了历史新高，在整个 B2C 市场位居首位。天猫只提供一个平台，而把仓储、物流、售后等环节交给入驻平台的商家。

（2）自主销售式 B2C 网站

自主销售式 B2C 网站是指产品销售环节由运营商完成。近年来，京东、唯品会、苏宁易购迅速崛起，在终端消费市场获得了极大利润。而垂直电子商务企业正在各自抢占不同类型的市场，并已经逐步统领整个行业的发展，如专注细分时尚服装领域的"YOHO! 有货"，农资电商"农商 1 号"以及受二孩人口红利利好影响的专注母婴领域的"贝贝网"等。唯品会等专业型电商平台也已上市，并呈现出比较良好的发展态势。

2.　按照是否经营实体店铺分类

（1）由纯网络运营向多品类及线下渠道资源建设发展的模式

该模式起源于 IT 企业建立的纯电子商务网站或网上商店，以亚马逊、当当网为典型。在这种模式中，商家首先在网站上开设网上商城，公布商品的品种、规格、价格、性能等，或者提供服务种类、价格和方式，由消费者个人选购、下单、在线或离线付款，并由商家负责送货上门。这种网络购物方式可以使消费者获得更多的商品信息，足不出户即可货比多家，买到价格较低的商品，这种网络购物方式大大节省了购物的时间。

当然，这种电子商务模式的发展需要高效率和低成本的物流体系的配合。这一模式的主要优点是网站提供的商品种类丰富，消费者选择余地大，因此更能吸引和留住消费者。其不足之处主要表现在网站购进销售所需的产品成本较高，且容易因为产品编制、消费者购买偏好转移等原因造成库存风险，同时也提高了电子商务网站对库存管理的难度。

（2）只提供第三方支付平台和信息流等中介服务的网络中介商模式

在这种模式下，网站邀请厂商到其平台进行网上销售，其所充当的角色就是网络中介，为消费者和商家提供交易平台。这种模式以天猫商城最为典型，天猫所充当的角色就是消费者和商家的交易平台，它会邀请部分生产厂商到天猫进行网上销售，网站并不涉及商品的销售、配送等环节。

（3）实体经营延伸至网络的电子商务模式——传统零售企业触网模式

国美、沃尔玛、家乐福等传统零售企业都有自己完善的物流、库存以及商品的信息管理系统，同时又进军电子商务领域开设网上商城。这些传统零售企业一般都有专门的服务商为它们提供成熟的电子商务解决方案。只要网络用户市场成熟，这些企业把现有的销售、生产、库存渠道加以改造整合就可迅速转为直接面向消费者的网上购物平台。这些都建立在原有资源的基础之上，不需要企业投入过多附加的成本。

传统零售企业进军 B2C 电子商务是对现有业务模式的一个延伸。由于有线下业务、品牌、渠道和消费者等多方面资源的支持，这种电子商务模式更为稳健，相对于纯网络型电子商务企业更有竞争力。

2.3.3　B2C 应用案例

天猫（英文为 Tmall，又名天猫商城，原名淘宝商城）是一个综合性购物网站。2012年1月11日上午，淘宝商城正式宣布更名为"天猫"，天猫是淘宝网全新打造的 B2C 电商平台。2012 年，天猫借"双十一"大赚一笔，宣称 13 小时卖出 100 亿元，创世界纪录。2014 年天猫"双十一"再次刷新全球最大购物日纪录，单日交易额达 571 亿元。2016年天猫"双十一"交易额为 1 207 亿元。2019 年天猫"双十一"交易额为 2 684 亿元。

天猫力争将以淘宝网为主的消费者平台升级为"无处不在"的供需双赢的消费平台。这个平台将由阿里巴巴 B2B 电商平台和 3 家"Tao"公司一起完成对不同消费者的服务：通过一淘网的购物搜索，淘宝网物美价廉的社区化创新以及天猫的精品专业体验带给消费者以全新的感受。同时，这样做也能更加专业化地帮助更多企业和创业者开展积极的电子商务服务和营销。

天猫旨在为商家提供电子商务整体解决方案，为消费者打造一站式的购物体验平台。天猫的目标客户是在网络购物中追求较好服务、较高产品质量，能够接受适当高价格的素质优秀的互联网购物者。这些网络购物者是所有消费者中最优质的资源，他们收入较高，消费能力强，善于接受新事物，对服务的诉求大。

对于消费者而言，天猫提供了全面且低价的海量商品，整合了优质的商家，构建了完善的购物保障体系、方便的付款方式和优良的店铺评价体系，以期为消费者打造良好的购物体验。同时对于商家而言，天猫也是不遗余力地为商家构建最为实用的店铺体系，整合淘宝网近亿的庞大消费群体，建立用于学习提高的商学院系统，运行便于沟通交流的社区网络——淘宝论坛天猫模块，同时提供大量的软件工具，给予商家更好的销售支持，力争建设开放、协同、繁荣的电子商务生态系统，促进新商业文明。天猫官网如图 2-2 所示。

图 2-2　天猫官网

2.4　C2C 电子商务模式

在互联网时代，网络购物已成为一种潮流。C2C 市场给人们提供了数以万计的就业机会，同时改变了人们的消费习惯和消费理念，让我们的生活更加丰富多彩。

2.4.1　C2C 的含义及特征

C2C（Consumer to Consumer）指消费者与消费者之间的电子商务。C2C 电子商务模式的本质是网上拍卖，通过一个在线交易平台，买卖双方开展交易，商家可以主动在平台上进行商品拍卖，而消费者可以对选择的商品进行竞价。这种方式不再受到时间和空间的限制，节约了大量的市场沟通成本。中国互联网络信息中心的报告显示，2019 年上半年，中国网上零售交易额达 48 200 亿元。C2C 市场有广阔的发展前景。

2.4.2　C2C 应用案例

淘宝网是亚太地区较大的网络零售商圈，由阿里巴巴在 2003 年 5 月创立，致力于打造全球领先的网络零售商圈，如图 2-3 所示。淘宝网是深受网络购物者喜爱的网络零售平台，截至 2019 年 6 月，拥有近 7.55 亿的注册用户，每天有超过 6 000 万的固定访客，同时每天的在线商品数超过 8 亿件，平均每分钟售出 4.8 万件商品，其中女性用户平均每天打开 10 次，男性用户平均每天打开 7 次。随着淘宝网规模的扩大和用户数量的增加，淘宝网也从单一的 C2C 网络集市变成了包括 C2C、团购、分销、拍卖等多种电子商务模式在内的综合性零售商圈，目前已经成为世界范围的电子商务交易平台之一。

图 2-3　淘宝网官网

1．强大的管理功能

在淘宝网的页面设计中，其色彩以鲜艳的橙色为主，首页很整齐，有条理、有层次，并且体现了淘宝网的精神——简单、简约。用户登录淘宝网首页后，通过搜索引擎可以直接、方便地在淘宝网找到想要的商品；或者单击"高级搜索"缩小搜索范围，能更方便地查找商品。用户通过价格、店主名字、店铺名字等都可以迅速找到想要的商品。其后台有功能强大的二级栏目，包括我要买、我要卖、我的淘宝、社区（互动论坛）、交易安全、帮助中心，可以使用户快捷、方便地交易。正是因为淘宝网有强大的管理功能，所以其在面对竞争对手时，才能更好地为用户服务。

2．方便的网上买卖系统

淘宝网通过电子商务平台为买卖双方提供了一个在线交易平台，商家可以主动提供商品进行网上销售或拍卖，而消费者可以自行选择商品进行竞价和购买，不再受时间和空间的限制，广泛、方便的比价、议价和竞价过程节约了大量的市场沟通成本。另外，参与的群体庞大，选择的范围也更广。

3．安全的支付系统——支付宝

支付宝的引进在更深层次上为交易安全提供了保障。在淘宝网的交易过程中，消费者看好货物后，可以选择通过支付宝先将钱交给淘宝网，在淘宝网确认钱到账后，商家可以放心地向消费者发货，而淘宝网会在消费者确认收货后将钱打入商家的账号。支付宝为监督消费者和商家的信用提供了完整的解决方案。支付宝在实施过程中同样引入了第三方监督机制——消费者通过银行和淘宝网的 B2C 接口向淘宝网汇款，以银行为信用中介，淘宝网给消费者提供了资金流向的监督保证。通过与银行携手，实现了消费者、淘宝网、银行的"三赢"局面，而这种三赢，实质上就是消费者、淘宝网与银行间建立的一种良性互动的诚信监督机制的外显。

4．人性化的交流工具——阿里旺旺

有效沟通是淘宝网的制胜法宝之一。中国人做生意是讲情谊的，谈成了朋友也就谈成了生意。在网上做买卖，相互是摸不着的，所以沟通显得更加重要，商品的外观、价格等都必须通过沟通才能得到必要的了解。许多购物网站、拍卖网站一直是以论坛的方式进行沟通的，但消费者、商家并不能及时地就商品买卖进行交流，这就给消费者带来了不便。淘宝网通过特有的沟通方式——"阿里旺旺"解决了这一问题。

2.5　新兴电子商务模式

资本市场瞬息万变，包容万千。下面我们就来看看新兴的电子商务模式。

2.5.1　电子商务新模式——O2O

1．O2O 的含义

O2O 特指本地服务电商化。从广义上讲，O2O 是指通过线上营销推广方式，将消费者从线上平台引入线下实体店，即 Online to Offline；通过线下营销推广的方式，将消费者从线下转移到线上，即 Offline to Online。从狭义上讲，O2O 是指消费者通过线上平台在线购买并支付/预订某类产品或服务，并到线下实体店体验或消费后完成交易的过程；或消费者在线下体验后通过扫描二维码或使用移动终端等方式在线上平台购买并支付/预订某类产品或服务，进而完成交易。狭义的 O2O 强调交易必须是在线支付或预订的，同时商家的营销效果是可预测的。

本地生活服务 O2O，指与消费者日常生活相关的线上线下服务，其中包括餐饮、休闲娱乐、美容美护、酒店等。O2O 模式以实体店为依托，以互联网为平台，以在线支付为核心，其完整的流程如图 2-4 所示。

①商家在线上平台发布信息；②消费者通过线上平台查阅商品的相关信息，并下单

支付；③消费者在线下消费；④商家完成对消费者会员信息的管理，完成对订单的处理，同时消费者在线上完成评价反馈。

在整个消费闭环中，商家将店铺信息、商品信息等通过线上平台展现给消费者，消费者在线上筛选服务并支付，在线下进行消费验证和消费体验。商家通过平台将信息传播得更快、更远、更广，可以瞬间聚集强大的消费能力。因此，该模式使商家和消费者都通过 O2O 电子商务满足了各自的需要。

课堂思考 观看洗鞋 O2O 视频，小组分析讨论"互联网+洗鞋业"成功的原因是什么，如果你是主人公，你会如何去经营，有什么好的建议。

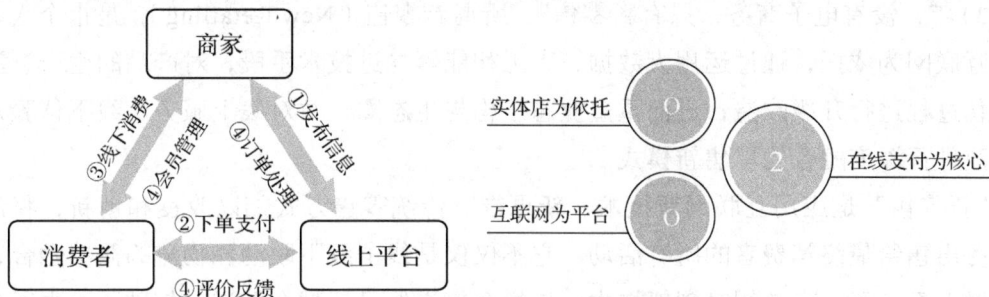

图 2-4 O2O 模式的完整流程

2. O2O 优势

O2O 模式克服了信息不对称、地域差异、物流配送体系不发达、信息化水平落后等问题，充分利用互联网低门槛、无边界、零距离、海量用户及信息的优势，促进了传统商业模式的转型与发展，通过充分挖掘线下资源，建立完善的线上商业平台，进而快速促成线上消费者与提供线下产品、服务的商家的交易。O2O 模式改变了以往商家过度依赖"黄金商圈""旺铺"的现象，真正做到了"酒香不怕巷子深"。无论身处中央商务区（Central Business District，CBD）还是狭窄街巷，在 O2O 模式下，商家获取消费者的机会都是均等的，获得宣传和展示的机会也是均等的。

通过 O2O 平台，消费者可以轻松获取商家的各项信息，包括商家介绍、产品介绍、消费者评价、会员活动和打折促销等，通过快捷筛选或智能排序等手段，可以快速订购最适宜的产品或服务。与传统电商模式相比，O2O 将互联网无法做到的体验真实化了。对于产品或服务的供应商来说，这种模式还可为其带来大量的高黏度消费者。

3. O2O 劣势

B2B 改变了制造业的经营之道，B2C、C2C 改变了零售业的销售渠道，同时也改变着人们的采购方式；O2O 让一直徘徊在互联网边缘的服务业抓住了新的机遇，将线上的消费者带到线下的实体店中消费。O2O 所具备的重要特点和显著优势，使其正在成为电子商务领域的新方向，但是 O2O 模式还并未真正实现商家、消费者和电商平台运营商 3

家共赢的局面，还存在着一定的劣势。

第一，由于盈利模式简单化，行业进入门槛低，竞争压力大，这就使得同质化严重；第二，企业定位不清晰，商业环境较差，商业秩序亟待建立；第三，由于急速扩张所带来的诸如管理不到位、流程不健全、企业文化不匹配、服务理念不适应、人才机制不完善等问题不利于企业的发展；第四，电商企业诚信意识有待加强，信用机制尚待完善，这些内容不改进则会导致大量客户流失；第五，法制不健全，法律监管存在盲点。

2.5.2 新零售模式

2016 年 10 月的阿里云栖大会上，马云在演讲中第一次提出了新零售，"未来的 10 年、20 年，没有电子商务，只有新零售"。所谓新零售（New Retailing），是指个人、企业以互联网为依托，通过运用大数据、人工智能等先进技术手段，对产品的生产、流通与销售过程进行升级改造，进而重塑业态结构与生态圈，并对线上服务、线下体验及现代物流进行深度融合的零售新模式。

"新零售"是应用互联网新技术、新思维对传统零售方式加以改良和创新，将产品或服务出售给最终消费者的所有活动，它不仅仅是线上线下联动和物流的简单融合，同时还融入云计算、大数据等创新技术，包括全渠道但又超越全渠道，打破了过去所有的边界，以一种全新的面貌与消费者接触，使消费者随时都可以在最短的时间内买到自己所需要的产品。其特点主要有以下几个。

（1）更加重视"消费者"

新零售以消费者为中心，从消费者的角度出发去考虑问题，了解、把握、挖掘消费人群的消费习惯、生活方式及潜在消费需求，通过多渠道与消费者进行互动。

（2）精准对接客户及所需要的商品

新零售环境下，商家更加注重提供专业化的产品或服务，从而全方位提升消费者购物体验。消费者可以线下体验，线上下单购买；也可以线上看好商品，线下附近店面体验购买，实现"商品+服务""消费者+商品"的高度融合。

（3）打造不同的"场景"

新零售环境下，商家可以打造线上线下融合的购物场景，将线上、移动终端、实体店融合，通过营销手段实现线上线下互动，最终形成消费者与渠道或品牌、消费者间的互动，通过差异化经营为消费者打造极致的消费体验。

（4）构建"生态圈"

新零售环境下，供应链不断优化，商家协同创造价值，形成"商业共享经济"的形态，通过商家之间的普遍合作实现优势互补和资源共享，从而打造和谐、共赢的商业生态模式。

"新零售"的核心是提升消费者体验，其主要模式有 3 种：一是线上、线下与物流结合的同时实现商品与物流渠道整合，如盒马鲜生就是阿里巴巴实践新零售的典型范例，其最大的特点就是配送快，3 千米范围内 30 分钟送货上门；二是提供更广范围内的体验式消费服务，实现消费场景化，如社区无人便利店、线下不卖货的体验店，如优衣库线下体验后可以线下下单，也可以选择线上下单，物流可选择门店自提或物流配送等；三是营造包括零售企业内部员工及上下游合作伙伴的"新零售"平台，打造全渠道产业生态链。"新零售"只有在与新制造、新金融、新技术和新资源等相结合的情况下，才能真正实现良性发展。

2.5.3　电子商务新模式——C2B

1．C2B 含义

马云说："未来的世界，我们将不再由石油驱动，而是由数据驱动；生意将是 C2B 而不是 B2C，用户改变企业，而不是企业向用户出售——因为我们将有大量的数据；制造商必须个性化，否则他们将非常困难。"

C2B（Consumer to Business，即消费者到企业）是互联网经济时代新的商业模式，这一模式改变了原有生产者（企业和机构）和消费者的关系，是一种消费者贡献价值（Create Value）而企业和机构消费价值（Consume Value）的模式。C2B 的核心是消费者，消费者当家做主。真正的 C2B 应该先有消费者需求产生而后有企业生产，即先有消费者提出需求，后有生产企业按需求组织生产。C2B 通常情况为消费者根据自身需求来定制产品和价格，或主动参与产品设计、生产和定价，产品、价格等彰显了消费者的个性化需求，生产企业以此来进行定制化生产。

2．模式类型

常见的 C2B 模式有以下几种。

（1）聚合需求形式（反向团购、预售）

这种形式是在产品发布预售或团购时就注明目前的预订量，并且标明团购达到多少数量才自动成团，否则取消团购。商家应该根据自身的生产能力和运送能力合理规划，以免出现物流爆仓等情况，影响消费者满意度。

（2）个性化定制

随着互联网及智能手机的普及，消费者越来越追求个性化，这就要求商家根据消费者需求生产个性化的产品。目前有一些产品在销售时可以个性化定制，但这种个性化定制一般都仅仅针对某个小模块，如 iPad mini 订购时背面的刻字，又如购买手机时外壳的颜色和样式等。这些定制可以给消费者带来一定的个性化元素，让消费者体会到产品的不同。但仅仅某一个模块的定制并不能带来实质性的变化，商品的外观、功能、包装、销售过程等都应该实现个性化的定制，这在目前看来并不容易实现，但这是一个发展的趋势。

这种深度个性化的定制需求对商家的产品设计与生产提出了更高的要求，在设计时要考虑提供的这类个性化产品是否有利于生产。个性化定制对商家的实力有较高的要求，真正的个性化定制的实现不是一蹴而就的。

2.5.4　电子商务新模式——B2B2C

所谓 B2B2C，是一种新的网络通信销售方式，是英文"Business to Business to Consumer"的简称。第一个 B 指广义的商家（即成品、半成品、材料的提供商等），第二个 B 指交易平台，即商家与消费者的联系平台，同时提供优质的附加服务，C 即消费者。商家不仅是公司，也可以包括个人，即一种逻辑上的买卖关系中的商家。交易平台绝非简单的中介，而是提供高附加值服务的渠道机构，是拥有客户管理、信息反馈、数据库管理和决策支持等功能的服务平台。消费者同样是逻辑上的概念，可以是内部的也可以是外部的。B2B2C 定义包括现存的 B2C 和 C2C 平台的商业模式，更加综合化，可以提供更优质的服务。

实践训练

商业模式与盈利模式容易让人混淆，我们要正确区分二者。从盈利模式角度出发，选择感兴趣的代表性企业网站撰写相应报告，题目自拟，需满足以下两点要求。

1. 介绍企业的基本情况（如经营模式、经营产品、服务用户人群、营销方式、配送方式、服务特点）、分类、商业运作模式等。

2. 从盈利模式角度（盈利模式的 5 个要素）出发，分析该企业的特色及其在同行业领域的竞争优势。

练习题

一、单项选择题

1. 下列哪项属于 C2C 电子商务的优势（　　　）。

　　A. 投资少，见效快，基本不需要占用资金

　　B. 营业时间不受限制

　　C. 不受店面空间和地理位置的影响

　　D. 以上各项都是

2. 京东商城的电子商务模式属于（　　　）。

　　A. B2B 电子商务模式　　　　　　　　B. B2C 电子商务模式

　　C. C2C 电子商务模式　　　　　　　　D. B2G 电子商务模式

3. （　　　）不是盈利模式的基本要素。

　　A. 利润杠杆　　　B. 价值保护　　　C. 利润来源　　　D. 利润点

4. （　　）不是常见的电子商务模式。

　　A. B2C　　　　　　B. C2G　　　　　　C. C2B　　　　　　D. O2O

5. 很多电商企业为了满足不同消费者的个性化需求，纷纷出台定制化服务。消费者可根据自己的喜好来对商家提出要求由商家去完成。这种模式可以归属于（　　）电商模式

　　A. B2C　　　　　　B. C2C　　　　　　C. C2B　　　　　　D. B2B

二、名称解释

C2B　　商业模式　　盈利模式

三、简答题

1. B2B 商业模式有哪几类？

2. 国内典型的 B2C 电子商务网站还有哪些？

3. 简要说明 C2C 电子商务的拍卖流程。

4. 分析社区 O2O 的特点及典型代表网站。

第3章 电子支付

📁【学习目标】

本章主要介绍电子支付的含义及种类，使读者了解银行卡的本质及常见类型；掌握信用卡网上交易的处理流程；了解网上支付的基本流程及第三方支付的特点；能熟练进行网上支付；熟悉移动支付的特点及流程。

💼【导入案例】

支付宝案例

支付宝是国内先进的网上支付平台，由阿里巴巴创办，致力于为网络交易用户提供优质的安全支付服务。支付宝从2004年建立开始，始终以"信任"作为其产品或服务的核心，旗下有"支付宝"与"支付宝钱包"两个独立品牌，自2014年第二季度开始成为当前全球最大的移动支付厂商。

支付宝主要提供支付及理财服务，包括提供交易过程中的信用担保、网上支付、转账、信用卡还款、手机充值、水电煤缴费、个人理财以及选择推荐物流公司、获得优惠价格、代商家做发货确认等。它在进入移动支付领域后，为零售百货、电影院线、连锁商超和出租车等多个行业提供服务，还推出了余额宝等理财服务。

同时，支付宝与国内外180多家银行以及维萨国际组织、万事达卡国际组织等建立战略合作关系，成为金融机构在电子支付领域最为信任的合作伙伴。而支付宝的合作商户也进一步覆盖了包括服装、电子、机械、家居、文化等在内的几乎所有已应用电子商务的产业领域。截至2019年6月，支付宝及其本地钱包合作伙伴已经服务超12亿的全球用户。

同时，蚂蚁金融服务集团、阿里巴巴集团与新浪微博共同启动了"互联网+城市服务"战略，联合为各地政府提供"智慧城市"的一站式解决方案。用户通过支付宝钱包、微博或手机淘宝进入城市服务平台，即可在手机上完成交通违章查询、路况及公交查询、生活缴费、医院挂号等事项。截至2015年4月，上海、广州、深圳、杭州、宁波、南昌、青岛、太原等首批12个城市的城市服务已正式上线。

因此，伴随着网络购物的普及，第三方支付平台——支付宝也成为人们日常生活的必备工具和重要组成部分。

【思考】

1. 支付宝作为第三方支付平台，相对于其他的支付平台，它的优势在哪里？
2. 春晚支付宝红包活动中，你觉得支付宝是最大的赢家吗？

3.1 传统支付工具

微课 扫一扫：

电子支付之支付宝

网上支付技术是在传统支付方式的基础上建立起来的。目前的电子商务支付主要有传统支付和在线支付两种方式。在一些非完全电子商务交易的过程中，买卖双方有时会采取"线上交易，线下支付"的方式进行交易，如"货到付款"。

3.1.1 现金支付方式

现金支付也叫货币支付，是交易中最简单的价款支付方式。货币使用历史较长。在原始社会，人们使用以物易物的方式交换自己所需要的物资。作为交易过程中的主要支付工具，货币是商品交换发展的结果。历史上充当货币的物品有贝壳、贵金属、金属货币和纸币等。现在，世界各国的货币形式主要是纸币和硬币。使用现金支付的流程是"一手交钱，一手交货"。

1. 现金支付有诸多优点。

（1）现金是国家发行的具有法律效力的支付工具，是为公民普遍接受的。

（2）现金支付流程简单，具有非集中、匿名、方便、灵活的特点。

（3）现金发行是有限的，这种稀缺性维持了人们对现金价值的信任。

2. 现金支付的主要优点是使用简单，任何人只要持有现金便可支付，但其也有缺点。

（1）容易丢失、被盗、伪造或磨损。

（2）受时间和空间的限制，对于不在同一时间、同一地点进行的交易，就无法采用现金支付的方式。

（3）在大额交易中需携带大量的现金，这种携带的不便性以及由此产生的不安全性在一定程度上限制了现金作为支付工具的使用。

3.1.2 票据支付方式

1. 票据含义

广义上的票据包括各种记载一定文字、代表一定权利的文书凭证，如股票、债券、货单、车船票、汇票等，人们笼统地将它们称为票据。狭义上的票据是一个专用名词，专指票据法所规定的汇票、本票和支票等票据。在我国，《中华人民共和国票据法》将票据分成汇票、本票和支票 3 种。

汇票是出票人签发的，委托付款人在见票时，或者在指定日期无条件地支付确定的金额给收款人或者持票人的票据。

本票是出票人自己到期日无条件地支付一定金额给收款人的票据。

支票是出票人签发的，委托办理支票存款业务的银行或者其他金融机构在见票时无条件地支付确定的金额给收款人或者持票人的票据。所以，票据是出票人依据《中华人民共和国票据法》签发的、无条件支付一定金额或委托付款人无条件支付一定金额给收款人或持票人的一种文书凭证。

2. 票据支付的交易过程

票据支付过程涉及出票人、收款人和付款人（银行）。

出票人（债务方，在银行须存入足够的资金）签发支票或其他票据交给收款人（债权方）以结清债务；约定的日期到来时，持票人将该票据原件提交给付款人（银行），办理现金支付或转账业务；银行代理承兑票据，在票据审核无误后，按出票人的委托，无条件按提示的金额支付给收款人或持票人。

3. 票据支付方式的特点

票据本身的特性决定了交易可以异时、异地进行，这就突破了现金交易必须同时、同地的局限，大大增加了交易实现的机会。票据支付方式不用携带大量现金，使交易过程更加安全。以票据的转移代替实际的资金的转移，可大大减少现金的保管和远程携带输送中的麻烦和风险。而且，在支付日到来之前，付款人在这段时间内可充分运用资金。其缺点是票据的伪造、遗失等都会带来一些问题。

3.1.3 银行卡支付方式

1. 银行卡的起源

银行卡于 1915 年起源于美国，一些商业企业（百货商店、餐饮业、娱乐业、汽油公司等）为了招揽生意，在一定范围内给消费者发放信用筹码（代表商业信用，也能代替现金流通），使其可以赊销商品，后来演变成为用塑料制成的卡片。

1952 年，美国加利福尼亚州的富兰克林国民银行作为金融机构首先发行银行信用卡。

1985 年，中国银行珠海分行发行了我国第一张信用卡"中银卡"。1986 年，中国银行北京分行发行了长城信用卡并全面推广。

2. 银行卡分类

按照信用性质与功能，银行卡可分为信用卡与借记卡。

课堂思考 说说借记卡和信用卡的功能及它们的相同点和不同点。

信用卡是一种把支付与信贷两种银行业务功能融为一体的银行卡，本质上是银行向客户提供的一种信用凭证。持卡人享有一定信贷额度的使用权，无须先在发卡机构存款便可以"先消费，后还款"。完全具备这些特点的信用卡也称为"贷记卡"。

课堂思考 你听说过网络信用卡与超级信用卡吗？请说出它们的特点。

借记卡具有与信用卡相对立的特点，即"先存款，后消费"，不允许透支。借记卡中用来提取现金的卡称为"现金卡"（如在 ATM 上使用），用来转账、消费的卡称为"转账卡"（如在 POS 机上使用）。我国商业银行发行的借记卡集上述两种功能于一身，十分灵活。

3. 银行卡的传统支付过程

银行卡的传统支付过程如图 3-1 所示。

① 特约商家的现金出纳系统将客户的消费金额输入 POS 终端。

② 读卡器读取信用卡磁条中的认证数据，客户输入密码。

③ 将前两步输入的数据送往信用卡机构。

④ 信用卡机构基于收到的数据验证信用卡的合法性、客户密码及信用额度，更新客户数据库文件，并将处理结果数据实时送回 POS 终端。

⑤ 现金出纳系统对处理结果数据确认后，特约商家将商品及收据交给客户。

⑥ 信用卡机构的计算机中心将处理过的申请支付数据通过计算机网络传送给相应的银行。

⑦ 银行收到申请支付数据后，从客户的账户支出该款项，同时存入特约商家的账户。

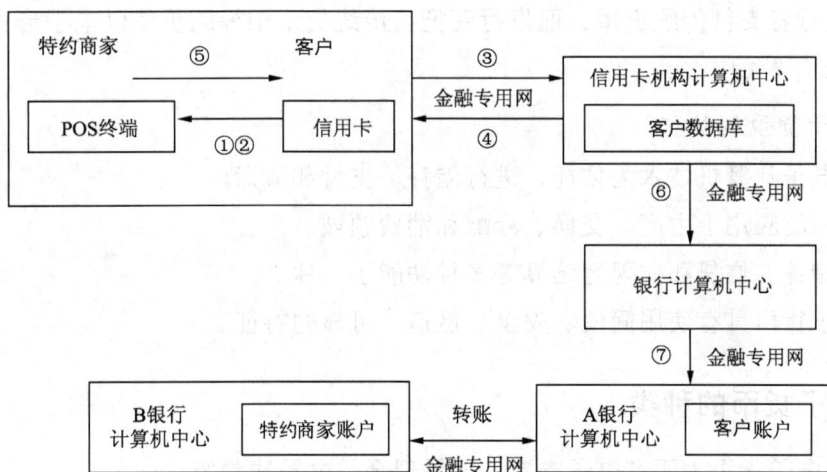

图 3-1　银行卡的传统支付过程

综上所述，传统支付方式简单、便捷，但也存在一定的局限性，如运作速度与处理效率比较低；支付安全问题较多；支付介质多，使用起来不方便；处理流程复杂，运作成本高；实现全天候、跨地区服务难；非即时结算，资金回笼慢。

3.2　电子货币

电子货币是电子技术、互联网、通信技术飞速发展的产物，是货币支付发展历史上不可或缺的内容。它代表了货币发展的方向，顺应了客户的消费习惯，为客户的生活带来了便利。同时，电子货币为客户购物带来了多样化的选择，它不受时空的限制，相对于传统货币节约了大量的交易成本和交易时间。

3.2.1　电子货币的含义及特征

1. 电子货币概述

电子货币是指用一定金额的现金或存款从发行者处兑换并获得代表相同金额的数据，通过使用某些电子化方法将该数据直接转移给支付对象，从而能够清偿债务。目前，对于电子货币的定义主要有以下两种。

一是对电子货币的狭义定义，把中央银行发行的法定货币（以下简称"法币"）的电子信息形式定义为电子货币。这种电子货币在经济学性质上与法币完全相同，具有与法币相当的支付能力，只是其支付要依赖于电子信息网络，只能在有电子货币网络终端设备的场所才可以使用。

二是对电子货币的广义定义，这源于国际清算银行的巴塞尔银行监理委员会在1998年对电子货币所下的定义：电子货币是指在零售支付机制中，通过销售终端、不同的电子设备之间以及在公开网络（如互联网）上执行支付的储值和预付支付机制。客户向电子货币的发行者支付传统货币，而发行者把与传统货币相等的价值以电子形式存储在客户持有的电子设备中。

2. 电子货币的特征

① 以电子计算机技术为依托，进行储存、支付和流通。

② 可广泛应用于生产、交换、分配和消费领域。

③ 集储蓄、信贷和非现金结算等多种功能于一体。

④ 电子货币具有使用简便、安全、迅速、可靠的特征。

3.2.2　电子货币的种类

目前的电子货币主要有电子支票、电子现金、电子钱包等。

1. 电子支票

电子支票（Electronic Check）是客户向收款人签发的，它通过互联网或者无线接入设备来完成传统支票的所有功能，是一种借鉴纸质支票转移支付的优点，利用数字传递将钱从一个账户转移到另一个账户的电子付款形式。

电子支票是纸质支票的电子替代物。电子支票支付与纸质支票支付一样，是一种合法的支付方式，它使用数字签名和自动验证技术来确定其合法性。电子支票是一个经付款人私钥加密并包含有相关信息的电子文件。它由客户计算机内的专用软件生成，一般应包括支付数据（支付金额、支付起因等）、支票数据（出票人、收款人、付款人、到期日等）、客户的数字签名、CA 证书、开户行证明文件等内容。由于支票是银行见票即付的票据，因此开支票的事先授权十分重要（客户开户行的授权证明文件是电子支票的重要内容）。

2. 电子现金

（1）含义

电子现金（E-cash）也叫数字现金，是一种以数据形式流通的货币，它具有现金的属性。它把现金数值转换为一系列的加密序列数，通过这些加密序列数来表示现实中各种金额的币值。客户在开展电子现金业务的银行开设账户并在账户内存钱后，就可以在接受电子现金的商店购物了。电子现金可以实现金融 IC 卡的一卡多账户、一卡多功能，满足人们一卡在手，便可跨行业、跨区域小额快速支付的需求。持卡人在使用电子现金支付前，要向电子现金预存一定的金额（圈存），电子现金中的金额视同现金，不挂失、不计息，不能透支、不能取现。中国人民银行规定，金融 IC 卡电子现金余额最高不得超过 1 000 元人民币，单笔最高支付金额不得超过 1 000 元人民币。

（2）特点

电子现金具有匿名、节约交易费用、节省传输费用、持有风险小、支付灵活方便、防伪造及防止重复性、不可跟踪等优点。同时，使用电子现金需要银行和商家之间具有协议和授权关系；客户、商家和电子现金银行都需要使用电子现金软件，电子现金银行负责客户和商家之间资金的转移；电子现金对使用者来说都是匿名的，丢失后无法补救；目前只有少数商家接受电子现金，而且只有少数几家银行提供电子现金开户服务。这些都影响了电子现金业务的普及。

3. 电子钱包

（1）含义

电子钱包（E-wallet）是一个可以由持卡人用来进行安全电子交易和储存交易记录的软件，就像生活中随身携带的钱包一样，它是电子商务活动中网络购物客户常用的一种支付工具。电子商务活动中的电子钱包通常都是免费提供的。

使用电子钱包的客户通常在银行里都有账户。在使用电子钱包时，客户将有关的应用软件安装到电子商务服务器上，利用电子钱包服务系统就可以把自己在电子货币或电子金融卡上的数据输入进去。如果客户用 Visa 卡或者 MasterCard 卡等电子信用卡收付款，则只要单击一下相应项目或相应图标即可完成。人们常将这种支付方式称为单击式支付或闪付。

（2）特点

电子钱包最大的特点是安全方便、成本低。电子钱包具有如下功能：①电子安全证书的管理——包括电子安全证书的申请、存储、删除等；②安全电子交易——交易时根据安全电子交易协议（Secure Electronic Transaction，SET）辨认客户的身份并发送交易信息；③交易记录的保存——保存每一笔交易记录以备日后查询。

3.3 网上支付与第三方支付平台

网上支付是保证电子商务交易正常进行的关键因素。从过去 10 年的产业发展历程和变化可以看出，网上第三方支付作为一种新兴金融服务产业，在我国经济发展、金融支付基础设施建设过程中起到了重要作用。

3.3.1 网上支付概述

网上支付是电子支付的一种形式，它是通过第三方提供的与银行之间的支付接口进行支付的即时支付方式，这种方式的好处在于可以直接把资金从客户的银行卡转账到网站账户中，汇款马上到账，不需要人工确认。客户和商家之间可采用信用卡、电子钱包、电子支票和电子现金等多种电子支付方式进行网上支付，采用网上支付可以节省交易成本。

3.3.2 网上支付流程及支付系统的构成

1．网上支付流程

基于互联网平台的网上支付的一般流程如下。

① 客户接入互联网，通过浏览器在网上浏览商品，选择货物，填写网络订单，选择应用的网上支付结算工具并且得到银行的授权使用，如银行卡、电子钱包、电子现金、电子支票或网络银行账号等。

② 客户机对订单相关信息进行处理，如支付信息的加密、网上订单的提交。

③ 商家服务器对客户的订购信息进行检查、确认，并把相关的、经过加密的客户支付信息转发给支付网关，直到连接银行专用网络的银行后台业务服务器确认，从银行等电子货币发行机构验证得到支付资金的授权。

④ 银行验证确认后，通过建立起来的经由支付网关的加密通信通道，给商家所在服务器回送确认及支付结算信息，为进一步确保安全，给客户回送支付授权请求。

⑤ 银行获得客户传来的进一步授权结算信息后，把资金从客户账户转拨至开展电子商务的商家的银行账户中，银行借助金融专用网进行结算，并分别给商家、客户发送

支付结算成功信息。

⑥ 商家服务器收到银行发来的结算成功信息后，给客户发送网络付款成功信息和发货通知。

2. 网上支付系统的构成

电子商务网上支付系统是集购物流程、支付工具、安全认证技术、信用体系以及现代金融体系为一体的综合系统。其基本构成包括活动的参与主体、支付方式以及遵循的支付协议几个部分。

网上支付活动的参与主体包括客户、商家、银行（客户开户银行和商家开户银行）、支付网关、金融专用网和认证机构。支付方式包括银行卡支付、信用卡支付等。遵循的支付协议有安全套接层协议和安全电子交易协议。

课堂思考 网络购物的支付方式有哪些？看看哪个小组思考得全面。

3.3.3 第三方支付平台

第三方支付是指具备实力和信誉保障的第三方企业与国内外的各大银行签约，为客户和商家提供信用保证。在通过第三方支付平台进行的交易中，客户选购商品后，使用第三方平台提供的账户进行支付，由第三方平台通知商家货款到达、进行发货；客户验收商品后，就可以通知第三方平台付款给商家，第三方平台再将款项转至商家账户。

第三方支付平台前端直接面对网上客户，其后端连接各家商业银行，或通过中国人民银行支付系统连接各家商业银行。第三方支付平台的功能大致有 3 项：第一，接收、处理并向开户银行传递网上客户的支付指令；第二，进行跨行业务资金清算；第三，代替银行开展金融增值服务。

1. 第三方支付行业发展状况

2009 年以来，第三方支付市场的交易规模保持 50%以上的年均增长率，并在 2013 年成功突破 16 万亿元的基础上，达到 16.9 万亿元，同比增长 38.71%；2018 年交易规模达 230.4 万亿元；2019 年交易规模达 302.2 万亿元。随着我国电子商务环境的不断优化，支付场景的不断丰富以及金融创新的活跃，网上支付业务取得快速增长，因此第三方支付平台发生的互联网支付业务也取得了较快增长。

2. 第三方支付模式分类

（1）支付网关模式

第三方支付平台将多家银行卡支付方式整合到一个平台上，负责电子商务交易各方与银行的接口，并通过交易结算与银行对接，客户通过第三方支付平台付款给商家。

（2）信用中介模式

为了增强交易双方线上交易的安全性，保证资金和产品的正常流通，第三方支付平台充当信用中介，实行"代收代付"和"信用担保"。订单下达后，客户先将支付款存入其在支付平台上的账户内，商家看到客户付款后发货。但支付平台需要在客户验收货物合格并确认付款后，才将客户先前存入的款项从客户的账户划至商家的账户。这种模式以第三方支付平台作为信用中介，能有效地让买卖双方都放心，保证了交易的公正、公平。

3. 各类型第三方支付平台背景及运营特点（见表 3-1）

表 3-1　各类型第三方支付平台背景及运营特点

分类	典型的第三方支付平台	运营特点
综合型	支付宝、财付通	依靠强大的互联网资源，有自身的电子商务平台作为支持，拥有庞大的用户群，支持平台多元化，应用行业较多
资源型	银联在线	依靠中国银联，有独特的银行背景和资源优势，在大额支付领域扩展较早
创新型	快钱、易宝支付	依靠风险投资崛起，善于发现市场，创造新型产品和鲜活概念，在市场中表现活跃，应用行业较多
元老型	环迅支付、首信易支付	成立时间较早，在多年发展中聚集了稳定的合作伙伴，形成了鲜明的运营特色，运营稳健。但近几年由于缺乏创新，步调趋缓
行业型	汇付天下、盛付通	成立时间较晚，在特定的领域深度发展，运营风格扎实，但由于应用行业较单一，所以运营风险较大
外资型	贝宝支付	国际知名支付公司的全资子公司，是全球用户比较欢迎的国际贸易支付工具之一，但在中国扩展商户和用户的难度大

课堂思考　请说说第三方支付平台还有哪些，并列出它们的市场份额。

3.4　网上支付协议

在电子商务交易过程中，买卖双方是通过网络来联系的，交易双方都面临不同的安全威胁。电子商务的核心特征是在线支付，为了加强电子商务交易的安全性，需要通过数据加密和身份认证技术来保证可信赖的电子商务交易环境。目前，电子商务交易主要通过安全套接层（Secure Sockets Layer，SSL）协议和安全电子交易（Secure Electronic Transaction，SET）协议来保证其安全性。

微课　扫一扫：

电子支付之支付协议

3.4.1　安全套接层协议

安全套接层协议是网景通信公司率先采用的网络安全协议。它是在传输通信协议TCP/IP 上实现的一种安全协议，采用公开密钥技术。SSL 支持各种类型的网络，使用公开密钥技术来提供 3 种基本的安全服务。基于 SSL 协议的电子商务交易过程如图 3-2 所示。

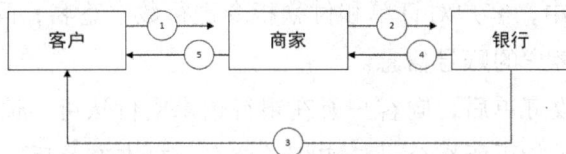

图 3-2　基于 SSL 协议的电子商务交易过程

其具体流程如下。

① 客户将购物信息传递给商家。

② 商家将购物信息同步转发给银行。

③ 银行验证客户信息合法性，并通知客户付款成功。

④ 银行通知商家付款成功。

⑤ 商家再通知客户购买成功，并将商品发给客户。

3.4.2　安全电子交易协议

安全电子交易协议（Secure Electronic Transaction，SET），是由 MasterCard 和 Visa 联合网景、微软等公司，于 1997 年 6 月 1 日推出的一种新的网络安全协议。SET 是在 B2C 上基于信用卡支付模式而设计的，它保证了在开放网络上使用信用卡进行网络购物的安全。SET 主要是为了保证客户、商家、银行通过信用卡进行交易的安全性而设计的，能够保证交易数据的完整性、交易的不可抵赖性等。目前，该协议已成为公认的信用卡网上交易的国际标准。参与 SET 协议的实体有持卡人、支付网关、发卡银行、收单银行、CA 认证中心，如图 3-3 所示。

基于 SET 协议的工作流程如图 3-4 所示。

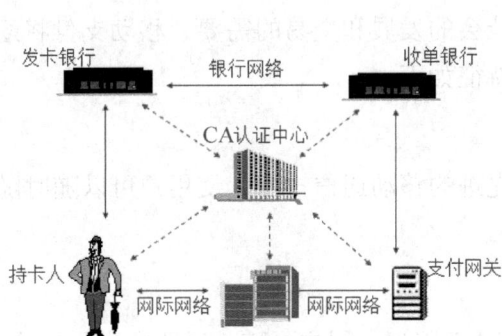

图 3-3　参与 SET 协议的实体

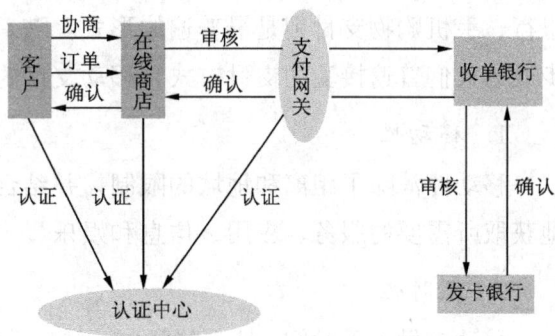

图 3-4　基于 SET 协议的工作流程

（1）客户在网络终端选定要购买的商品，并输入订单等相关信息。

（2）网上平台服务器与在线商店联系，在线商店做出应答，通知客户确认所填订单相关信息的准确性。

（3）客户选择付款方式，确认订单并签发付款指令，此时，SET 协议开始介入。

（4）在 SET 协议中，客户对订单和付款指令进行数字签名，同时利用"双重签名"技术保证商家看不到客户的账号信息。

（5）在线商店接收订单后，向客户所在银行请求支付认可。请求信息通过支付网关到收单银行，再到电子货币所在公司核实相关信息，批准交易后，再将确认信息返给在线商店。

（6）在线商店发送订单确认信息给客户。客户端软件可记录交易日志，以备查询。

（7）在线商店发货或提供服务，并通知收单银行将钱从客户的账号转移到在线商店账号，或通知发卡银行请求支付。

3.5　移动支付

《2015 年中国互联网金融发展格局研究报告》显示，移动支付已经成为银行卡、现金之外常使用的支付工具。艾瑞咨询（iResearch）发布的 2019 年上半年《中国第三方支付行业数据发布报告》显示，2019 年上半年，第三方移动支付交易规模约 1 104 000 亿元；第二季度第三方移动支付交易规模约为 550 000 亿元，同比增速为 22.6%。

3.5.1　移动支付概述

移动支付也称为手机支付，是允许用户使用其移动终端（通常是手机）对所消费的商品或服务进行账务支付的一种支付方式。移动支付存在的基础是移动终端的普及和移动互联网的发展，特别是移动电话和掌上电脑的普及，可移动性是其最大的特色。手机银行、手机购物支付则是最普遍的形式。随着社会的发展和交易的需要，移动支付将逐步成为人们普遍接受的支付方式，移动支付的特征如下。

1．移动性

移动性消除了距离和地域的限制，并结合先进的移动通信技术，使用户可以随时随地获取所需要的服务、应用、信息和娱乐。

2．及时性

移动支付不受时间、地点的限制，信息获取更为及时，用户可随时对账户进行查询、转账或进行消费。

3．定制化

基于先进的移动通信技术和简易的手机操作界面，用户可以定制自己的消费方式和个性化服务，账户交易也更加简单方便。

电子商务理论与实务（微课版　第3版）

4．集成性

以手机为载体，通过移动通信技术、无线射频技术、互联网技术，运营商可将移动通信卡、公交卡、地铁卡、银行卡等各类信息整合到以手机为载体的平台中，为用户提供方便的支付以及身份认证渠道。

3.5.2 移动支付的典型形式

移动互联网的发展和智能手机的普及成为移动支付快速发展的必要条件。中国互联网络信息中心的数据显示，截至 2020 年 3 月，我国网络支付用户达 7.68 亿人，较 2018 年年底增长 1.68 亿人，占网民整体的 85.0%；而手机用户达 7.65 亿人，较 2018 年年底增长 1.82 亿人，占手机网民的 85.3%。在迅速增长的手机用户中，使用的移动支付形式主要有以下几种。

1．线下扫码支付

2019 年上半年，我国线下扫码支付市场交易规模约 15.4 万亿元。线下扫码支付在场景覆盖上已经较为完善，用户扫码习惯已经逐步养成，线下扫码支付市场也步入了稳定增长阶段，各季度之间的环比增速受消费市场的季节性波动影响较大。2019 年第二季度中国第三方移动支付交易规模市场份额如图 3-5 所示。

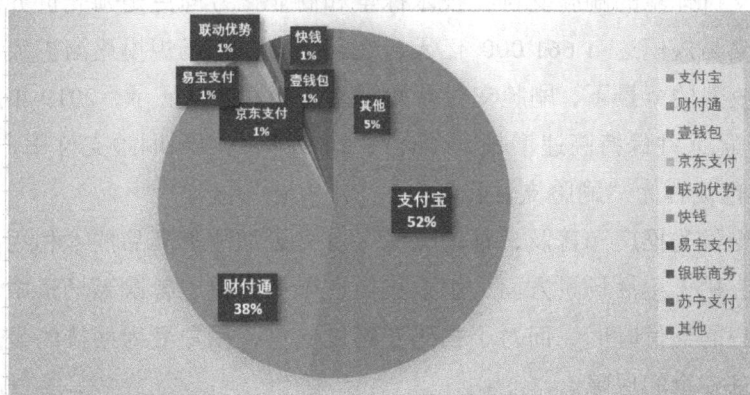

资料来源：艾瑞网 2019 年上半年《中国第三方支付行业数据发布报告》

图 3-5　2019 年第二季度中国第三方移动支付交易规模市场份额

第一，以支付宝、财付通为代表的第三方支付平台在市场份额上保持垄断地位，而壹钱包、京东支付、快钱、易宝支付、苏宁支付等支付企业在各自的细分市场中也得到了较广泛的推广应用。如壹钱包继续在金融、电商、航旅等优势领域发力，并加速向线下商户渗透，壹钱包通过综合金融解决方案，已服务超过 200 万线下商户；京东支付依托其较强的产品创新及用户运营能力，一方面在京东集团内部的交易支付占比逐步提高，另一方面，京东支付大力拓展外部场景，在公共交通及线下零售领域取得快速增长，交易规模排名第四；快钱在万达场景，如购物中心、院线、文化旅游等场景快速扩展；易宝支付加大营销力度，在互金、航旅领域持续发力；苏宁支付致力于O2O化发展，为C端消费者和B端商户提供便捷、安全的覆盖线上线下全场景的支付服务。

第二，各大银行自身推出的App平台，可通过扫码完成支付服务，如银联在线、招商银行网银App等。在中国人民银行的指导下，由中国银联携手各商业银行、支付机构等产业各方共同开发建设、共同维护运营的移动支付App于2017年12月正式发布，云闪付与银联手机闪付、银联二维码支付同为银联三大移动支付产品。截至2019年9月5日，中国银联宣布云闪付用户数突破2亿，这也使其成为移动支付市场的第二梯队。

2. 移动智能终端NFC支付

2017年以来，在银联的推动下，Apple pay、Huawei pay、Mipay等智能终端商与京东闪付、美团闪付等部分第三方支付平台共同促进移动智能终端NFC支付的推广。截至2019年上半年，移动智能终端NFC支付产生的交易规模达154.8亿元，虽然占整体移动支付交易规模的比例较小，但其增速较快。其中，京东闪付依托安全、便捷、优惠力度大等优势，成为移动智能终端NFC支付市场的领先企业，其移动智能终端NFC支付交易规模超过其他第三方支付平台，位列市场第一。

3. 刷脸支付

目前，中国移动支付产品已渗透至人们生活的主要场景，行业呈高速增长态势，其中能提高用户支付体验的刷脸支付在技术探索和商业化方面更是领先世界。2019年上半年，移动支付交易规模达1 661 000亿元，在移动支付市场规模逐渐扩大以及人脸识别技术发展渐趋成熟的背景下，刷脸支付开始崭露头角。数据显示，2019年刷脸支付用户有望增至1.18亿人并保持高速增长，预计到2022年，中国刷脸支付用户规模将超7.6亿人。2019年也被称为"刷脸支付元年"。

随着移动支付的推广和普及，移动支付平台将更加注重产品技术和用户体验。目前刷脸支付主要应用于生活场景方面，主要集中在零售商超、餐饮等场景中。刷脸支付能够大幅节省用户的支付时间，而对于扫码及指纹支付，用户最为期待的是支付过程中对交易安全和信息安全的保障。

2018年12月，支付宝宣布推出一款全新的刷脸支付产品"蜻蜓"，其体积只有原来自助刷脸机的1/10，即插即用，不用改造商家ERP系统，大大提高了收银效率，直接节省了80%的运营成本。2019年3月，微信支付正式推出"青蛙"，这是一款灵巧轻便的桌面型刷脸支付设备，即插即用、免开发、免插件安装，轻松实现微信刷脸支付功能，同时也支持各种扫码支付。2019年11月，银联商务对外发布了刷脸支付终端"全民付蓝鲸"，简称"蓝鲸"。

从技术成熟度来看，平台推出的刷脸支付设备大多使用3D结构光摄像头和人工智能算法，通过光线距离精确测定脸部纵深、鼻子高低等毫米级的立体人脸信息。结合活体检测技术和大数据风控系统，这些设备能快速准确地判断是不是利用照片、视频来冒充刷脸，达到金融级别的安全等级。从易用性来看，这些刷脸支付设备体积小巧，但可以集成刷脸支付、扫码支付等支付方式，功能多样且不占空间。从提高商家效率来看，它能加快收银结算效率，假如结账 10 件商品需要 60 秒，那刷脸支付只需 10 秒就能完成。从引入成本来看，目前自助刷脸支付设备价格不菲，普通规格的商家一般负担不起。但相信随着技术的升级，刷脸支付将逐步走向大众化。

3.5.3　移动支付的发展现状及趋势

在北美，近 3/4 的电子商务交易是通过银行卡支付完成的，电子钱包支付成为最大的可选支付方式。美国拥有稳定、成熟的支付系统，一种新的支付方式要进入市场，必然会打破其运行完好的支付生态系统，因此新的支付技术会遭遇传统成熟技术的排斥，使得美国的移动支付发展比其他国家缓慢。

而德国人的购物消费主要通过现金支付和刷卡，电子现金卡也是德国人常使用的支付手段。德国人在网上购物也大都通过转账、信用卡等手段来支付货款。德国也有移动支付服务，如通过手机购买车票，但是其日常生活中的消费以及金融活动等都是通过银行的正规服务来实现的。

在法国，不少实体店已经实现了移动支付。用户在很多实体店使用手机即可完成支付，不用携带很多卡，只需要在会员机前刷手机，而日本是移动支付发展较早的国家，从 2004 年就开始推广移动支付，其移动支付的发展已远远超过美国和欧洲国家，已经具有比较成熟的商业模式。日本几大运营商推出的手机支付，几乎覆盖了全国的便利店、地铁和餐馆。在日本，手机就是钱包。流量不封顶包月套餐的广泛普及，极大地推动了日本移动互联网的发展。

中国在基础建设方面的巨大投入，如互联网、金融体系等为移动支付的快速发展奠定了物质基础。同时，借助智能手机的发展，移动支付短时间就实现了大规模普及，彻底改变了传统的现金支付方式。目前，中国的移动支付已经领先全球，美国、日本、新加坡、马来西亚、泰国等国家纷纷汲取中国经验，以期跟上支付潮流。

未来，5G 网络和智能手机的普及，移动支付的便捷性和安全性使其在全球会越来越普及，中国标准的移动支付模式也会让世界共享。

📖 **实践训练**

网上支付方式有哪些？移动支付方式又有哪些？对比网上支付方式和移动支付方式的差异，可列表区别。（可从以下几个角度对比，如借助媒介、安全程度、便利程度等。）

练习题

一、单项选择题

1. 下列哪项支付方式不属于传统支付方式（　　）。

    A. 现金支付   B. 票据支付

    C. 电子现金支付   D. 传统银行卡支付

2. 下面关于 SSL 的描述，不正确的是（　　）。

    A. SSL 支持两台计算机安全连接

    B. SSL 协议位于 TCP/IP 的应用层

    C. SSL 保证信息的完整性和有效性

    D. SSL 使用公共密钥和对称密钥技术实现信息加密

3. "以电子化数字形式存在的现金货币"指的是（　　）。

    A. 电子现金   B. 电子钱包   C. 电子支票   D. 银行卡

4. （　　）是用于开放网络进行信用卡电子支付的安全协议。

    A. SSL 协议   B. TCP/IP   C. SET 协议   D. HTTP

5. （　　）是支付宝的理财产品。

    A. 蚂蚁花呗   B. 支付宝   C. 蚂蚁金服   D. 余额宝

二、名词解释

电子现金　电子钱包　移动支付　SSL 协议

三、简答题

1. 传统支付方式和网上支付方式有哪些不同？

2. 现在你准备网上购物，你可以选择哪些支付方式？请列出。

3. 你赚钱了，想通过打款来表达对父母的孝敬，请问你可以通过哪些方式给父母打款？写下你的答案。

4. 网上支付过程中的风险有哪些？

5. 常见的电子货币形式有哪些？

6. 常见的第三方支付平台有哪些？分析它们的共性和不同。

7. SSL 协议和 SET 协议的区别是什么？

8. 移动支付的特点是什么？

第4章 互联网金融

【学习目标】

本章主要介绍互联网金融的含义、互联网金融模式、互联网金融风险等，使读者了解互联网金融的定义、特点、发展现状以及发展前景；掌握互联网金融模式；了解互联网金融的风险。

【导入案例】

"井喷式"涌现的互联网金融案件

2019年8月30日，中国互联网络信息中心发布的第44次《中国互联网络发展状况统计报告》显示，截至2019年6月，我国互联网理财用户规模达到1.7亿，半年增长率达12.91%，占网民整体的19.9%。

近两年，随着国内金融创新的迅猛发展，传统的金融模式受到互联网金融业态及金融模式的冲击，致使互联网与金融快速融合生长。金融领域通过充分利用互联网、云计算等高新技术做支撑，使融资、交易、理财变得更加高效、便捷。在大数据金融模式、第三方支付、众筹、信息化金融机构等互联网金融模式给传统金融模式带来一场革命的同时，互联网金融也凸显出不小的风险，特别是近年来利用互联网金融犯罪的案件迅速增多，这给金融创新和互联网金融带来了极大的挑战。目前，利用互联网金融犯罪主要集中在"非法集资"领域。如何在金融创新的同时更好地防范互联网金融的法律风险，最大限度地预防犯罪，是目前面临的重要课题。

北京市第二中级人民法院官网通报显示，仅执行三庭2017年至2019年的1 002件仲裁类执行案件中，网贷平台类案件就占15.8%。引发网贷平台类执行案件的原因有：格式化电子借款合同存在不足；平台借贷存在违规行为；网贷平台自身风险控制制度不完善；借款人诚信缺失，面对执行案件选择逃避；部分被执行人不能妥善保管身份信息，甚至主动出借身份信息，导致背负债务。相关负责人也建议，广大群众要认清"套路贷"，避免掉入陷阱；网贷个人要正确应对，依法维权；网贷企业要合法经营；健全社会征信体系。

【思考】

1. 国内互联网金融是在什么背景下产生的？

2. 互联网金融有什么特点？

3. 互联网金融的风险是什么？

4.1　互联网金融概述

互联网金融（Internet Finance）是传统金融业与互联网技术相结合，实现资金融通、支付和相关信息传播等功能的新兴金融模式。它不同于传统银行借贷，也不同于传统的资本市场直接投融资。从更广阔的视野来看，互联网金融不是互联网颠覆金融业，而是互联网拓展了金融业的空间，使金融业态发生了改变。互联网金融是传统金融行业与互联网相结合的新兴领域，互联网"开放、平等、协作、分享"的精神也会向传统金融业渗透，对传统金融模式也会产生根本影响，从而使具备互联网精神的金融业系统成为互联网金融。

互联网金融与传统金融的区别不仅仅在于金融业务所采用的媒介不同，更在于金融参与者深谙互联网"开放、平等、协作、分享"的精神，通过互联网、移动互联网等工具，使传统金融业务具备透明度更强、参与度更高、协作性更好、中间成本更低、操作更便捷等一系列特征。

4.1.1　互联网金融的含义

事实上，准确定义互联网金融是一件比较困难的事情。不同的群体或个人会从不同的角度去理解和解读互联网金融，而在不同领域、不同模式下也存在不少对互联网金融解读的差异，加之互联网金融的动态发展，使我们难以用一个严格准确的定义对其进行概括。

与金融业漫长的发展历史相比，互联网的发展还相对年轻。因此，不能简单地说互联网金融是传统金融业务的网络化，也不能单纯地说其是互联网企业或互联网精神的金融业务。因此，投中研究院认为，所谓互联网金融，是指传统金融机构与互联网企业依托互联网技术、信息通信技术等手段，借助于互联网和移动互联网等先进、便捷的工具及金融相关功能，依靠云计算、大数据、智能技术等金融科技，在开放的互联网金融平台上实现资金融通、支付、投资、信息中介服务的一种新兴金融业态和服务系统。

互联网金融是在互联网的基础上，由金融服务商提供证券、银行、保险等多样化的金融服务，也是对以计算机网络技术为基础的所有金融活动的总称。就狭义层面来说，互联网金融就是在金融服务商提供主机的前提下，利用互联网或通信网络为传输工具，借助内嵌金融数据以及业务流程的软件平台，将操作界面定位用户终端的新型的金融运营模式。就广义层面来说，互联网金融就是与之相匹配的互联网金融机构、互联网金融市场和监管等的总称。

4.1.2 互联网金融的特点

当前互联网金融的发展可谓如火如荼，是时代的趋势造就了互联网金融的发展。互联网金融有以下特点。

课堂思考　说说你身边互联网金融的典型应用。

1. 成本低

在互联网金融模式下，资金供求双方可以通过网络平台自行完成信息甄别、匹配、定价和交易，无传统中介，无交易成本，无垄断利润。一方面，金融机构可以避免开设营业网点的资金投入和运营成本；另一方面，客户可以在开放的平台上快速找到适合自己的金融产品，削弱了信息不对称程度，更省时省力。

2. 效率高

互联网信息传播打破了时间和空间的限制。传统媒介受时间、空间和地域等的限制，而网络传播在虚拟的空间里，不受这几个维度的约束。互联网金融业务主要由计算机处理，操作流程完全标准化，客户不需要排队等候，业务处理速度更快，客户体验更好。

3. 覆盖广

在互联网金融模式下，客户能够突破时间和地域的约束，在互联网上寻找需要的金融资源；金融机构提供金融服务更加直接，客户基础更加广泛。此外，互联网金融的客户以小微企业为主，覆盖了部分传统金融业的金融服务盲区，有利于提高资源配置效率，促进实体经济的发展。

4. 发展快

近年来，依托于大数据和电子商务的发展，互联网金融得到快速增长。以余额宝为例，截至 2019 年 6 月末，共有 6.19 亿客户持有余额宝，余额宝总份额为 1.03 万亿份，上半年共为客户赚取 123.68 亿元。由于互联网金融概念的火爆，众多互联网巨头也开始涉足这一领域，其中腾讯、民生银行、天天基金网推出了与余额宝类似的业务，如零钱通、如意宝、活期宝等。

5. 风险大

一是信用风险大。目前我国的信用体系尚不完善，互联网金融的相关法律还有待配套，互联网金融违约成本低，容易诱发恶意骗贷、卷款跑路等风险问题。二是网络安全风险大，互联网金融犯罪问题不容忽视，一旦遭遇黑客攻击，互联网金融的正常运作会受到影响，危及客户的资金安全和个人信息安全。

4.1.3　互联网金融对传统金融的影响

当前，互联网金融以更快速、更便捷、更省心的服务优势，以产品新、门槛低、收益高为卖点，向传统金融发起了猛烈的挑战。这些挑战突出表现在第三方支付、移动支付、网络借贷、众筹融资对传统金融产生的重大影响。传统金融不得不对这些问题进行认真思考和慎重研究，通过积极面对、调整转型、投身变革、加快创新以迎接挑战。传统金融的应对措施主要集中在以下几个方面。

1. 更新旧有观念，积极迎接挑战

互联网金融的发展将彻底改变传统的金融融资模式。它既不同于商业银行之间的间接融资模式，也不同于资本市场直接融资的融资模式。这种传统与现代相结合的融资方式，使资金供求双方直接交易，削弱了银行机构在融资过程中的中介作用，并依靠网络不断吸收社会闲散资金。面对互联网金融的压力和冲击，传统金融应突出"新"，立足于"变"，着力于"建"，不断加大创新和变革的力度，充分发挥自身的优势。

2. 整合现有资源，主动调整转型

互联网金融不可能在短时间内全面取代传统金融，但传统金融要有危机意识，应积极调整转型、发挥优势以适应新的发展。传统金融要进一步发挥大数据、云计算、人工智能等信息技术的核心引领作用，提高自身的兼容性，加速提高金融行业的渗透性与覆盖范围。

3. 创新业务模式，自觉融入变革

创新始终是企业发展的动力，也是竞争制胜的法宝。传统金融要依托自身的资金优势进行服务创新，与成熟的电商企业、支付平台联手寻求布局互联网金融的先机；要发现互联网金融和传统金融的结合点，对支付结算、托管、担保、融资等业务进行改进创新；在防范风险的前提下，建立适合大数据时代的管理方式，进行管理方式创新。

4.1.4　互联网金融的发展现状及前景

互联网金融包括 3 种基本的企业组织形式：网络小贷公司、第三方支付公司及金融中介公司。当前商业银行普遍推广的电子银行、网上银行、手机银行等也属于此类范畴。

前瞻产业研究院发布的《中国互联网金融行业市场前瞻与投资战略规划分析报告》的统计数据显示，预计 2022 年我国互联网金融行业的市场规模将达到 423 000 亿元，我国互联网金融行业用户规模将达到 7.05 亿。

近年来，以第三方支付为代表的互联网金融模式越发引起人们的高度关注，互联网金融以其独特的经营模式和价值创造方式，对商业银行的传统业务形成直接冲击。目前在全球范围内，互联网金融已经出现了 3 个重要的发展趋势。

（1）移动支付替代传统支付业务

随着移动通信设备的渗透率超过正规金融机构的网点或自助设备的渗透率，以及移动通信、互联网和金融的结合，益普索《2019 年第三季度第三方移动支付用户研究报告》指出，我国移动支付在手机网民中的渗透率为 96.9%；而在整个移动支付市场上，财付通的优势仍领跑业界，其用户渗透率达 93.8%。

（2）网络小额贷款替代传统存贷款业务

传统金融机构一直未能有效解决中小企业融资难的问题，而现代信息技术大幅降低了信息的不对称程度和交易成本，使网络小额贷款在商业上成为可能。

（3）众筹融资替代传统证券业务

所谓众筹，就是集中大家的资金、能力和渠道，为小企业或个人进行某项活动等提供必要的资金援助，是最近几年国外热门的创业方向之一。以 Kickstarter 为例，它是一个专为具有创意方案的企业筹资的众筹网络平台，已经成为"众筹"模式的代名词。

4.2　互联网金融模式

不同的机构从不同的角度对互联网金融模式的分类进行了归纳，在此依据央行从监管角度对我国互联网金融现存模式进行的分类，将我国的互联网金融模式分为 4 类：互联网支付、众筹融资、在线金融产品和业务服务平台、公募基金互联网销售平台。

4.2.1　互联网支付

互联网支付是依托互联网，以第三方支付机构作为中介，通过计算机、手机等设备在付款人和收款人之间进行资金划转的服务，如支付宝、财付通等。互联网支付是一种网上交易形式，主要表现形式为网上银行、第三方支付和移动支付。

4.2.2　众筹融资

众筹融资是指通过网络平台为项目发起人筹集从事某项创业或活动的小额资金，并由项目发起人向投资人提供一定回报的融资模式。相比传统的融资方式，众筹融资的精髓就在于小额和大量。融资门槛低且不再以是否拥有商业价值作为唯一的评判标准，这为新型创业公司的融资开辟了一条新的路径，从此，其融资渠道不再局限于银行、私募股权投资（Private Equity，PE）和风险投资（Venture Capital，VC）。

众筹项目种类繁多，不仅包括新产品研发、新公司成立等商业项目，还包括科学研究项目、民生工程项目、赈灾项目和艺术设计等。经过几年的迅速发展，众筹已经逐步形成奖励制众筹、股份制众筹、募捐制众筹和借贷制众筹等多种运营模式，典型平台有京东众筹、苏宁众筹等。

课堂思考 生活中，我们经常在朋友圈遇见众筹的应用，如水滴筹。你了解众筹这种互联网金融模式的具体商业模式吗？小组讨论发言。

4.2.3 在线金融产品和业务服务平台

在线金融产品和业务服务平台可以分为以下 3 类：一是具有线下实体业务的金融机构的互联网化，主要体现为网上银行、网上证券交易、网上保险销售等形式；二是不设线下实体分支机构，完全通过互联网开展业务的专业网络金融机构，如众安在线财产保险；三是不提供金融业务本身，而是提供金融业务服务支持的平台，包括但不限于金融产品和业务的搜索（如 91 金融超市、融 360 等）、理财记账服务（如挖财网等）等。

4.2.4 公募基金互联网销售平台

按照网络销售平台的不同，基于互联网的公募基金销售平台可以分为两类。

一是基于自有网络平台的基金销售，其实质是传统基金销售渠道的互联网化，即基金公司等基金销售机构通过互联网平台为投资人提供基金销售服务。以银行等为代表的基金销售平台，其线下渠道依然是它们的优势，这些基金销售平台通过不断整合线上线下资源，从而发挥更大的优势。

二是基于非自有网络平台的基金销售，其实质是基金销售机构借助其他互联网机构平台开展的基金销售行为，包括在第三方电子商务平台开设"网店"销售基金，基于第三方支付平台的基金销售等多种模式，如余额宝、理财通等。它们利用自己的流量和数据优势，提供全流程的、陪伴客户全生命周期的数字化服务。

4.3 互联网金融风险

互联网技术的普及推动了互联网金融的出现，这在一定程度上降低了交易成本，节省了交易时间，对金融服务市场有所拓展。但是由于互联网金融的高科技化、虚拟化、法律法规监管缺位和跨国经营等特点，导致其风险管理更加复杂，这对我国的金融稳定

电子商务理论与实务（微课版 第3版）

是一种新的挑战。互联网金融的风险主要有操作风险、交易风险、信息风险、信誉风险和法律风险等。

4.3.1　操作风险

操作风险指源于系统可靠性、稳定性和安全性的重大缺陷而存在潜在损失的可能性。

操作风险可能来自互联网金融客户的疏忽，也可能来自互联网金融安全系统及其产品的设计缺陷与操作失误。操作风险主要涉及互联网金融账户的授权使用、互联网金融的风险管理系统、互联网金融机构和客户间的信息交流、真假电子货币的识别等。

目前，互联网金融对进入金融机构账户的授权管理变得日益复杂起来，这一方面是因为计算机的处理能力日益增强，另一方面是因为客户的地理空间位置变得更加分散，也可能是因为采用多种通信手段等增加了操作风险。

4.3.2　交易风险

交易风险是指投机者利用利率、汇率等市场价格的变动进行关联交易，给金融资产的持有者带来损益变化的不利影响。

由于网络信息传递的快捷和不受时空限制，互联网金融会放大传统金融风险，导致市场价格波动风险、利率风险、汇率风险发生的突然性、传染性增强，危害也更大。金融网络化给投机者带来机会，他们会在股市、汇市、期市进行大量关联交易，导致金融市场跌宕起伏。在金融网络化、全球化不断加深的今天，国际融资对证券市场的冲击和股票投资者的非理性操作是证券市场动荡的根源，也是互联网金融最大的潜在风险。

4.3.3　信息风险

信息风险是指由于信息不对称或信息不完全导致网络银行面临的不利选择和道德风险引发的业务风险。由于互联网金融的虚拟性，一切金融往来都是以数字化形式在网络上进行，网络市场上商业银行与客户间的信息处于严重的不对称状态，客户将会比在传统市场上更多地利用信息优势，形成对网络银行不利的道德风险行为。

4.3.4　信誉风险

信誉风险是指互联网金融交易者的任何一方不能如约履行其义务的风险。

由于互联网金融虚拟性的特点，与传统金融相比，交易双方互不见面，只是通过网络联系，这加大了交易双方的身份、交易的真实性验证的难度，增加了交易双方在身份确认、信用评价方面的信息不对称，从而增加了信誉风险。

对我国而言，互联网金融中的信誉风险不仅来自服务方式的虚拟性，还有社会信用体系的不完善而导致的违约可能性。信誉风险可能来自互联网金融机构出现巨额损失时，或者出现在互联网金融的支付系统发生安全问题时，社会公众难以恢复对互联网金融交易能力的信心。一旦互联网金融提供的虚拟金融服务产品不能满足公众的预期，且在社会上产生广泛的不良反应时，就形成了互联网金融的信誉风险。或者，如果互联网金融的安全系统曾经遭到破坏，无论这种破坏的原因是来自内部还是来自外部，都会影响社会公众对互联网金融的商业信心。

4.3.5　法律风险

法律风险是由互联网金融业务违反法律或交易主体在交易过程中未遵守相关权利义务引起的，或者是由我国互联网金融立法方面没有明确的规定引起的。我国现有的银行法、保险法和证券法都是针对传统金融业务的，对于互联网金融不太适合。我国对于互联网金融的电子合同有效性的确认、个人信息保护、交易者身份认证、资金监管、市场准入等尚未有明确规定，因此，互联网金融的交易过程中容易出现交易主体间权利义务模糊，不利于互联网金融的稳定发展。

4.3.6　互联网金融风险的应对措施

对于互联网金融所面临的各种风险，我们提出的应对措施主要有以下4个：构建互联网金融安全体系；健全互联网金融风险管理体系；加强互联网金融风险法制体系建设；完善互联网金融监管体系。

1. 构建互联网金融安全体系

构建互联网金融安全体系包括改进互联网金融运行环境、加强对数据的管理、开发自主知识产权的信息技术。改进运行环境需要从硬件和网络运行方面着手，加大对硬件安全措施的投入，提高计算机系统的防病毒能力和防攻击能力，保证互联网金融的硬件环境安全；在网络运行方面应用分级授权和身份认证登录来对非法的用户登录进行限制。加强对数据的管理，可以利用数字证书为交易主体提供安全保障。开发自主知识产权的信息技术，要大力开发数字签名技术、密钥管理技术和互联网加密技术，从而降低技术选择风险，保证国家金融安全。

2. 健全互联网金融风险管理体系

健全互联网金融风险管理体系包括加强内部控制并加快建设社会信用体系。内部控制方面应该从内部的规章制度和组织机构入手，制定完善的业务操作规程、互联网金融风险防范制度和安全管理办法，建立技术团队来防范互联网金融风险；社会信用体系的建设要从建立全面客观的电子商务身份认证体系、个人和企业信用评估体系着手，避免因信息不对称造成的选择性风险。

3. 加强互联网金融风险法制体系建设

加强互联网金融风险法制体系建设包括加大立法力度、完善现行法规和制定网络公平交易规则。加紧推进关于计算机犯罪、电子商务安全性和电子交易合法性的立法，明确电子凭证和数字签名的有效性，对各交易主体的权利、义务进行明确的解析；对现行的不适合互联网金融的法律法规进行完善，适时地加大量刑力度；对交易主体的责任、保护客户个人信息、保持电子交易凭证、识别数字签名等做出详细的规定，保证能够有序地开展互联网金融业务。

4. 完善互联网金融监管体系

在此方面应加强对市场准入的管理并完善监管的体制。确定准入条件并对互联网金融创新加大扶持力度。

实践训练

1. 登录淘宝网众筹模块，浏览淘宝网众筹项目，通过公益等众筹项目体验众筹的过程。
2. 登录京东众筹模块，浏览京东众筹项目，了解京东众筹与淘宝众筹的差异。
3. 了解网上众筹的成功案例以及众筹的失败案例，结合实际掌握互联网金融风险的规避措施。

练习题

一、单项选择题

1. （   ）不是互联网金融风险。

    A. 操作风险　　　B. 法律风险　　　　C. 信誉风险　　　D. 金融风险

2. 狭义的互联网金融不包括（   ）。

    A. 网上银行　　　B. 网上证券　　　　C. 网上支付　　　D. 金融信息服务业

3. （   ）不是互联网金融的特征。

    A. 成本低　　　　B. 效率高　　　　　C. 发展快　　　　D. 成本高

4. （   ）不是我国互联网金融的模式。

    A. 互联网支付　　　　　　　　　　　B. 众筹融资

    C. 公募基金互联网销售平台　　　　　D. 水滴筹

5. （   ）不是众筹融资的运营模式。

    A. 奖励制众筹　　B. 股份制众筹　　C. 募捐制众筹　　D. 支付众筹

二、名词解释

众筹融资　互联网金融　众筹

三、简答题

1. 如何理解互联网金融？
2. 互联网金融的特点是什么？
3. 互联网金融的发展趋势是什么？
4. 互联网金融的模式有哪些？
5. 谈谈你对互联网金融发展前景的认识。
6. 按照回报方式的不同，举例说明众筹融资的种类有哪些。
7. 互联网金融的风险有哪些？
8. 互联网金融风险的应对措施有哪些？
9. 互联网金融对传统金融有哪些影响？

第5章 电子商务物流

【学习目标】

本章主要介绍物流以及电子商务物流的基本概念，使读者了解电子商务和物流的关系；掌握电子商务不同的物流模式；了解几种常见的电子商务物流模式的区别；掌握当前主流的电子商务物流信息技术；了解电子商务下第四方物流以及云物流等新内容；了解电子商务物流的最新发展前景。

【导入案例】

京东商城物流

京东商城是中国大型的综合型 B2C 购物网站之一，是中国电子商务领域受消费者欢迎和具有影响力的电子商务网站之一。京东商城物流发展的 3 个阶段如下。

1. 第三方物流阶段

对于相当一部分 B2C 电子商务的中小企业来说，由第三方物流公司来承担主要物流任务不但减少了花销，而且可以集中精力去经营自身更具竞争力的网络商品。京东商城在发展的早期也是委托第三方物流公司来完成物流配送服务，其合作伙伴主要有申通、圆通、顺丰、中国邮政等公司。但采用第三方物流进行商品配送有以下缺点。

① 对于京东商城而言，借助第三方物流完成物流配送，其物流控制能力以及为客户提供信息的能力受服务商服务能力的影响较大。

② 资金周转速度太慢。京东商城把订单货物交给第三方物流公司存在资金周转的过程，增加了账期过长的风险。

③ 不利于客户关系管理。第三方物流公司承担京东商城的物流任务后，使京东商城与客户的联系被削弱了，不利于京东商城的管理以及与客户之间关系的维护。

④ 随着自身业务的发展，使用第三方物流无法满足京东商城长期发展的需求。

2. 自建物流阶段

京东商城总部设在北京，设立了华北、华东、华南、西南、华中、东北、西北分公司，在沈阳、济南、西安、南京、杭州等城市设立了二级物流中心。除了在几个一线城市（北京、上海、广州等）增加配送站的数量，还在天津、苏州、厦门、深圳等重点城市建立了自己的配送站，全国范围的大中城市物流配送网络已基本形成。京东商城在 2010 年 4 月正式推出了"211 限时达"服务，即当日 11:00 前提交的现货订单，当日送达；23:00 前提交的现货订单，次日 15:00 前送达。

3．混合物流模式

京东商城虽然自建了大型物流配送系统，且很多物流配送中心已扩展至二线、三线城市，但是面对我国广阔的疆域，要想完全覆盖并非易事，所以，京东商城选择了与第三方物流公司合作。现阶段，京东商城形成了以自建物流为主、与第三方物流公司合作为辅的混合物流配送模式。此外，京东商城还与生产商（TCL、海信、格力等）进行合作，因为大家电的物流配送成本较高，如果由京东商城自己来配送，将会耗费大量的成本，而生产商在各个城市都有自己的售后服务网点和自己的合作伙伴，因此通过与生产商合作可以达到降低成本的目的，也能够通过生产商来提高自己的知名度。同时，在众多的客户中，高校大学生也占据了相当大的比例，京东商城在为高校大学生做配送服务时做出了调整，通过在各个高校设立校园代理，首先将这些包裹送到校园代理手上，然后在放学的时间段，高校学生便可以根据自己的时间安排随时领取包裹，从而大大提高了配送效率。

【思考】

1．京东商城物流运作发展的过程带给你什么启示？

2．京东商城发展的不同阶段为什么会采用不同的物流配送模式？其物流配送模式是如何匹配企业的战略发展目标的？

5.1　物流概述

近年来电子商务发展迅速，电子商务的一个非常重要的环节是物流环节。电子商务的实现有赖于物流的支撑，要实现电子商务整体化的顺畅运作，就需要打破原有的传统体系，既要关注商流、信息流，还需要结合物流，构建社会化、现代化的整体电子商务物流配送体系。电子商务物流是以传统物流为基础的，因此，要了解电子商务物流首先应了解传统物流。

微课 扫一扫：

电子商务物流之"回看双十一"

5.1.1　物流的起源与定义

1．物流的起源

人类通过活动实现经济行为时就有了物流，只是当时人们没有这样的认识和文字定义。19 世纪末开始有了汽车的发明和使用，这使运输业变得更加发达，直接或间接地推动和促进了物流业的发展，开始产生生产和销售之外的第三方专业运输者。20 世纪 50 年代初开始有了物流的专业名词称谓，国外最早将物流称为"Physical Distribution"，缩写为"PD"，含义为"实物分配"或"货物配送"。

现在普遍认为物流的英文为"Logistics"。从"PD"到"Logistics"的演变，是由于在第二次世界大战中物流技术在美国军队后勤保障供应系统中的成功运用，而美军后勤保障的英文名称为"Logistics"。第二次世界大战结束后，世界各地开始陆续用"Logistics"替代"PD"，中国将其译为"物流"。美军在后勤保障中成功地运用物流后，很快又将此成果用于工业上，于是西方发达国家也将"Logistics"用于工业，并将英文的"Logistics"（后勤保障）用以说明工业生产和销售的"物流"管理，"Logistics"就成了物流的代名词，并延续和流传于世界各国。物流被人们真正认识是在第二次世界大战以后，到现在已经有70多年的历史。

2. 物流的定义

关于物流的定义，不同的国家、不同的机构有不同的解释。我国发布的《物流术语》中将物流定义为：物流是物品从供应地向接收地的实体流动过程，根据实际需要，将运输、储存、装卸、搬运、包装、流通加工、配送、信息处理等基本功能实施有机结合。此外，还有其他关于物流的解释。

美国物流管理协会认为，物流是为了满足客户的需要而发生的从生产地到销售地的物质、服务以及信息的流动过程，以及为使保管能有效、低成本而从事的计划、实施和控制行为。

联合国物流委员会对物流的界定是：物流是为了满足客户需要而进行的从起点到终点的原材料、中间过程库存、最终产品和相关信息有效流动及存储计划、实现与控制管理的过程。

日本通商产业省运输综合研究所在其出版的《物流手册》中认为，物流是物质资料从供应者向需求者的物理性移动，是创造时间性、场所性价值的经济活动，包括运输、保管、配送、包装、装卸、流通加工及物流信息处理等多项基本活动。

因此，综合上述定义，我们将物流理解为，为了满足客户的需要，以最低的成本，通过运输、保管、配送等方式实现原材料、半成品、成品等由商品的产地到商品的消费地所进行的计划、实施和管理的全过程。物流一般由七大职能构成，分别为运输职能、仓储职能、配送职能、包装职能、装卸搬运职能、流通加工职能和信息处理职能，物流配送流程如图5-1所示。

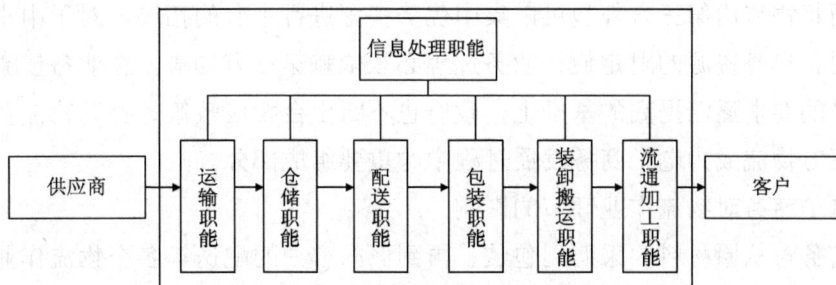

图 5-1　物流配送流程

现代物流不是单纯地考虑物料从生产者到消费者的流动问题，还进一步包括了供应商对原材料的采购以及生产者本身在产品制造过程中的运输、保管和信息等各方面内容，力图全面、综合性地提高经济效益和效率。因此，现代物流是以满足客户的需求为目标，把生产、制造、运输、销售等市场环节统一起来考虑的一种战略性措施。

5.1.2 电子商务与物流的关系

随着技术的进步和新的经济模式的产生，电子商务得到了进一步的发展。电子商务发展中产生的巨大经济效用，使企业、政府和个人以不同的形式越来越多地参与到电子商务活动中，电子商务也受到了政府、企业的高度重视。而在电子商务活动中，只有少部分商品是数字化或无形的，不需要进行物流运输；大部分商品都是有形商品，必须通过物流环节才能使商品实现从商家到客户的转移。物流是实现整个电子商务活动的重要支撑。另外，电子商务对物流的发展也起到了很大的促进作用，把物流业推到了前所未有的高度，两者是相辅相成的。

1. 电子商务对物流的影响

（1）电子商务对物流地位的影响

在电子商务高科技和信息化等特点的作用下，实体经济会逐渐受到影响并发生变化，其中的很多经营环节，如广告、订货等的处理会以虚拟化、电子化的方式来呈现，表现为脱离实体的信息内容。这必然导致行业中业务内容重置和重组等变化，但物流却是如何改变都不会缺失的一环。物流在电子商务运作中必须是极其重要的组成环节：电子商务公司既要把商品送到客户手中，又要从生产企业及时进货补充库存。物流业成为社会生产链条的领导者和协调者，为整个社会提供全方位的物流服务。可见，电子商务把物流业推到了前所未有的高度，为其提供了空前的发展机遇，其作用只会越来越受到重视，地位会越来越强化。

（2）电子商务对物流组织模式的影响

第三方物流模式成为物流业的主要组织形式。在电子商务市场中，只有少数企业是通过自建物流来实现商品配送的，大部分电子商务公司都是采用第三方物流实现商品向客户的配送。对于大型电子商务公司来说，自建物流会耗费大量的成本，降低资金的周转速度，而将物流由第三方外包可以集中优势资源进行平台的拓展。对于中小型电子商务公司来说，自身资源的限定使其业务过程必须依赖第三方物流。在业务量激增以及对其服务水平的要求逐渐提高的基础上，政府也不断出台相应政策，推动物流业的发展，逐步使第三方物流成为电子商务发展过程中的重要组成部分。

（3）电子商务对物流作业环节的影响

电子商务对从原材料的采购到包装，再到面向客户的配送等各个物流作业环节都产生了影响。在传统的采购过程中，采购员要完成寻找合适的供应商、产品校验、订单处理等一系列复杂烦琐的工作。而通过互联网采购，采购员可以在更大范围内对接供应厂商，有了更多的选择，同时也降低了采购成本。对于配送而言，在电子商务时代，信息化、社会化和现代化的物流配送中心把商流、物流、信息流三者有机地结合在一起，商流、物流是在信息流的指令下进行运作的，从而极大地提高了配送效率。

（4）电子商务对物流运作方式的影响

在电子商务环境下，供应链中的供应商与零售商、客户通过互联网连在了一起，供应商可以及时且准确地掌握产品销售信息和客户信息。此时，存货管理部门按所获信息组织产品生产和对零售商供货，存货的流动变成"拉动式"，从而实现销售方面的"零库存"。

（5）电子商务对物流技术的影响

现代物流技术包括各种物流操作方法、管理技能等，如流通加工技术、物品包装技术、物品实时跟踪技术、物品标识技术等，也包括物流规划、物流设计、物流策略等。随着互联网的普及，尤其是电子商务的飞速发展，物流技术中又加入了许多新的现代技术，如地理信息系统（Geographic Information System，GIS）、全球定位系统（Global Positioning System，GPS）、射频识别（Radio Frequency Identification，RFID）等。

2．物流对电子商务的影响

（1）物流是电子商务的重要组成部分

电子商务过程中的任何一笔交易，都包含着以下 4 种基本的"流"，即信息流、商流、资金流、物流。其中，在电子商务中的商品信息提供、技术支持、售后服务以及询价、报价、付款等商业贸易单证都属于信息流的内容，而商品在购销方之间的交易以及商品所有权转移的过程则属于商流的内容。资金流主要是指资金的转移过程，包括支付、转账等。在电子商务环境中，信息流、商流和资金流的处理都可以通过计算机和网络通信设备的辅助而实现。物流作为最为特殊的一种，是指物质实体（商品或服务）的流动过程，具体包括物质实体的运输、储存、配送、装卸、保管以及物流相关的信息管理等各种活动。对于无形商品或者数字化产品等少数商品或服务来说，可以直接通过网络传输的方式进行配送，如电子图书、信息咨询服务、法律咨询业务等；而对于大多数商品或服务来说，物流的过程仍然是商品或服务物理位置转移的过程，要通过物理方式进行传输。因此，物流在电子商务交易中占有十分重要的地位。

（2）物流是实现"以客户为中心"的电子商务商业运作理念的根本保证

电子商务模式的产生在最大程度上方便了终端客户。客户不必再花费过多的时间和精力乘坐交通工具跑到拥挤的商业街，通过逐家比较来挑选自己所需的商品，而只要坐在家中，利用互联网进行搜索、查询和挑选，就可以完成他们的购物过程。但试想，如果他们精心选购的商品迟迟不能送达，或者商家所送商品并非自己真正所需的，那客户还会选择网络购物吗？对网络购物还能满意吗？物流是电子商务实现"以客户为中心"

理念的根本保证，缺少了现代化高效快捷的物流支撑，电子商务给客户带来的购物体验就会大幅降低，客户必然会转向他们认为更稳妥的传统购物方式。

（3）物流基础设施建设的严重滞后，阻碍了电子商务的发展

物流是"物的流通过程"，需要铁路、公路、航空等基础设施作为物流活动质量和速度的物理保证。近年来，我国与物流发展相匹配的物流基础设施建设虽然取得了长足发展，但与欧美发达国家相比还有一定的差距。另外，由于运力和道路交通问题，一些公路、铁路经常出现超负荷运输以及拥堵现象，严重制约了物流活动的速度和质量，物流线路以及节点设施都还需要进一步优化和完善。电子商务物流基础设施的薄弱，使我国物流业发展的总体水平仍然偏低。

（4）物流系统不健全，形成了对电子商务快速发展的限制

电子商务快速发展的保障是完整的、协调运作的物流系统的支撑，而目前我国物流系统的功能在一定程度上还需进一步完善。究其原因，一方面是对于分散的物流资源的整合需要借助信息化的基础，而我国信息化基础水平还无法完全支持物流企业间的相互配合。另一方面，从软硬件设施来看，我国在物流业的软件设施方面和硬件设施方面都还有需要完善的地方，这导致物流成本居高不下，物流系统功能不强，仓储和运输功能缺乏协调机制，长途运输和短途配送不能顺畅衔接，各种运输方式之间配合不力，无法形成完整的物流系统，这在一定程度上限制了电子商务的快速发展。

不管是 B2B 还是 B2C，客户最关心的问题是他们所购买的商品能否快速安全地送到自己手中，这体现的是客户对物流的关注。物流体验会直接影响客户的购物体验，进而影响电子商务的发展。因此，电子商务的发展需要完善的物流运作为基础，物流是电子商务实现"以客户为中心"理念的根本保证。

5.1.3 电子商务物流的含义与特点

电子商务物流是以现代物流为基础，随着电子商务以及社会的发展而产生的，可以理解为"电子商务时代的物流"。物流不仅是电子商务活动稳定运行的基础和保障，也是电子商务爆炸式增长的决定性因素。现代物流技术的出现，推动了电子商务的兴起；物流模式的不断创新，促进了电子商务的繁荣。正是因为物流和电子商务如此密切的关系，所以电子商务和物流都特别重视管理的现代化与网络化，都特别依赖技术的信息化和电子化，都强调服务的多元化和专业化，都追求产出的稳定化和效益的最大化。

因此，电子商务物流的概念可以表述为利用电子化的手段，尤其是基于互联网技术来完成物流全过程的协调、控制和管理，从而实现从网络前端到最终客户端的所有中间过程服务，最显著的特点就是在物流操作过程中各种软件技术与物流服务的融合与应用。传统物流与电子商务物流的对比如表 5-1 所示。

表 5-1　传统物流与电子商务物流对比

领域（环节）	传统物流	电子商务物流
业务推动力	物质财富	IT 技术
服务范围	单项物流服务（运输、仓储、包装、配送等）	综合性物流服务
通信手段	电话、传真	大量使用互联网、EDI 进行数据交换
仓储	集中分布	分散分布
包装	批量包装	个别包装、小包装
运输频率	低	高
交付速度	慢	快
IT 技术应用	少	多
订单量	少	多

电子商务物流是电子商务运作过程中非常重要的支撑，与传统物流相比，具有一些新的特点。

（1）物流信息化

在电子商务时代，物流信息化是电子商务的必然表现。物流信息化主要体现在电子商务物流运作中采用的信息技术，如条码技术、射频识别技术、全球定位系统技术、大数据、云计算等，借助于计算机和互联网进行物流处理，从而实现物流信息的快速采集、传递及物流信息的标准化和实时化处理。

（2）物流自动化

自动化的基础是信息化。在物流处理过程中，已经有多种自动化系统的辅助，如无线射频自动识别系统、自动分拣系统、自动存取系统、货物自动跟踪系统等。自动化处理可以节省资源、扩大物流作业能力、提高物流运作效率、减少物流作业的差错等。

（3）物流网络化

电子商务物流网络化可以从两个方面理解。第一，这是电子商务环境下社会化物流的必然要求。想要提高物流效率，物流处理必须实现综合化、整体化，而这基于统一的物流网络系统平台基础之上。第二，这是信息化物流处理的要求。基于技术支持的物流配送系统必须依赖于计算机网络系统，这是硬性的技术方面的要求。

（4）物流智能化

物流作业过程中会遇到大量的运筹和决策问题，如物流路径选择、物流库房选址等，这些都需要以专业知识、大数据为基础，进行智能化决策处理。阿里巴巴旗下的"菜鸟物流"所做的工作，主要是在物流信息调配平台的基础上，借助于阿里物流的数据化基础，实现"中国智能物流骨干网"的建设。

（5）物流协同化

随着电子商务的发展，当前的自建物流和第三方物流等物流模式都或多或少地显现出一定的弊端。适应电子商务物流需求的物流业务模式的一大特征表现为物流协同化处理。基于整合的物流信息平台，进行统一的物流业务分配和优化的物流系统运作，实现物流协同化处理，是未来电子商务物流的发展趋势。

5.1.4 电商的"最后一公里"

随着电子商务的普及，网络购物已经成为人们生活的重要组成部分。网络购物需要物流的支撑，这极大地促进了物流业的发展。但目前我国物流体系还无法完全满足电子商务飞速发展的需求，尤其是"最后一公里"物流配送的不当处理导致的派件失败和"二次配送"等问题，带来了高昂的配送成本，导致配送效率低下，降低了客户体验。

> 课堂思考　你怎么看待电商的"最后一公里"？

1."最后一公里"现状

近几年，我国电子商务发展迅速，网络交易额一直在增加，快递企业的业务量快速增长，在重大营销事件，如"双十一"或节假日时常常出现"爆仓"现象。在整个物流配送的过程中，"最后一公里"配送是难度最大、问题最多的阶段。

2. 当前电商环境下"最后一公里"物流配送模式

目前，各快递企业对"最后一公里"配送主要采取两种方式：送货上门和自助提货。

（1）送货上门

它的配送形式是"门到门"，在配送时，派件员会将包裹直接派送到客户家中或者送到其指定的地方，如上班地点等。

（2）自助提货

这种方式能够有效处理"最后一公里"配送中存在的许多难题，如因客户无法及时签收导致的投递失败进而造成"二次配送"等问题。自助提货有与便民店、社区物业合作以及使用智能快递柜、建立专门的提货点等形式。"最后一公里"物流配送业务合作模式的比较分析如表 5-2 所示。

表 5-2　"最后一公里"物流配送业务合作模式的比较分析

模式维度	菜鸟驿站	智能快递柜	共同配送	便民店	众包
经营方式	加盟零售店、便利店	快递企业自营	企业自营	社区物业、超市	众包企业自营
收获方式	"等快递"变成取快递	"等快递"变成取快递	"等快递"变成取快递	"等快递"变成取快递	"等快递"变成取快递
客户信息保护强度	强（姓名、手机号）	一般（姓名、手机号等详细信息）	强（姓名、手机号）	强（姓名、手机号）	一般（姓名、手机号等详细信息）
营业时间	与便利店营业时间一致	24 小时	大多数到晚 8:00	大多数到晚 10:00	大多数到晚 8:00

模式维度	菜鸟驿站	智能快递柜	共同配送	便民店	众包
投资成本	小	大	大	小	小
投递效率	较高	高	高	较高	高
快递安全性	较高	较高	较高	较高	较高
便利性	较高	较高	较高	较高	高
资源利用率	较高	低	高	较高	高
货物要求	中、小体积货物	中、小体积货物	大、中、小体积货物	中、小体积货物	中、小体积货物

5.2 电子商务物流模式选择

电子商务物流的实现是影响电子商务企业生存的至关重要的一环，要实现良好的企业整体运作，企业必须重视物流的处理，需要根据自身的情况选择适当的物流模式。根据物流经营主体的不同，可以将电子商务物流模式分为企业自营物流、物流联盟、第三方物流、第四方物流以及云物流等模式。

5.2.1 企业自营物流

企业自营物流是指企业借助自己内部的资源，如人员、设备、物流设施等进行物流业务的处理，从而完成对客户的物流配送工作。企业进行自营物流需要对仓储、人员配备等投入大量的资金，因此，企业选择自营物流需要有雄厚的资金条件，以构建自营物流配送系统，实现对客户服务的更好满足，进一步拓展市场。

电子商务企业以自营物流为模式进行物流运作主要分为两种情况。一种是资金实力雄厚的电子商务企业，基于其自身条件，在平台运作初期就选择构建自营物流体系，如京东、亚马逊等。因为资金实力雄厚，所以企业有能力投入大笔资金建立物流配送体系，其进行自营物流的目的就是拓展市场，提高客户的满意度。另一种是传统的大型制造企业和批发零售企业经营的 B2C 网站，如苏宁易购、国美在线等。这些企业在涉足电子商务领域之前，基于其长期的传统运作就已经拥有了自己的专业配送队伍，有相对完善的线下物流配送体系。为了顺应时代发展，在扩展线上业务的同时，其物流配送体系也在原来的基础上进行了改造升级，逐渐完善成为电子商务自营物流体系。

1. 企业自营物流模式的优点

（1）提高客户满意度，提升企业的品牌价值

企业自营物流可以比较便利地协调物流资源进行商品的配送。当收到网上订单后，电子商务企业可以在第一时间进行商品配送，并且能够把握配送服务质量，实现送货上

门、送货到家以及在与客户接触的第一现场解决客户的问题，减少由于第三方配送而导致的时间延误和客户不满，提高企业的服务水平，保证客户对企业的满意度和忠诚度。另外，通过本企业的物流人员与客户的直接关联，企业可以了解客户的诉求，搜集最新的客户信息和市场信息，使企业可以根据市场的变化及时调整企业的经营方式，提高企业的竞争力。

（2）降低成本

自营物流可以降低企业的交易成本和沟通成本。通过自营物流，在与供应链上游的供应商接触中，企业可以通过对原材料采购的直接把握了解当前的市场行情变化，提高对供应商的原材料采购的议价能力，减少由原材料成本、仓储配送等产生的交易费用。另外，在与供应链下游的客户沟通中，为客户服务的物流人员和市场人员属于同一企业体系，便于信息的直接回馈传达，这可以使企业更好地为客户提供服务，降低企业的信息沟通成本。

（3）避免商业机密的泄露

如果企业借助于第三方物流公司进行物流业务外包，企业就不可避免地要进行物流业务的信息公开，这一方面不便于控制第三方物流公司对客户信息的保密，另一方面也存在企业业务信息泄露的风险，不利于企业的长期稳定和业务拓展。

（4）增加企业的经营利润

自营物流的企业在物流业务进入正轨后，往往会出现物流运力的剩余，这种剩余会造成社会资源的浪费。企业完全可以将剩余运力进行出租或外包，在满足企业自身的物流配送需求的基础上对外开展物流配送业务，释放企业剩余的物流运力，实现资源的充分配置和利用，为企业赢得额外的经营收益。

2. 自营物流模式的不足

（1）物流成本较高

企业进行自营物流需要庞大的资金投入，这其中包括固定资金部分和流动资金部分。一方面，自营物流需要进行仓储中心的建设、物流设施的购买等，这些都属于企业的固定资产，会占用企业的固定资金。另一方面，自营物流要培养自己的物流配送队伍，要在人员培训、人员工资等方面花费大量的资金，会占用企业的流动资金。物流费用过多，势必会减少企业在其他业务环节的资金投入，从而削弱企业的市场风险抵御能力和市场竞争能力。

（2）分散企业的资源

企业在自建物流体系的过程中还会耗费大量的资源。一般来说，物流业务从业人员数量庞大、管理困难，将物流作为企业的一个业务环节，很难实现物流对于企业盈利的贡献。这种情况往往会导致企业资源的分散，物流业务会影响其核心业务的发展，削弱企业的核心竞争力。

（3）物流管理的专业化程度低

进行物流的专业化管理，不仅需要良好的管理机制，也要有相应的标准化设备的投入。企业自营物流，往往会由于管理或者资金等方面的原因导致物流专业化水平低，难以实现物流的规模效应。

5.2.2 物流联盟

物流联盟是以物流业务为基础的企业战略联盟，它是指两个或多个企业基于各自的物流战略目标，通过各种协议、契约等形式结合而成的优势互补、风险共担、利益共享的松散型网络组织。

企业之间的共享利益是物流联盟长期运作的基础。物流市场及其利润空间是巨大的。在西方发达国家中物流成本仅占 GDP 的 10%左右，而在我国却占 15%～20%，物流产业巨大的市场空间与当前我国物流产业的低效率形成鲜明对比。生产运输企业以物流联盟或供应链联盟的方式进行物流运作有利于提高企业的物流效率，实现物流效益的最大化。

对于大型企业来说，随着竞争的加剧，企业都在寻求把最核心的资源放在能够为企业创造更多利润的环节，而物流环节往往占用资金比较多、成本比较高。在这种情况下，大型企业采用物流联盟的方式把物流环节外包给一个或几个专业的第三方物流公司，这样有助于保持其核心竞争力，集中优势资源发展自己的核心业务。

对于中小企业来说，物流联盟可以提高其物流服务水平，解决其自身能力不足的问题。近年来，人们的消费水平不断提高，零售业也在迅猛发展，这给物流业带来了发展机遇，同时也带来了挑战。而面对我国物流发展水平长期落后的现状，如物流技术落后、运作资金不足、按行政条块划分物流区域等，众多的中小型企业就可以通过物流联盟的方式来迅速适应市场的新需求。

1. 常见的物流联盟经营方式

（1）横向一体化物流联盟

横向一体化物流联盟也称为水平一体化物流联盟，是指为了获得规模经济效益和提高物流效率，同一行业中多个企业为实现在物流方面的合作而达成的联盟组织。例如，在进行商品的运输时，不同的企业可以用同样的装运方式合作进行不同类型商品的共同运输。当物流范围相近，而某个时间内物流业务量较少时，几个企业同时分别进行物流处理显然不经济，于是就出现了一个企业在运输本企业商品的同时也运输其他企业商品的物流现象。从企业的经济效益上看，这降低了企业内部的物流成本；从社会效益上看，这减少了社会物流过程中的重复劳动。

（2）纵向一体化物流联盟

纵向一体化物流联盟也被称为垂直一体化物流联盟，一般是指上游供应商与下游客户之间在所有权上纵向合并，企业将提供产品或运输服务等的供货商和客户纳入其管理范围，实现从原材料到客户的全过程的物流管理，利用企业自身优势建立并发展与供应商和客户的合作关系，形成力量的联合，赢得竞争优势。

（3）混合一体化物流联盟

混合一体化物流联盟是纵向一体化物流联盟与横向一体化物流联盟的综合体。当一体化物流中的每个环节同时又是其他一体化物流系统的组成部分时，以物流为联系的企业之间的关系就形成了混合一体化物流联盟的形式。

2. 物流联盟的优势

（1）物流联盟的建立减少了物流合作伙伴之间的交易费用

物流合作伙伴之间的沟通与合作可降低搜寻交易对象信息方面的费用，通过合作伙伴之间的个性化物流服务而建立起来的相互信任与承诺，可减少各种违约的风险。物流契约一般签约时间较长，可通过协商、协调来避免或者减少在服务过程中的冲突，避免不必要的麻烦。

（2）物流联盟的存在有助于实现整体利益最大化

联盟企业通过寻找合适的合作伙伴，可以在一定时期内有效地实现物流联盟的稳定性。联盟各方出于自身的利益选择有效的长期合作，建立充分的联盟协调机制，可以减少交易的不确定性和交易频率，从而降低交易费用，实现共同利益最大化。

（3）物流联盟的长期、稳定合作也有助于联盟企业业务的稳定发展

从物流发展的角度看，物流联盟是企业与专业物流服务提供商建立的一种长期、稳定的物流合作形式。在物流联盟中，随着合作的进行，双方在供应链中的联系会进一步加深，这使双方能够开展持续、诚信的合作，进行优势互补，如交换技术优势和丰富的经验等。

5.2.3　第三方物流

第三方物流（Third Party Logistics，TPL），也写作"3PL"，是指生产经营企业为集中精力搞好主业,把原来属于自己处理的物流活动以合同方式委托给专业物流服务公司，同时通过信息系统与物流企业保持密切联系，以达到对物流全程管理监控的一种物流运作与管理方式。"第三方"是相对于"第一方"发货人和"第二方"收货人而言的，第三方物流是由第三方的物流相关企业来承担物流活动的一种物流形态。因此，第三方物流是通过与第一方或第二方的合作来提供其专业化的物流服务，它没有商品，不参与商品的买卖，而是为客户提供以合同为约束、以结盟为基础的系列化、个性化、信息化的物流代理服务。

第三方物流是物流专业化的重要表现，是物流社会化的有效途径，同时第三方物流的发展程度也反映和体现了一个国家物流业发展的整体水平。很多电子商务企业在物流

处理过程中都会选择第三方物流来进行商品的物流配送，如戴尔将自己的物流业务外包给联邦快递，而亚马逊虽然在美国国内的物流业务由自己承担，但其美国市场以外的物流业务则外包给专业的物流企业。中国国内很大比例的电子商务企业，如当当网等，都把其配送业务委托给第三方物流企业来处理。将物流业务外包给第三方物流企业是电子商务经营者适应电子商务需求变化的选择。第三方物流运作模式如图 5-2 所示。

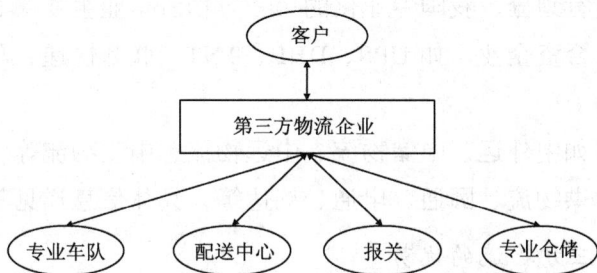

图 5-2　第三方物流运作模式

1．第三方物流兴起的原因

（1）企业竞争环境的变化

20 世纪 90 年代以后，随着科学技术的不断进步、经济的不断发展、全球信息网络和全球化市场的形成，围绕新产品的市场竞争也变得日趋激烈。技术进步和需求的越加灵活使产品的寿命周期不断缩短，企业面临着缩短交货期、提高产品质量、降低成本和改进服务的压力。所有这些都要求企业要对不断变化的市场做出快速反应，源源不断地开发出满足客户需求的、定制的"个性化产品"去占领市场，以赢得竞争的主动权。每个企业都同时面临着机会和挑战，既有机会去占领更大的市场，也有可能因竞争失利而被市场所淘汰，企业面对的是日益激烈甚至残酷的市场竞争。

（2）企业对核心业务的关注

企业要想在严峻的市场竞争中生存下来并得到发展，必须提高资源配置的效率以赢得竞争的优势。但是，任何企业所拥有的资源都具有有限性，因此不可能在所有的业务领域都获得竞争优势，必须将有限的资源应用于核心业务上，实现企业核心竞争力的提高。那么，其做法就是根据企业自身特点，专注于核心业务，而将其他非核心业务委托给其他企业完成。

（3）企业对自营物流的重新认识

在生产力发展水平不高的情况下，企业对物流服务的需求是以自我提供的方式实现的。当企业面临的竞争环境日益残酷时，企业尤其是生产加工企业认识到其核心业务一般来说就是生产，物流业务对于它们来说通常属于非核心业务，企业自营物流不具有核心竞争优势，这时企业对自营物流开始重新进行认识。企业从事物流活动需要投入大量的资金来建设物流基础设施、购买物流设备，这对缺乏资金的企业来说是一个沉重的负担。而且企业独立进行物流活动还会出现一系列问题：企业的生产规模过小或生产的季节性等原因会降低物流效率；企业的物流手段有限，无法完成多手段、多载体的物流运输，诸如集装箱运输、铁路运输以及国际间运输等；大量的物流投资也会有较高的风险。因此，随着企业对自营物流认识的变化，特别是当企业自营物流面临困难时，第三方物流应运而生。

2. 我国第三方物流的类型

依据资产性质进行划分，我国专业化的第三方物流企业主要有 3 种类型。

外商独资、中外合资企业，如 UPS、DHL、TNT、联邦快递、马士基以及宅急送、新科安达等。

大型国有企业，如中外运、中储物流、中远物流、中铁物流等。

民营企业，如宝供物流、圆通、申通、韵达等，具体信息详见其官方网站。

3. 电子商务第三方物流的优势

（1）充分发挥专业化分工和规模经营的优势，降低物流经营成本

一个企业的资源是有限的，电子商务企业通过把非核心的物流业务外包给专业的第三方物流企业来实现资源的优化配置，将有限的人力、物力和财力集中于电子商务的核心业务，发展其核心竞争力。同时，第三方物流企业的物流专业化优势也有利于降低电子商务企业的物流经营成本，使其实现更好的企业整体收益。

（2）能更好地适应电子商务的发展要求

第三方物流企业通过设计"量体裁衣"式的物流方案来匹配电子商务企业的物流配送需求，制定出以客户为导向的低成本、高效率的物流方案，通过遍布各地的运输网络，大大缩短物流配送周期，帮助电子商务企业更好地发展。

（3）通过物流整合，实现有效的社会资源配置

第三方物流企业可以集成多品种、小批量送货的物流需求来获得规模经济效应，以更高效、更专业化的方式组织电子商务企业的物流配送活动，实现社会物流资源的统一调配使用，提高电子商务企业运作的灵活性。

（4）提供个性化、专业化的服务，为客户创造更多的价值

第三方物流企业可以根据不同的客户在业务流程、产品属性特征、客户需求细分、竞争需要等方面的不同要求，提供更加有针对性的个性化的物流服务以及更多的增值服务，为客户创造更多的价值。

4. 电子商务第三方物流的劣势

（1）不便于电子商务企业进行物流环节的把控

在物流配送过程中，电子商务企业可以将物流业务全权委托给独立的第三方物流企业，但对于第三方物流企业的服务质量、管理水平以及发展方向等，电子商务企业都没有权力进行完全的把控。那么，一旦第三方物流企业在具体运作过程中出现问题，电子商务企业将会十分被动，物流风险加大。

（2）不利于客户关系管理

第三方物流企业承担电子商务企业的物流外包业务，这使电子商务企业与客户的天然联系被削弱了，不利于电子商务企业的内部管理和与客户之间的关系维系。另外，第三方物流企业掌握大量重要的名字、电话、地址等个人细节属性信息时，其员工可能将客户数据泄露，甚至将客户数据卖给竞争对手和不良企业，直接威胁电子商务企业的信息安全。

（3）第三方物流企业的经营会影响电子商务企业的业务处理

若电子商务企业完全依托第三方物流进行商品的配送，那么当第三方物流企业经营不善或者管理不规范出现丢件、客户服务态度恶劣等问题时，客户会将造成这些问题的原因直接归咎于电子商务企业。因此，第三方物流企业经营出现问题时，有可能会殃及电子商务企业自身的经营。

5.2.4　第四方物流

第四方物流（Fourth Party Logistics，FPL），也写作"4PL"，其概念是美国著名管理咨询机构埃森哲公司的约翰·盖特纳在《战略供应链联盟》（*Strategic Supply Chain Alignment*）一书中提出的。"第四方物流供应商是一个供应链的集成商，它对公司内部和具有互补性的服务供应商所拥有的不同资源、能力和技术进行整合和管理，提供一套整体供应链解决方案。"第四方物流主要是在解决企业物流需求的基础上整合社会资源，实现物流信息充分共享和社会物流资源充分利用。现代物流的核心思想在于以最低的成本创造客户价值，而这一目标的实现仅仅依靠整合社会物流资源是不够的，因为通过整合社会物流资源来降低物流成本的程度是有限的，不能从本质上降低物流成本。第四方物流成功的关键在于为客户提供更佳的增值服务，即迅速、高效、低成本、人性化服务等，而这些增值服务的实现又是由第四方物流的内在特征决定的。第四方物流与其他物流模式的关系如图5-3所示。

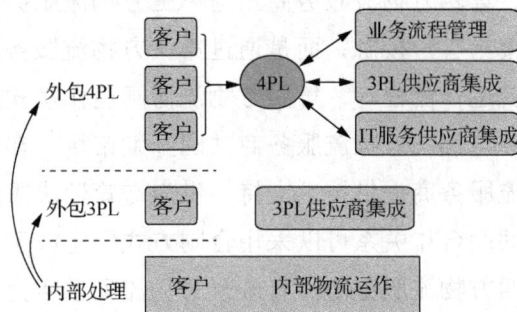

图 5-3　第四方物流与其他物流模式的关系

1. 第四方物流的特征

（1）供应链再造

供应链参与者可以实现供应链规划与实施同步进行，或通过独立的供应链参与者之间的合作来扩大规模和提高总量。供应链再造改变了供应链管理的传统模式，将企业的商贸战略与整体供应链战略结合起来，创造性地重新设计了参与者之间的供应链关系，使之成为符合一体化标准的供应链。

（2）业务流程重组

第四方物流将客户与供应商的信息和技术系统一体化，把人的因素与业务规范有机结合起来，使整个供应链规划与业务流程能够有效贯彻实施。第四方物流可以开展多功能、多流程的供应链业务，其范围远远超出了传统外包运输管理和仓储运作的物流服务。企业可以把整条供应链全权交给第四方物流运作，第四方物流可以为企业提供完整的供应链服务。

（3）综合效益提高

第四方物流的利润增长依赖于服务质量的提高、整体效率的增加以及物流成本的降低。由于第四方物流关注的是整条供应链而非仓储或运输配送单方面的效益，因此第四方物流为客户及自身带来的综合效益是非常可观的。

（4）运营成本降低

运营成本的降低可以通过运作效率的提高、流程的增加以及采购成本的降低来实现，即通过整条供应链外包来达到提高效率、节约成本的目的。同时，企业采用现代信息技术、科学的管理流程和标准化的运作管理，可以使存货与现金的流转次数减少，降低工作成本。

2. 第四方物流的运作模式

第四方物流组织在运作过程中具有较大的柔性，它能够根据成员的约定和目标适应不同的组织状况，反过来也能够被行业结构所塑造，形成匹配行业需要的灵活的运作模式。其主要有以下几种模式可以选择。

（1）协同运作模式

在协同运作模式下，第四方物流服务商只与第三方物流服务商有内部合作关系，即第四方物流服务商不直接与客户接触，而是通过第三方物流服务商实施其提出的供应链解决方案以及再造的物流运作流程等，第四方物流协同运作模式如图5-4所示。这就意味着，第四方物流服务商与第三方物流服务商共同开发市场，在开发的过程中，第四方物流服务商向第三方物流服务商提供技术支持、供应链管理决策、市场准入能力以及项目管理能力等，它们之间的合作关系可以采用合同方式绑定或采用战略联盟方式形成。该运作模式的特点是第四方物流服务商具有雄厚的物流配送实力和最优的解决方案。该运作模式下，第四方物流服务商的业务范围多集中在物流配送管理方面，针对性强，灵活性大。例如，中远国际货运公司依托中远集运，在美国西海岸至上海之间为通用汽车公司提供汽车零配件的集装箱陆运、海运、仓储、配送等一条龙服务。

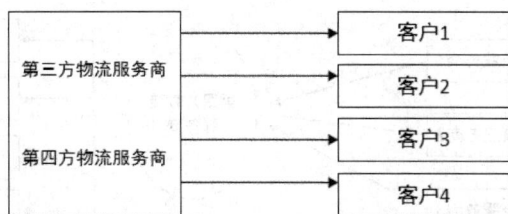

图 5-4　第四方物流协同运作模式

（2）方案集成商运作模式

该运作模式下，第四方物流服务商作为客户与第三方物流服务商的纽带，将客户与第三方物流服务商连接起来，这样客户就不需要与众多第三方物流服务商进行接触，而是直接通过第四方物流服务商来实现复杂的物流运作的管理。在这种运作模式下，第四方物流服务商作为方案集成商，除了提出供应链管理的可行性解决方案外，还要对第三方物流资源进行整合、统一规划，从而为客户服务。第四方物流服务商只为一个客户运作和管理，通常由第四方物流服务商与客户成立合资公司或合伙公司，客户在合资公司或合伙公司中占主要份额。例如，中远物流在广州与科龙电器等公司合资成立的安泰达物流公司，就是这种运作模式的代表。第四方物流方案集成商运作模式如图 5-5 所示。

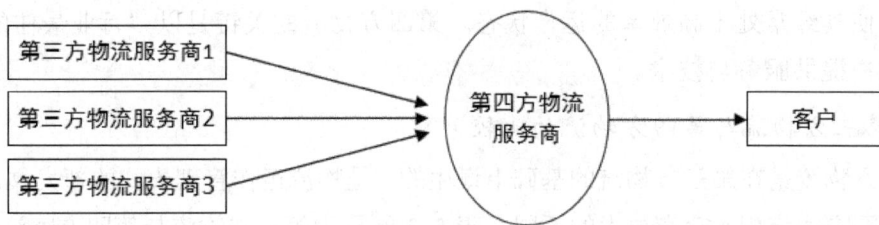

图 5-5　第四方物流方案集成商运作模式

（3）行业创新者运作模式

行业创新者运作模式与方案集成商运作模式有相似之处：都是作为第三方物流服务商和客户沟通的桥梁，将物流运作的两个端点连接起来。两者的不同之处在于，行业创新者运作模式的客户是同一行业的多个企业，而方案集成商运作模式只针对一个客户进行物流管理。这种运作模式下，第四方物流服务商提供行业整体物流的解决方案，这样可以使第四方物流服务商运作的规模更大限度地得到扩大，使整个行业在物流运作上获得收益。在该运作模式中，第四方物流服务商会通过卓越的运作策略、技术以及供应链运作实施来提高整个行业的效率。例如，卡特彼勒物流公司起初只负责总公司的货物运输，现在还为很多其他行业客户提供供应链解决方案。第四方物流行业创新者运作模式如图 5-6 所示。

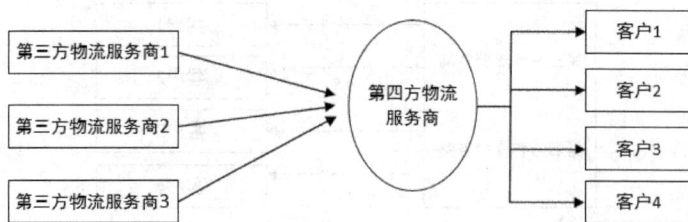

图 5-6   第四方物流行业创新者运作模式

第四方物流无论采取哪一种运作模式，都突破了单纯发展第三方物流的局限性，能真正低成本运作，实现最大范围的资源整合。第三方物流缺乏跨越整个供应链运作以及真正整合供应链流程所需的战略专业技术，第四方物流则可以不受约束地将每一个领域的最佳物流服务商组合起来，为客户提供最佳的物流服务，进而形成最优物流方案或供应链管理方案。

3. 第四方物流的基本功能

① 供应链管理功能，即管理从货主、托运人到客户的供应全过程。

② 运输一体化功能，即负责物流公司、运输公司等运输企业在业务操作上的衔接与协调问题。

③ 供应链再造功能，即根据货主/托运人在供应链战略上的要求及时改变或调整战略战术，使其经常处于高效率的运作状态。第四方物流的关键是以"行业最佳的物流方案"为客户提供服务与技术。

4. 第三方物流与第四方物流的比较

第四方物流是在第三方物流的基础上诞生的，是物流运作管理模式的新发展。第三方物流与第四方物流相比存在很大的不同，表 5-3 所示为第三方物流与第四方物流对比表。

表 5-3   第三方物流与第四方物流对比表

项目 名称	第三方物流	第四方物流
服务目的	降低单个企业的外部物流运作成本	降低整个供应链的物流运作成本，提高物流服务的能力
服务范围	主要是单个企业的采购物流或者销售物流的全部或部分物流功能	提供基于供应链的物流规划方案，负责实施与监控
服务内容	单个企业的采购物流或销售物流系统的设计、运作，比如物流信息系统、运输系统、仓储管理及其他增值物流服务	企业的战略分析，业务流程重组，物流战略规划，衔接上、下游企业的综合化物流方案，包括物流信息系统模块的企业信息系统
与客户的合作关系	合作关系、契约关系，一般在 1 年以上，长者达 3～5 年	长期战略合作关系，一般有长期合作协议
运作特点	单一功能的专业化高，多功能集成化低	多功能的集成化，单一功能的专业化低
物流方案设计角度	单个企业	企业供应链
服务对象	大、中、小型企业	大、中型企业
服务支撑	第三方物流运作技能，主要是运输、仓储、配送、加工、信息传递等增值服务功能	涉及管理咨询技能、企业信息系统搭建技能、物流业务运作技能、企业变革管理能力

电子商务理论与实务（微课版 第3版）

从表中可以看出，第三方物流的突出特点在于其专业化能力比较强，而这在当前对于物流行业更多的多样化、全球化的高需求之下很难满足物流业务需求。第四方物流可以集成互补性的资源、技能和信息，实现从供应链角度进行企业整体的物流战略决策，设计最优的物流解决方案，因此具有广阔的发展前景。

5.2.5 云物流

1. 云物流的基本概念

要了解云物流的概念，首先应该清楚什么是"云"。"云"是指计算机、手机、电视等电子应用产品能够通过互联网提供包括云服务、云应用等一系列资源分享应用。云服务是基于云计算技术，实现各种终端设备之间的资源共享和互联互通。云物流就是基于云计算模式的物流平台服务，它是以供应链上的上、下游企业为基础，以移动互联网运营商、工业链和物流链为依托，基于大数据调度和指挥各类物流资源（铁路、公路、航空运输等），将货物从供货商运送到客户的系统。当前云物流已经成为现代物流发展的重要方向。云物流平台示意图如图 5-7 所示，在云物流平台上，所有的物流企业、制造企业、销售企业等都集中整合优势资源，各种资源相互展示和互动，按需交流，达成意向，从而实现业务交流和对接，以高效率、低成本的方式进行业务处理和运作。

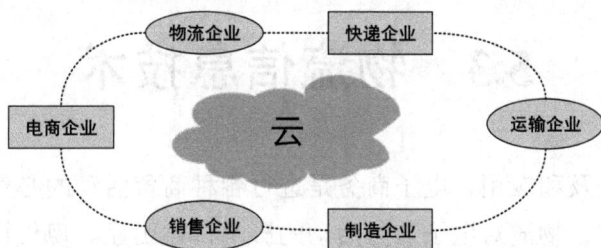

图 5-7 云物流平台示意图

2. 云物流的优势

（1）社会化

在电子商务快速发展的影响下，物流行业发展迅速，与之相关的物流终端网点也成千上万，云物流平台能充分调动这些社会资源，发挥社会化优势。

（2）节约化

当前"云"的概念快速蔓延，每个企业都建立一个小型云计算平台将非常浪费，而集中建设云物流平台能够实现规模效应，减少资源的浪费。

（3）标准化

由于物流行业标准的不完善，在物流配送过程中，由于标准不统一造成的不便利比比皆是，而通过统一的平台，运单查询、产品服务（国内、省内、同城）、收费价格、售后服务（晚点、丢失赔偿）以及保险等都能做到标准、透明。供货商通过这个平台，能方便地找到物流企业，物流企业通过这个平台，也能方便地找到订单与运单。

3. 云物流发展中存在的问题

云物流的理念和计划看似非常完美，但在具体推进过程中还存在一定的问题。

（1）费用问题

从云物流的定义中可以看出，云物流的运作需要多种资源的支撑，使用资源就会产生成本。如果云物流运作过程中用相应的收费来弥补资源耗费的成本部分，那么它造成的费用的增加由谁来买单？客户、商家还是政府？

（2）技术问题

由于专业的供应链管理人才缺乏且物流基础设施较落后，目前我国的供应链管理技术尚不发达，若企业投入巨资进行供应链一体化处理，那么其成本和收益方面还存在着一定的风险。

（3）时机问题

云物流本质上是在第三方物流基础上发展起来的虚拟平台，需要第三方物流的强力支撑，而目前我国第三方物流也还在发展过程中，一些物流企业存在条块分割、各自为政的情况，很难适应完全公开化、透明化的竞争模式，这为云物流推广设置了障碍。

5.3　物流信息技术

随着互联网的普及和应用，电子商务是进行各种商贸活动的必然趋势。而且随着电子商务的进一步推广，物流对电子商务活动的影响日益明显。现代物流企业在运作过程中具有信息量大、时空跨度大、处理过程复杂等特点。所以，建立功能完善、操作方便、安全、及时的物流管理信息系统是必要的，同时这也需要大量的技术及知识的支撑。

物流信息技术是指与电子商务物流活动有关的所有专业技术的总称，包括各种物流相关技术方法和操作技能，典型的有 GPS、条码技术、RFID 技术和物联网技术、云计算、大数据、人工智能等。下面就对这几种技术做具体介绍。

5.3.1　GPS

GPS，即全球定位系统，是由美国国防部研制建立的一种全方位、全天候、全时段、高精度的卫星导航系统，能为全球用户提供低成本、高精度的三维位置、速度和精确定时等导航信息，是卫星通信技术在导航领域的应用典范，它极大地提高了全社会的信息化水平，有力地推动了数字经济的发展。

GPS 在物流中的应用主要体现在以下几个方面。

（1）实时监控

利用 GPS 定位技术开发的运输实时监控设备，能够对车辆进行实时跟踪，查询车辆所在的地理位置（经度、纬度、速度等信息），记录监控车辆的运行轨迹，直观显示车辆实时的位置信息，便于掌握车辆的运行情况、路线选择等。

（2）动态调度

物流管理中，时常要与车辆进行运输状态、位置、到货时间以及运输情况的调度沟通。调度人员通过调度中心能够掌握车辆的总体状况，对物流企业的全部资源实施动态的优化管理，以提高车辆的运输效率，降低物流企业成本，增强物流企业竞争力。

（3）全程导航

GPS 定位技术可以全程为运输车辆驾驶员提供详细的导航信息。在驾驶员不熟悉的道路中，特别是在交通复杂的大城市，能尽量避免行驶路线差错，为驾驶员提供最优路线方案，提高运输效率，节约运输成本。

（4）紧急援助

运输车辆在运输途中发生突发状况时，GPS 用户可使用语音功能与紧急援助中心进行联系沟通，以分析车辆的地理位置和受损情况，从而进行事故的紧急处理，降低物流企业运输过程中的安全风险。

5.3.2 条码技术

条码技术是在计算机和信息技术基础上产生和发展起来的融编码、识别、数据采集、自动录入和快速处理等功能于一体的信息技术。

条码按其符号排列方式可以分为一维条码和二维条码。

一维条码由一组黑白相间、粗细不同的条状符号组成，条码隐含着数字信息、字母信息、标志信息、符号信息，主要用以表示商品的名称、产地、价格、种类等，是世界通用的商品代码的表示方法。

一维条码的条纹由若干个黑色的"条"和白色的"空"等单元组成。其中，黑色的"条"对光的反射率低，而白色的"空"对光的反射率高，再加上黑色的"条"与白色的"空"的宽度不同，就能使扫描光线产生不同的反射接收效果，从而在光电转换设备上转换成不同的电脉冲，形成可以传输的电子信息。

一维条码只是在一个方向（一般是水平方向）表达信息，而在垂直方向则不表达任何信息，其一定的高度通常是为了便于阅读器校准。一维条码的应用可以提高信息录入的速度，减少差错率，但是一维条码也存在一些不足之处：其数据容量较小，只能容纳30 个字符左右；只能包含字母和数字；条码尺寸相对较大（空间利用率较低）；条码遭到损坏后便不能阅读。

二维条码是按一定规律在平面（二维方向）上分布的黑白相间的某种特定的几何图形记录数据符号信息。其在代码编制上巧妙地利用构成计算机内部逻辑基础的"0""1"

比特流的概念，使用若干个与二进制相对应的几何形体来表示文字、数值信息，通过图像输入设备或光电扫描设备自动识读以实现信息自动处理。它具有条码技术的一些共性：每种码制有其特定的字符集，每个字符占有一定的宽度，具有一定的校验功能等。同时，它还具有对不同行信息的自动识别功能及处理图形旋转变化点的功能，因此二维条码的应用领域要广得多。一维条码与二维条码的对比如表 5-4 所示。

表 5-4　一维条码与二维条码的对比

一维条码	二维条码
可直接显示英文、数字、简单符号	可直接显示英文、中文、数字、符号、图形
存储数据不多，主要依靠数据库	存储数据量大，是一维条码的几十至几百倍
保密性能不高	保密性高（可加密）
损污后可读性差	安全级别最高时，损污 50%仍可读取完整信息
译码错误率约为百万分之二	译码错误率不超过千万分之一，可靠性极高

　　物流业是条码技术一个很重要的应用领域，在产品入库、分类、出库、盘点和运输等方面可以全面实现条码管理。例如，在生产管理模块，企业在每个产品上贴上一个唯一标志的条码，可以是一维条码也可以是二维条码，从而为产品添加一个唯一、完整、保密的身份和属性标识符。在销售管理模块，分销企业通过将二维条码技术与进销存软件相结合，实现商品分销全流程的管理和监控。在商品防伪模块，系统可以通过一维码、二维条码实现防伪功能，经过企业加密的一维条码、二维条码在无法得到密钥的情况下，其他人员无法获取条码中的数据和信息。在售后服务模块，售后服务部门通过扫描加密型二维条码，获得条码中所保存的商品来源和属性等信息，对维修商品进行全面、严格的身份识别和确认，保证企业的利益不受损害，并有效提高客户服务质量。

5.3.3　RFID 技术和物联网技术

1. RFID 技术

　　RFID 是 Radio Frequency Identification 的缩写，即射频识别，是一种非接触式的自动识别技术。它通过射频信号自动识别目标对象，从而实现快速的物品追踪和数据交换。RFID 识别工作无须人工干预，可在各种恶劣环境中工作。RFID 技术还可识别高速运动物体并同时识别多个标签，操作快捷方便。

　　最基本的 RFID 系统由 3 部分组成：标签（Tag）——由耦合元件及芯片组成，每个标签具有唯一的电子编码，附着在物体上标识目标对象；阅读器（Reader）——读取（有时还可以写入）标签信息的设备，可设计为手持式或固定式；天线（Antenna）——在标签和阅读器间传递射频信号。RFID 技术的基本工作原理并不复杂：标签进入磁场后，接收阅读器发出的射频信号，借助感应电流所获得的能量发送出存储在芯片中的产品信息（Passive Tag，无源标签或被动标签），或者主动发送某一频率信号（Active Tag，有源标签或主动标签）;阅读器读取信息并解码后,发送至中央信息系统进行有关数据处理。

电子商务理论与实务（微课版 第3版）

RFID 电子标签具有条码技术不可比拟的优点：第一，可以识别单个的、非常具体的物体，而不是像条码那样只能识别一类物体；第二，其采用无线电射频，可以透过外部材料读取数据，而条码必须靠激光来读取信息；第三，可以同时对多个物体进行识读，而条码只能一个一个地读。此外，RFID 存储的信息量也非常大。

随着技术的不断成熟，RFID 在物流中的应用越来越广泛，在需要对物品进行跟踪或分类管理的任何场合，RFID 都有其用武之地。例如，在仓库环境下，RFID 技术广泛应用于存取货物与库存盘点，可以实现自动化的存货和取货等操作。在运输管理中，可以将在途运输的货物和车辆贴上 RFID 标签，运输线的一些检查点上安装上 RFID 接收转发装置。这样，接收转发装置收到 RFID 标签信息后，连同接收地的位置信息上传至通信卫星，再由通信卫星传送给运输调度中心，送入数据库中。到达中央配送中心后，通过阅读器可以读取托盘上所有货箱上的 RFID 标签信息，系统将这些信息与发货记录进行核对，以检测错误。在零售环节，RFID 能对某些时效性强的商品的有效期限进行监控，免除跟踪过程中的人工干预，并能够生成 100%准确的业务数据。

2. 物联网技术

RFID 技术的一个重要应用即物联网技术，物联网的概念是 1999 年提出的。它是通过射频识别、红外感应器、全球定位系统、激光扫描器、气体感应器等信息传感设备，按约定的协议，把任何物品与互联网连接起来进行信息交换和通信，以实现智能化识别、定位、跟踪、监控和管理的一种网络。简而言之，物联网就是"物物相连的互联网"，它可以在任何时刻通过任何网络将处于任何地点的任何人、任意物品或任何服务关联起来，物联网示意图如图 5-8 所示。

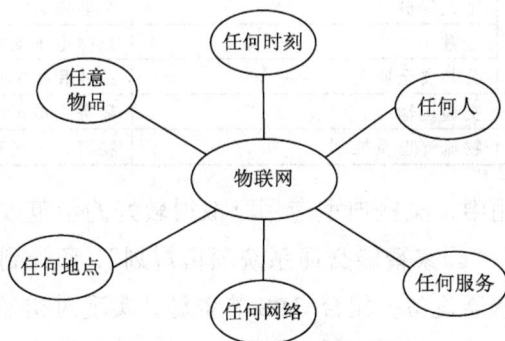

图 5-8 物联网示意图

物联网技术根据其实际用途可以归结为两种基本应用模式。

（1）对象的智能标签

通过二维条码、RFID 等技术标识特定的对象，用于区分对象个体，如在生活中我们使用的各种智能卡，条码标签的基本用途就是用来获得对象的识别信息。此外，通过智能标签还可以获得对象物品所包含的其他扩展信息，如智能卡上的余额、二维条码中所包含的网址和名称等。

（2）对象的智能控制

物联网技术基于云计算平台和智能网络，可以依据传感器网络，借助于获取的数据进行决策，针对对象的行为进行控制和反馈。例如，根据光线的强弱调整路灯的亮度，根据车辆的流量自动调整红绿灯间隔时间等。

物联网的应用领域非常广阔，从日常的家庭个人应用到工业自动化应用，以及军事反恐、城建交通等都有涉及。当物联网与互联网、移动通信网相连时，可以随时随地全方位"感知"对方。目前，物联网已经在智能交通、智能物流、公共安全等领域得到初步应用，物联网主要应用类型如表5-5所示。

表5-5　物联网主要应用类型

应用分类	用户/行业	典型应用
数据采集	公共事业与基础设施	自动水表、电表数据的读取
	机械制造	智能停车场
	零售连锁行业	自动售货机
	质量监管行业	电梯监控
	石油化工	物品信息跟踪
	气象预测	环境监控、治理
	智能农业	产品质量监管等
自动控制	医疗	远程医疗及监控
	机械制造	危险源集中监控
	智能建筑	路灯监控
	公共事业与基础设施	智能交通（包括导航定位）
	工业监控	智能电网等
日常生活便利性应用	数字家庭	交通卡
	个人保健	智能家居
	金融	新型电子支付
	公共安全监控	工业和楼宇自动化等
定位类应用	交通运输	警务人员定位监控
	物流管理及控制	物流、车辆定位监控等

在表5-5所列的应用中，某些典型应用已取得较好的示范效果。例如，在智能交通领域，美国交通部提出了"国家智能交通系统项目规划"，预计到2025年全面投入使用。该系统综合运用大量传感器设备，配合GPS等资源，实现对交通车辆的优化调度，并为个体交通车辆推荐实时、更佳的行车路线服务。在智能家居领域，将感应设备和图像系统进行结合，可实现智能小区家居安全的远程监控；远程电子抄表系统可减少水表、电表的抄表时间间隔，居民能够及时掌握用电用水情况。物流管理及控制是物联网技术较成熟的应用领域。在物流生产和运输领域，基于物联网的支持，可以实时获取电子标签承载的信息，从而清楚地了解到产品的具体位置并进行自动跟踪；在物流仓储领域，出入库产品信息的采集经过物联网技术的处理，可以实现对产品的拣选、分类堆码和管理；在销售管理领域，物联网系统具有快速的信息传递能力，能够及时获取缺货信息，并将

其及时返回，有利于上游供应商合理安排生产计划；在商品消费领域，物联网的出现使个性化购买、排队等候时间缩短变为现实。

当前，我国物联网的相关技术尚处于起步阶段，部分物联网的应用还只是试点，并没有得到广泛推广。发展物联网是我国一项重要的战略任务，也是未来社会发展的必然趋势，它必会对电子商务的发展产生巨大的影响。我们相信，随着相关技术的不断进步，物联网能在电子商务中得到更好的应用，充分发挥物联网的优势，同时更进一步推动电子商务的发展。

5.3.4　云计算、大数据、人工智能

由于互联网科技发展的蓬勃兴起，云计算、大数据、人工智能成为当前社会热点，未来大部分产业都会受到这些高新技术的影响。接下来，我们具体了解一下云计算、大数据和人工智能的相关知识。

1．云计算

云计算（Cloud Computing）是分布式计算的一种。从狭义上讲，云计算就是一种提供资源的网络，用户可以随时获取"云"上的资源，按需求量使用，并且可以看成是无限扩展的，只要按使用量付费就可以；从广义上讲，云计算是与信息技术、软件、互联网相关的一种服务，这种计算资源共享池叫作"云"，云计算把许多计算资源集合起来，通过软件实现自动化管理，只需要很少的人参与，就能快速提供资源。

目前，在物流领域有些运作已经有"云"的身影，如车辆配载、运输过程监控等。借助云计算中的"行业云"多方收集货源和车辆信息，并使物流配载信息在实际物流运输能力与需求发生以前得以发布，加快了物流配载的速度，提高了物流配载的成功率。

"云存储"是利用移动设备将在途物资作为虚拟库存，即时进行物资信息交换和交易，将物资直接出入库，并直接将货物运送到终端用户手中。受益于云物流的还有供应链，零售业在云物流的影响下也将发生变化。因此，云计算不仅为快递行业降低了生产成本，也为物流行业降低了物流成本，这将大大提高物流业的社会效益。

2．大数据

大数据（Big Data）是指需要新处理模式才能具有更强的决策力、洞察发现力和流程优化能力来适应海量、高增长率和多样化的信息资产。它具有数据量大、实时性强、种类多样、真实性高的特点。

所谓物流的大数据，即运输、仓储、搬运装卸、包装及流通加工等物流环节中涉及的数据、信息等。大数据分析可以提高运输与配送效率，降低物流成本，更有效地满足客户服务要求；将所有货物流通的数据、物流快递公司和供求双方有效结合，形成一个巨大的即时信息平台，可实现快速、高效、经济的物流。信息平台不是简单地为客户的物流活动提供管理服务，而是通过对客户所处供应链的整个系统或行业物流的整个系统

进行详细分析后，提出具有指导意义的解决方案。

3. 人工智能

人工智能（Artificial Intelligence，AI）是计算机学科的一个分支。美国麻省理工学院的温斯顿教授认为："人工智能就是研究如何使计算机去做过去只有人才能做的智能工作。" 不管是国内的顺丰、京东、德邦快递，还是国外的 UPS、亚马逊、联邦快递，物流公司都借助人工智能提高物流效率，扩大物流领域。人工智能在物流行业的应用主要有 4 个方面。

（1）客服

我们拨打客服电话时，首先接听的是 AI 语音客服，如果有必要再转人工客服。AI 语音客服系统可以收集语音信息进行自主学习优化，这不仅提高了客户服务效率，而且大大提高了客户服务质量。

（2）转运

在高速公路上，无论面对多复杂的路况，利用 AI 技术的无人卡车都能对路况进行准确识别和判断。而港口通常需要 24 小时作业、对驾驶员技术要求高，作业环境封闭，这些特殊要求让配备人工智能技术的无人卡车开进港口成为可能。

（3）分拣

分拣中心利用机器人按地区将货物进行分拣，利用搜索引擎的命中算法实现智能调货，货物装袋后，进入物流配送服务环节，这大大节约了物流成本，并提高了效率。

（4）配送

在配送环节上，智能机器人的激光感应系统利用"雷达+传感器"，可进行 360° 环境和路况监测。例如，京东配送机器人能通过图像识别红绿灯信号并做出相应决策，即将到达目的地时，机器人通过后台系统将取货信息发送给客户，客户通过人脸识别、输入取货码、单击手机 App 链接 3 种方式取货，从而完成配送过程。这也提高了配送速度和效率，可以大大提高客户满意度。

实践训练

1. 上网收集历年"双十一"数据，分析、总结、归纳"双十一"物流呈现的问题，并通过数据对比，说明历年在物流设备、物流环境、物流服务等方面是否有所改善和提高，可以用图表形式展示。

2. 选定某一行业中的某一企业，从产品或服务角度为其电子商务物流运作模式提出改进策略方案。

3. 选择一个有代表性的物流企业，访问其网站，对该企业的物流服务质量进行评价和分析。

练习题

一、单项选择题

1. Logistics 指的是 (　　)。

　A. 信息流　　　　　B. 商流　　　　　C. 资金流　　　　D. 物流

2. 下列不是常用的物流信息技术的是 (　　)。

　A. GPS　　　　　　B. 条码　　　　　C. RFID　　　　　D. GPRS

3. 企业自营物流的典型企业是 (　　)。

　A. 顺丰　　　　　　B. 阿里巴巴　　　　C. 京东　　　　　D. 唯品会

4. 不属于电子商务交易中"四流"的是 (　　)。

　A. 信息流　　　　　B. 商流　　　　　C. 物流　　　　　D. 服务流

5. 物流在电子商务环境中的地位越来越重要，一些大型的电子商务平台为了使用户有更好的购物体验、保证产品的物流配送时间和配送品质，应选择下面哪种方式的物流模式 (　　)。

　A. 外包物流　　　　B. 自营物流　　　C. 第三方物流　　D. 仓储物流

二、名词解释

第三方物流　电子商务物流　物联网　云物流

三、简答题

1. 什么是电子商务物流，它与普通物流有哪些联系与区别？

2. 简述电子商务对物流产生的影响。

3. 简述物流在电子商务中的地位和作用。

4. 什么是第三方物流？第三方物流的发展现状如何？

5. 什么是第四方物流？请简述第四方物流的特征。

6. 简述云物流及其发展前景。

7. 请简述物流信息技术的分类。

第6章 网络营销

📁 【学习目标】

本章主要介绍网络营销的基础知识及特点；通过本章的学习，读者了解网络营销的内容及相关策略，能够使用网上调研工具开展网络调研，掌握常规的及新兴的网络营销工具，并能应用相应工具为产品或网上店铺进行推广。

💼 【导入案例】

三只松鼠

"三只松鼠"是由安徽三只松鼠股份有限公司于 2012 年强力推出的第一个互联网森林食品品牌，代表着天然、新鲜以及非过度加工。上线仅 65 天，其销售量在天猫坚果类目跃居第 1 名，花茶类目跃居前 10 名，发展速度之快创造了中国电子商务历史上的一个奇迹。

在 2012 年天猫"双十一"大促中，刚刚成立 4 个多月的"三只松鼠"当日成交额近 800 万元，一举夺得食品销售冠军宝座，并且成功在约定时间内发售 10 万笔订单，打破了中国互联网食品销售纪录。三只松鼠 2016 年营收为 44.23 亿元，2017 年营收为 55.54 亿元，2018 年营收为 70.01 亿元。2019 年"双十一"三只松鼠最终的销售额是 10.49 亿元，相比去年"双十一"增长超过 50%。在整体经济、电商竞争日趋激烈的大背景下，三只松鼠的"疯狂"成长与企业的战略转变有莫大关系。

1. 扩充产品，逐步完成从"坚果"到"零食"的布局

产品布局方面，与同行相比，三只松鼠的库存量单位（Stock Keeping Unit，SKU）数比友商的低 200～300 个，而在架销售的坚果销量几乎处于行业首位。从 2015 年上半年开始，三只松鼠开始品类扩充计划，新增的 60～70 个库存量单位在 25 亿元的销售额中占比达到 40%左右。品类扩充计划带来的是三只松鼠正在从过去的"坚果"的代名词成为"零食"的代名词。在阿里巴巴平台上，自 2015 年年初开始，"三只松鼠"的搜索指数已完全超过"坚果"的搜索指数；2016 年年初，"三只松鼠"的搜索指数阶段性超过"零食"的搜索指数，逐渐从"坚果"的代名词升级为"零食"的代名词。

2. 从服务升级到打造"娱乐化"品牌转变

2016 年 4 月，三只松鼠 CEO 章燎原在 2016 世界电子商务大会上表示，电商 1.0 服务升级的重点是用户体验，而电商 2.0 的发展方向是"娱乐化"，期待三只松鼠在与用户

的交流当中，给用户带来的是快乐。因此，三只松鼠以"娱乐化"战略开启未来 5 年的发展思路。同时，三只松鼠斥巨资聘请迪士尼编剧和中美韩一流团队进行同名 3D 动画片剧集打造，并将以平方米为单位建造全球最大的食品零售店与线下体验店，未来将打造"全球面积最大食品零售店+线下体验店+全体松鼠员工=为用户造梦"新格局。

3. 进行人员调整，激发员工潜力

在内部管理上，三只松鼠意识到只有增加员工的归属感，他们才能更好地为用户服务。在企业内部管理改革方面，为了更好地促进企业的发展，三只松鼠在 2016 年度规划大会上便提出"产品年"的概念，将年度关键词锁定在"产品、服务、设计、技术"四大局限性点上，强调回归初心。

网上零食销售为"吃货们"提供了更广阔的购买途径，三只松鼠以互联网技术为依托，开创了新型零售模式。这种商业模式缩短了商家与客户的距离，使其以独特的销售模式成为坚果类零食互联网第一品牌。

【思考】

1. 你认为三只松鼠能成功是因为抓住了哪些核心元素。
2. 从坚果类零食互联网第一品牌的案例中你得到了什么启示？

6.1 网络营销基础知识

网络营销是互联网时代一种崭新的营销理念和营销模式，是促使企业开辟广阔市场、获取增值效益的重要途径，是既连接传统营销，又引领和改造传统营销的一种有效方法，是提高企业核心竞争能力的重要手段。

课堂思考　凡客诚品的全面网络营销有哪些？小组讨论发言。

6.1.1 网络营销概述

1. 网络营销的含义

网络营销（Online Marketing 或 E-Marketing）是以互联网为主要平台，为达到一定营销目的而进行的营销活动。网络营销是借助网络开展的营销活动，它既包括针对网络虚拟市场开展的营销活动，也包括在网上开展的有别于传统有形市场的营销活动，还包括在线下以传统手段开展的服务于网络虚拟市场的营销活动。这里所指的网络不仅包括互联网，还包括企业外部网及企业内部网。应用互联网技术和标准建立的企业内部信息管理和交换平台主要借助企业内部网开展活动。网络营销不同于网上销售。

微课 扫一扫:

网络营销内涵

2．网络营销和市场营销的区别

（1）含义不同

市场营销是指企业旨在满足消费需求、实现企业目标的经营活动过程，包括市场调研、产品开发、售后服务、产品的目标市场选择以及价格、渠道、促销决策的确定等一系列与市场有关的企业经营活动。网络营销就是以互联网为主要平台，为达到一定营销目的而开展的一系列营销活动。

（2）基于的理论不同

① 市场营销是基于 4P 理论。1967 年，菲利普·科特勒在其畅销书《营销管理：分析、规划与控制》中进一步确认了以 4Ps 为核心的营销组合方法，即产品（Product），注重开发功能，要求产品有独特的卖点，把产品的功能诉求放在第一位；价格（Price），根据不同的市场定位制订不同的价格策略，产品的定价，依据企业的品牌战略，注重品牌的含金量；渠道（Place），企业并不直接面对消费者，而是注重经销商的培育和销售网络的建立，企业与消费者通过分销商来联系的；宣传（Promotion），很多人将 Promotion 狭义地理解为"促销"，这其实是很片面的，它应当是包括品牌宣传（广告）、公关、促销等一系列的营销行为。

② 网络营销的核心是 4C 理论。4C 是网络营销的理论基础，4C 即消费者的欲望和需求（Customer's Wants and Needs）、满足欲望和需求的成本（Cost to Satisfy Wants and Needs）、方便购买（Convenience to Buy）以及与消费者的沟通（Communication）。

科特勒认为，4P 和 4C 营销理论有着对应的关系，4P 应向消费者提供价值，就是相应的以消费者为中心的 4C。电商具有的即时交互性和开放性，可以把企业和消费者超时空地连接起来，真正做到以消费者为导向。

6.1.2 网络营销的特点

1．互动性

通过互联网，企业可以在线展示产品、产品目录并可以与消费者在线沟通，在线收集市场情报，进行产品测试与消费者满意度调查等。

2．个性化

网络营销更具有针对性，能够针对消费者的不同情况，如地域分布、年龄、性别、收入、职业、婚姻状况、爱好等，为消费者提供有差异的个性化需求，更好地服务消费者。

3．多媒体

互联网为企业提供了广阔的营销空间，企业营销人员可以广泛利用多种媒体信息，如文字、声音、图像等，充分发挥自身的创造性和能动性，对企业的产品或服务进行宣传和推广。

4．全球性

互联网无国界限制，因此不受时间和地点的限制。营销的最终目的是占有市场份额，由于互联网具有超越时间约束和空间限制进行信息交换的特点，因此使脱离时空限制达成交易成为可能，企业能有更多的时间和更大的空间进行营销，可全天 24 小时随时随地提供全球性营销服务。

5. 低成本性

通过互联网进行信息交换和宣传，代替以前的实物交换，企业可以有效地减少印刷与邮递成本。同时，通过互联网进行营销也可以大大降低宣传费用，如网络广告相对于传统广告而言成本大大降低。

6.2 网络营销的内容

网络营销通过网络市场调研来了解市场行情及同行竞争对手状况，在产品、服务、定价和渠道等方面提出了具体策略，详细情况如下。

6.2.1 网络市场调研

1. 网络市场调研的含义

网络市场调研是网络营销的重要内容和基本职能。网络市场调研是基于互联网系统地进行营销信息的收集、整理、分析和研究的过程，以及利用各种搜索引擎寻找竞争环境信息、客户信息、供求信息的行为，具有及时性、共享性、准确性、交互性、经济性、可控制性和无时空限制等特点。将网络市场调研的结果作为营销决策的依据，企业才能提出有针对性的解决问题的建议。

微课 扫一扫：

网络市场调研

2. 网络市场调研的优点

（1）网络调研信息收集的广泛性

互联网是没有时空、地域限制的，这与受区域制约的传统调研方式有很大不同。如果我们利用传统调研方式在全国范围内进行市场调研，则需要各个区域代理的配合。

（2）网络调研信息的及时性和共享性

在数字化飞速发展的今天，网络市场调研较好地解决了传统调研方法获得的调研结果的时效性难题。只要鼠标一点，世界任何一个角落的用户都可以加入其中，从用户输入信息到企业接收，只不过几秒的时间。利用计算机软件整理资料，企业可以马上得出调研的结果。而参与用户只要单击"结果"键，就可以知道所有参与用户的各种观点所占的比例，参与用户可以借此了解企业此次的调研活动，加强参与感，提高满意度，实现信息的全面共享。

（3）网络市场调研的便捷性和经济性

无论是调查者还是被调查者，只需拥有一台能够上网的计算机或手机就可以进行网络市场调研。若是采用问卷调研的方法，调查者只要在企业站点上发出电子调查问卷，提供相关的信息，然后利用计算机对访问者反馈回来的信息进行整理和分析即可。这不仅十分便捷，而且能大大减少企业市场调研的人力和物力耗费，缩减调研成本。

（4）调研结果有较强的客观性

实施网络市场调研，被调查者是在完全自愿的原则下参与调查的，而不是传统调研中的"强迫式"。因此，被调查者一般都对调查内容有一定的兴趣，回答问题相对认真，所以问卷填写结果可靠性高。同时，网络市场调研还可以避免传统调研中由于人为主观因素所导致的调研结果的偏差，如调查者缺乏技巧、诱导被调查者回答问题等，可以保证调研结果的相对客观性。

3．网络市场调研的步骤

（1）确定网络市场调研的问题和目标

这是网络市场调研中最重要的一步，只有清楚地定义网络市场调研的问题，确立调研目标，才能正确地设计和实施调研。在确定调研目标的同时还要确定调研对象，网络市场调研的对象主要包括企业产品的用户、企业的竞争者、上网公众、企业所在行业的管理者和行业研究机构等。

（2）设计调研方案

网络市场调研分为网络直接调研和网络间接调研。网络直接调研是指利用互联网技术，通过网上问卷等形式调查消费者行为及其意向的一种市场调研类型。按调研思路的不同，网络直接调研可以通过网上问卷法、专题讨论法、网络观察法来实现。网络间接调研主要是利用互联网收集与企业营销相关的市场、竞争者、客户以及宏观环境等方面的信息。网络间接调研可以利用搜索引擎查找资料、访问网站收集信息以及利用网络数据库信息等方式实现。

（3）信息收集

在确定调研方案后，市场调研人员即可通过电子邮件网址链接二维码形式在互联网上的个人主页、新闻组或者邮箱发出问卷，之后就进入信息收集阶段。信息收集阶段相对比较简单，但可能需要较长的时间。

（4）信息整理和分析

信息的整理和分析是网络市场调研中非常重要的一个环节。信息的整理和分析就是针对具体目的，如价格定位、购买行为模式、广告效果、市场供需情况、市场占有率等，选择具体角度，将信息进行加工、统计汇总后表示出来。这需要使用通用的分析软件，如 SPSS、SAS 和电子表格软件等。

（5）撰写调研报告

这是整个调研活动的最后一个重要阶段。调研报告不能只是信息和资料的简单堆积，市场调研人员需要把获得的信息与调研主题相结合，分析得出市场营销决策。撰写调研报告要符合相应的格式规范，文笔流畅。

6.2.2　网络营销品牌策略

互联网构建的是一个虚拟的世界，网络购物时品牌就显得尤为重要，网上交易双方不谋面，这就更要求企业必须保证自己的信誉，能够让客户放心地购买产品，而品牌的塑造无疑是让客户放心的好办法。我们可以从以下几个方面考虑网络营销的品牌策略。

1．品牌的建立策略

互联网的发展加速了市场竞争模式的变化，企业在建立品牌的过程中应更多地关注客户的需求，以此作为发现、接近客户以及向他们提供较佳品牌体验的依据。在品牌的建立过程中，企业还必须重视并创新性地应用互联网技术及营销手段，以不断创新来强化带给客户的与时俱进的品牌印象。

2．品牌的经营管理策略

网络品牌的经营和管理是非常有必要的，网民通常通过品牌去识别网站。好的品牌需要长期不断地与网民进行积极沟通、建立互动，用心经营与管理品牌，只有这样才能在瞬息万变的网络世界中长盛不衰。

3．品牌的保护策略

随着越来越多的企业在互联网上建立网站，网络品牌的侵权、盗用等情况屡见不鲜。例如，商标被抢注、域名被抢注，更有将现实中的品牌拿到互联网上注册的，同时限制现实中该品牌的持有人在网络上使用该品牌的情况。因此，在虚拟的网络环境下，企业更应该珍惜自己的品牌，努力保护自身品牌不受侵害。

6.2.3　网络营销定价策略

适当的价格策略是企业盈利和竞争的重要手段。网络固有的全球性、信息公开和低交易成本等特点使客户对产品和价格有了更充分的了解，这使价格变化不定、存在差异的产品最终的价格水平趋于一致，这对执行差别化定价策略的企业产生重要影响。在具体的定价过程中，企业可以采用以下定价策略。

1．低价定价策略

（1）直接低价定价策略

直接低价定价策略定价时企业大多采用成本加一定利润的方式，有的甚至是零利润的方式，因此采用这种定价策略公开的价格比同类产品价格要低。它一般是制造业企业在网上进行直销时采用的定价策略。

（2）折扣定价策略

折扣定价策略是在原价基础上进行折扣来定价的。这种定价策略可以让客户直接了解产品的降价幅度以便促进客户购买。这种定价策略主要在一些网上商店可以看到，它们对购买来的产品按照市面上的价格进行折扣定价。

2. 定制生产定价策略

定制生产定价策略是在企业能实行定制生产的基础上，利用网络技术辅助设计软件，帮助客户选择匹配或者自行设计能满足自己需求的个性化产品，同时由客户承担自己愿意付出的价格成本。

3. 使用定价策略

所谓使用定价，就是客户通过互联网注册后可以直接使用某企业的产品，客户只需要根据使用次数进行付费，而不需要将产品完全购买。这一方面减少了企业为完全出售产品而进行的不必要的大量生产和包装浪费，另一方面可以吸引那些过去有顾虑的客户使用产品，扩大市场份额。客户每次只是根据使用次数付费，这样不仅节省了购买产品、安装产品、处置产品的麻烦，还可以节省不必要的开销。

4. 拍卖竞价策略

网上拍卖是目前发展比较快的领域。有的经济学家认为，市场要想形成最合理的价格，拍卖竞价是最合理的方式。网上拍卖由客户通过互联网轮流公开竞价，在规定时间内出价高者赢得拍卖物品。网上拍卖竞价方式主要有两种：竞价拍卖和集体议价。

6.2.4 网络营销渠道策略

美国市场营销学权威菲利普·科特勒说过："营销渠道是指某种货物或劳务从生产者向消费者移动时，取得这种货物或劳务所有权或帮助转移其所有权的所有企业或个人。简单地说，营销渠道就是产品和服务从生产者向消费者转移过程的具体通道或路径。"

与传统营销渠道一样，以互联网作为支撑的网络营销渠道也应具备传统营销渠道的功能。一个完善的网络营销渠道应有三大功能：订货功能、结算功能和配送功能。但互联网的交互性和普遍存在性又使渠道中相关角色的作用发生变化。

1. 去中介与中介重构

中介（Intermediation）是联系生产商和消费者的第三方，如批发商、分销商、零售商。中介层越多，产品从生产商到消费者间的价格差就会越大。在传统营销渠道中，中介（中间商）是其重要的组成部分。中介能够在提供产品和进入目标市场方面发挥重要作用。中介凭借其业务往来关系、经验、专业化和规模经营，获取的利润通常高于供应商自营所能获取的利润。

互联网的发展和商业应用，使传统营销渠道中的中介凭借地域获取的优势被互联网的虚拟性所取代。互联网高效率的信息交换，改变了过去传统营销渠道的诸多环节，将错综复杂的关系简化为单一关系。总的来说，互联网的发展改变了营销渠道的结构。

去中介（Disintermediation）是在给定的供应链中移除某些起中介作用的组织或业务处理层，这样做一方面可以降低渠道成本，另一方面可以提高渠道效率。在此背景下，传统中介必须进行角色重新定位才能获得生存，因此中介重构出现了。中介重构

（Reintermediation）是指重新确定供应链中的中介角色，使其提供增值服务，如帮助消费者选择卖主，帮助卖主将货物配送给消费者。去中介和中介重构形成了不同的网络营销渠道策略，如网上直销、网上间接营销。去中介与中介重构的供应链如图 6-1 所示。

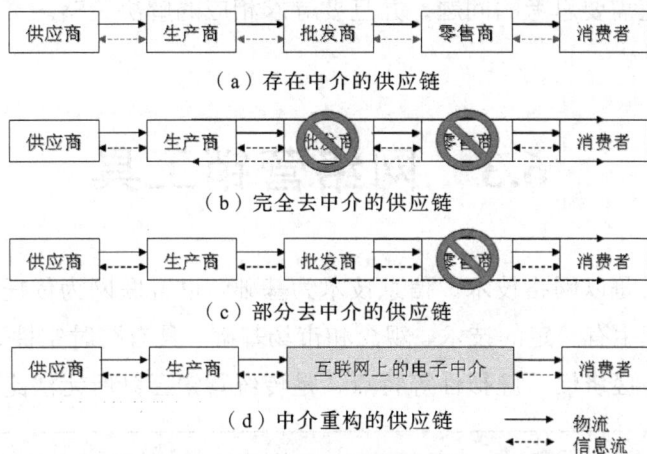

（a）存在中介的供应链

（b）完全去中介的供应链

（c）部分去中介的供应链

（d）中介重构的供应链

图 6-1　去中介与中介重构的供应链

2. 网络营销渠道优势

利用互联网的交互特性，网络营销渠道从过去的单向信息沟通变成双向直接信息沟通，增强了生产者与消费者的直接联系。网络营销渠道可以提供更加便捷的相关服务：生产者可以通过互联网提供支付服务，消费者可以直接在网上订货和付款，生产者还可以通过网络营销渠道为消费者提供售后服务和技术支持。

网络营销渠道的高效性，可以大大减少过去传统分销渠道中的流通环节，有效降低成本。对于网上直接营销渠道，生产者可以根据消费者的订单按需生产，实现零库存管理；可以减少过去依靠推销员上门推销的昂贵的销售费用，最大限度地控制营销成本。对于网上间接营销渠道，生产者通过信息化的网络营销中间商可以进一步扩大规模，实现更大的规模经济，提高专业化水平；通过与生产者的网络连接，网络营销中间商可以提高信息透明度，最大限度控制库存，实现高效物流运转，降低物流运转成本。

3. 网络营销渠道选择

不同的企业有不同的渠道选择策略。一般而言，生产规模较大且品牌知名度较高的企业，可以采用网上直销渠道；对于生产规模较小且品牌知名度较低的企业，一般适合电子中间商模式；处于两者之间的企业可采用网上直销与电子中间商并存的模式，并使企业发展逐渐向一个方向调整。当然，网络营销渠道只是一类渠道，它不可能完全替代传统的营销渠道。图 6-2 所示为企业的渠道选择。

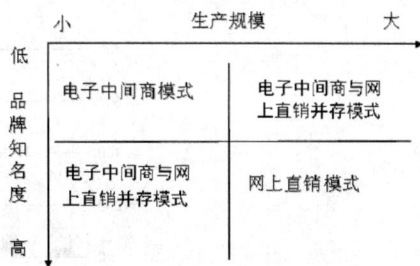

图 6-2　企业的渠道选择

传统企业在选择网络营销渠道时也会面临渠道冲突的风险，如批发商直销与原有零售渠道之间，生产商直销与传统的批发商、生产商之间，以及企业内部部门之间因各自业务对象（在线业务与离线业务）不同而产生的冲突，如资源分配问题、产品定价问题等，这些都是企业需要思考的问题，并且要寻求相应的解决策略。

6.3 网络营销工具

网络营销工具是以网络技术、信息技术为基础，以互联网为依托进行营销活动的方法和手段。它的产生有一定的技术、观念和市场基础，具有跨时空性、迅捷性、互动性、智能性、多样性、经济性、虚拟性等特点，是传统营销工具所无法比拟的。

课堂思考 假如你是一家企业的员工，现在企业要研发一项有关厨房用品的新产品，你认为该产品从诞生到进入市场的流程是什么。假如你是一名销售人员，现需要销售空气炸锅，你该如何去销售这个产品。请分别从传统营销与网络营销两个角度提出具体可实施的方案，并进行小组讨论。

6.3.1 网络广告

由于在互联网平台上发布广告有其独特优势，如制作、维护、渠道等费用较低，广告覆盖面广，广告格式丰富且具有互动性，便于统计等；互联网用户人数持续增长，人们对互联网的信息依赖程度越来越高，因而互联网平台已经成为企业投放广告的重要场所。艾媒咨询数据显示，2019 年中国网民最关注的广告类型是网络广告，占比为 56.2%，其次是电视广告（55.6%）和户外广告（46.2%）。

微课 扫一扫：

网络广告

我国的互联网广告市场也呈现快速发展趋势。普华永道数据预测显示，2020 年，我国移动互联网广告占比有望达到 65.7%，并保持稳定发展态势，图 6-3 所示为 2013—2020 年互联网广告市场发展趋势。

图 6-3　2013—2020 年互联网广告市场发展趋势

1. 网络广告形式

网络广告的主要形式有以下几种。

（1）横幅广告

横幅广告（Banner）又称为旗帜广告或网幅广告，是常见的网络广告形式之一。它以静态横幅、动画横幅、互动式横幅呈现，包括 GIF、JPG、JPEG、Flash 等格式的文件。横幅广告通常出现在屏幕顶部或底部，用于展示提示性信息，单击横幅广告即可进入广告主的网站或特定页面。

静态横幅广告是在网页的固定位置显示图片，制作简单，是早年网络广告常用的一种方式。动画横幅广告由 2~20 帧画面组成，通过动画的运用加深浏览者的印象，它是 21 世纪最重要的网络广告形式。互动式横幅广告则是通过游戏、插播、回答问题等形式增加与用户的交互，在形象展示方面给用户留下深刻印象。

（2）链接式广告

链接式广告所占的空间较少，在网页上的位置也比较自由，它的主要功能是提供通向厂商指定网页的链接服务，也称为商业服务链接广告。链接式广告的形式多样，一般幅面很小，它可以是一张小图片、一个小动画，也可以是一个提示性的标题或文本中的热字。

（3）按钮广告

按钮广告是一种小面积的广告形式。这种广告的特点是占用面积小，购买成本低，让小预算的广告主有能力购买；能够更好地利用网页中较小面积的零散空白位置，它可以出现在主页的任何位置。这种按钮可以是一个企业的标志，也可以是一般的形象图标。它可以显示企业品牌、宣传活动，单击按钮即可链接广告主。

（4）弹出式广告

弹出式广告是用户打开一个页面或关闭一个页面后弹出的一个浏览器活动窗口。广告制作商可以在当前浏览的页面和将要访问的页面之间放置一个广告页面（插播式广告），当用户从一个页面切换至另一个页面时会弹出广告，在保证用户有足够的时间浏览广告信息后再激活用户所要浏览的目标页面。

（5）富媒体广告

富媒体（Rich Media）广告是使用浏览器插件或其他脚本语言、Java 语言等编写的具有复杂视觉效果和交互功能的网络广告形式。这些广告的使用是否有效，一方面取决于站点的服务器端设置，另一方面取决于访问者的浏览器是否能查看。

（6）漂浮广告

漂浮广告是指漂浮在网站首页或各版块、帖子等页面的广告。它可以是图片，也可以是 Flash 动画。网站首页或各版块、帖子等页面都可以是独立的广告位。漂浮广告可以自动适应屏幕分辨率，且不被任何网页元素遮挡，同时还可以支持多个图片漂浮。该类型的广告通常是为了达到宣传网站的效果，经常被各大论坛使用。

2. 网络广告的收费方式

网络广告的收费方式主要有以下几种。

（1）按展示计费

按展示计费，可将网络广告的收费方式分为 CPM 和 CPTM。

CPM 广告（Cost per Mille/Cost per Thousand Impressions）又称千人印象成本，指一条广告每显示 1 000 次（印象）的费用。CPM 是按广告投放次数而非投放时间收费的，是最常用的网络广告定价模式之一。

这种模式对于销售广告位的网站、网站发行人及第三方广告服务商来说，都相对容易。对于网站发行人来说，他所考虑的只是展示 1 000 次广告，无需关注点击率及访问者是否对此广告产生兴趣。但是，对于广告商来说，他获得了 1 000 次品牌推广的机会，但不能确定究竟有多少人真正注意这条广告了，因此向网站支付广告费存在风险。

CPTM 广告（Cost per Targeted Thousand Impressions）指经过定位的用户的千次印象费用。CPTM 与 CPM 的区别在于，CPM 是所有用户的印象数，而 CPTM 只是经过定位的用户的印象数，其用户更加聚焦。

（2）按行动计费

CPC 广告（Cost per Thousand Click），又称千人点击成本，指广告被点击并链接到相关网址或详细内容页面 1 000 次为基准的网络广告收费模式，如广告主购买 10 个 CPC，投放的广告可被点击 10 000 次。

虽然 CPC 的费用比 CPM 的费用高得多，但是广告主更倾向于选择 CPC 付费方式。这种模式中的广告商仅为那些点击其广告的受众付费。而这对于网站发行人来说，只有吸引更多的人来访问他的网站，才有可能提高点击率。因此，广告本身的创意和质量的高低就成为广告商能否获得利润的关键。

CPA 广告（Cost per Action）指每次行动的费用，也有人将之称为每次购买成本（Cost per Purchase，CPP）。广告主为规避广告费用风险，只有在用户点击了广告并进行在线交易后，才按照销售笔数付费给广告站点。CPA 的计价方式对于网站而言有一定的风险，但若广告投放成功，其收益也要比 CPM 的计价方式要大得多。

CPL 广告（Cost for Per Lead）指每次通过特定链接，客户注册成功后付费的一种常见广告模式，即我们通常说的引导注册。

PPL 广告（Pay-per-Lead）指客户通过网络广告完成在线表单的填写，从而向广告投放的平台进行付费的模式。这种模式常用于网络会员制营销模式中为联盟网站制定的佣金模式。

（3）按销售计费

CPO 广告（Cost-per-Order）：也称为 Cost-per-Transaction，即根据每个订单/每次交易来收费的方式。

CPS 广告（Cost for Per Sale）指广告主为了规范风险，按照广告点击之后产生的实际销售笔数付费给广告站点销售提成费用的一种收费模式。用户每成功达成一笔交易，网站主可获得佣金。

PPS 广告（Pay-per-Sale）是根据网络广告所产生的直接销售数量而付费的一种定价模式。

微课 扫一扫：

直播和短视频
营销

6.3.2 网络直播营销和短视频营销

1. 网络直播营销

网络直播营销，是指在现场随着事件的发生、发展进程同时制作和播出节目的营销方式，它是直播与营销行为的有机融合。

（1）网络直播的现状

2015 年，第十二届全国人民代表大会第三次会议提出了制订"互联网+"行动计划，该计划推动了新兴产业与传统行业的融合。网络直播凭借其便携性和互动性的特点，迅速成为受众使用量增长最快、资本争相布局、估值不断提高的新媒体行业。中国互联网络信息中心统计数据显示，截至 2020 年 3 月，我国网络直播用户达到 5.60 亿人，较 2018 年底增长 1.63 亿人，占网民整体的 62.0%，图 6-4 所示为 2016.12—2020.3 网络直播用户规模及使用率。其中，真人秀、体育直播的用户分别为 2.07 亿人、2.13 亿人，分别占网民整体的 22.9%、29.3%,；游戏直播、演唱会直播用户分别为 2.60 亿人、1.5 亿人，分别占网民整体的 28.7%、16.6%，可见，网络直播营销具有广阔的发展空间。

单位：万人

47.1%	54.7%	47.9%	50.7%	62.0%
34 431	42 209	39 676	43 322	55 982
2016.12	2017.12	2018.12	2019.6	2020.3

用户规模 ——×—— 使用率

图 6-4　2016.12—2020.3 网络直播用户规模及使用率

（2）网络直播的种类

网络直播的形式由来已久，早期直播主要借助广播电视。随着互联网的迅速发展，特别是移动智能设备的普及以及网速的迅速提高，借助手机等移动终端设备实现网络直播变得更加便捷。按网络直播内容来分，网络直播可分为 3 类：一是基于网络游戏的视频直播，如斗鱼等；二是基于娱乐内容的直播，如映客等；三是互联网电商平台投入的直播，如淘宝、蘑菇街等。

（3）网络直播营销特点

① 内容创意新颖，用户互动性好

网络直播营销主要以网络直播视频为载体，通过直播间促销、营销活动现场互动直播以及直播内容定制等方式，实现品牌的推广和传播。相比其他视频广告（如电视、短视频等），网络直播营销在内容创意、用户互动等方面表现突出，深受广告主青睐。

网络直播营销场所既有商业会展、产品发布会、产品生产线等商业化场景，也有商场超市、主播家中等生活化场景。主播通过手持移动终端，如手机，通过现场解说为用户传递现场实况，并结合用户需求进行产品体验和场景展示，与用户形成陪伴式互动，受到用户的欢迎。

② "直播+电商"为电商开启新的消费流量转化渠道

网络直播的即时性、体验感、互动性为电商平台的线上流量转化提供了便利，明星主播、网红主播借助直播平台积累的"明星效应""网红效应"来进行商业价值转化。网络直播主持人一方面了解直播用户群体的注意力和潜在的购买需求，另一方面可以对接电商平台的产品和推广需求，将企业端和客户端紧密联系在一起，达到较好的流量转化效应。

2. 短视频营销

视频是最受网民喜爱的内容形式之一。与纯文字文本相比，视频更加生动形象、包含的信息量更大，收看视频所花费的注意力更少。短视频的出现是对社交媒体现有主要内容（文字、图片）的一种有益补充。同时，优质的短视频内容也可借助社交媒体的渠道优势实现病毒式传播。因此，短视频营销可以理解为"企业和品牌主借助短视频这种媒介形式进行社会化营销（Social Marketing）的一种手段。"

（1）短视频发展现状

中国互联网络信息中心统计数据显示，截至 2020 年 3 月，网络视频用户规模达到8.50 亿，占网民整体的 94.1%，其中短视频用户规模为 7.73 亿，占网民整体的 85.6%，图 6-5 所示为 2018.6—2020.3 网络视频（含短视频）用户规模及使用率，短视频用户数量大，具有潜在的发展空间。

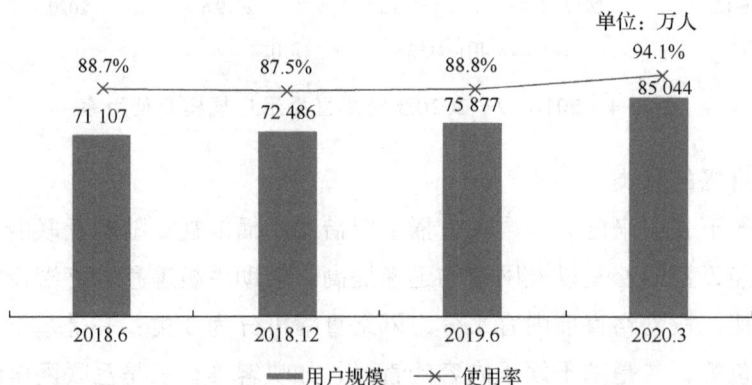

图 6-5　2018.6—2020.3 网络视频（含短视频）用户规模及使用率

2019 年，短视频进一步走向规范化，加快与其他领域的融合，出现新的商业模式。在电商领域中，各大电商平台纷纷以短视频频道或应用的方式，引入短视频内容，帮助用户快速了解产品，缩短消费决策时间，吸引用户购买；同时，短视频平台通过与电商合作，吸引客户直接在短视频应用内购买产品，形成交易闭环。在旅游领域，短视频平台加强与各大景区或城市合作，对旅游资源进行包装和推广，打造"网红景点""网红城市"，在带动地方旅游收入增长的同时，也促进了自身内容和商业模式的多元化。

（2）短视频营销特点

短视频相对于文字来说，具有较强的视觉冲击，使人印象深刻。短视频是当下年轻化受众群体最潮流的社交方式之一，呈现以下特点。

① 成本低。短视频营销入驻门槛较低，成本也相对较少，短视频内容创作者可以是企业也可以是个人，其内容制作、用户自发转发及"粉丝"维护的成本相对较低，但要发挥短视频营销的作用还需要在内容创意上下功夫。

② 传播速度快，原创性高。浏览当前热门短视频平台，不难看出短视频营销的病毒式传播速度将互联网的优势发挥到极致。在快节奏的生活下，优质的原创性的短视频受到用户偏爱，通过持续不断地转发、推送，从而有效地提高了短视频的展现量，对企业、个人、产品都会起到很好的宣传作用。

③ 数据效果可视化。大数据环境下，通过有效抓取短视频营销数据，对视频传播范围及效果进行数据分析，如关注人数、浏览量、转载量、评论量、互动次数等，这些数据可以有效地掌握行业风向，短视频内容创作者通过调整并及时优化短视频内容，可以让企业或产品获取更好的营销。

6.3.3　搜索引擎营销

搜索引擎营销（Search Engineering Marketing，SEM）是基于搜索引擎平台开展的网络营销活动，它利用人们对搜索引擎的依赖和使用习惯，在用户检索信息时，尽可能将营销信息传递给目标用户。搜索引擎营销基于网页文字内容开展营销活动，最终目的是将浏览者转化为真正的顾客，从而实现销售收入的增加。

要实现搜索引擎营销目标，通常从以下几个方面着手：首先，企业网页能够被主要的搜索引擎或分类目录收录；其次，在搜索引擎收录基础上能够获得好的排名，即搜索结果中有良好的表现，位置靠前；再次，要能够增加网站流量，提高网站访问量，增加网站点击率；最后，通过网站访问量的增加才有可能转化为企业的销售订单，从而提高收益。

1. 搜索引擎的含义

搜索引擎指应用一定的策略，运用特定的计算机程序搜集互联网上的信息，对信息

进行组织和处理后，将信息反馈给用户的过程。中国互联网络信息中心发布的第 45 次《中国互联网络发展状况统计报告》显示，截至 2020 年 3 月，我国搜索引擎用户规模达 7.50 亿，占网民整体的 83%，用户规模较 2018 年底增加 6 883 万；手机搜索引擎用户数达 7.45 亿，用户规模较 2018 年底增加 9 140 万，占手机网民的 83.1 %，搜索引擎成为第二大互联网应用，图 6-6 所示为 2015.12—2020.3 搜索引擎用户规模及使用率。

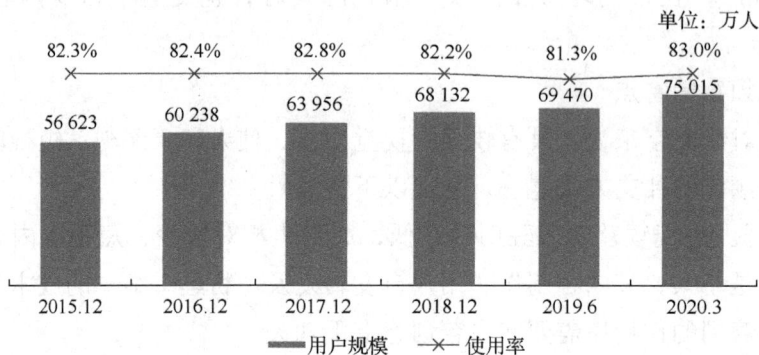

图 6-6　2015.12—2020.3 搜索引擎用户规模及使用率

2. 搜索引擎的分类

（1）全文搜索引擎

搜索引擎的自动信息搜集功能分两种：一种是定期搜索，即每隔一段时间（如谷歌一般是 28 天），搜索引擎主动派出"蜘蛛"程序，对互联网网站进行检索，一旦发现新的网站，它会自动提取网站的信息和网址加入自己的数据库；另一种是网站提交，即网站拥有者主动向搜索引擎提交网址，搜索引擎在一定时间内（两天到数月不等）定向对网站派出"蜘蛛"程序，扫描网站并将有关信息存入数据库以备用户查询。但主动提交网址并不能保证网站一定可以被搜索引擎数据库收录，可以通过多设置一些外部链接，让搜索引擎有更多机会找到网站并收录网站。

全文搜索引擎的典型代表是谷歌和百度。它们从互联网提取各个网站的信息，建立相应数据库并检索与用户查询条件相匹配的记录，按一定的顺序将结果反馈给用户。

（2）目录搜索引擎

目录搜索引擎是以人工方式或半自动方式搜集信息，由编辑人员查看信息之后，人工形成信息摘要，并将信息置于事先确定的分类框架中。其中的信息大多面向网站，目录搜索引擎可提供目录浏览服务和直接检索服务。目录索引虽然有搜索功能，但严格意义上不能称为真正的搜索引擎，只是按目录分类的网站链接列表而已。用户完全可以按照分类目录找到自己需要的信息，而不必依靠关键词（Keywords）进行查询。目录索引中最具代表性的是新浪分类目录搜索，图 6-7 所示为新浪网目录搜索。

2318	0	7	1	17	3	12	2010-01-22	2016-05-30
人气指数	PageRank	百度权重	Sogou Rank	AlexaRank	入站次数	出站次数	收录日期	更新日期

网站地址：

服务器IP： 61.172.201.239

网站描述： 新浪网为全球用户24小时提供全面及时的中文资讯，内容覆盖国内外突发新闻事件、体坛赛事、娱乐时尚、产业资讯、实用信息等，设有新闻、体育、娱乐、财经、科技、房产、汽车等30多个内容频道，同时开设博客、视频、论坛等自由互动交流空间。

TAG标签： 新浪 新闻 体育 娱乐 财经 科技 房产 汽车 博客 视频

图 6-7　新浪网目录搜索

（3）元搜索引擎

元搜索引擎（Meta-search Engine，MSE）是通过一个统一的用户界面，帮助用户在多个搜索引擎中选择和利用合适的搜索引擎来实现检索操作，是对分布于网络的多种检索工具的全局控制机制。元搜索引擎接受用户查询请求后，同时在多个搜索引擎上搜索，并将结果返回给用户，图 6-8 所示为元搜索引擎。著名的元搜索引擎有 InfoSpace、Dogpile、Vivisimo 等。在搜索结果排列方面，有的元搜索引擎直接按来源排列搜索结果，如 Dogpile；有的元搜索引擎则按自定的规则将结果重新排列组合，如 Vivisimo。

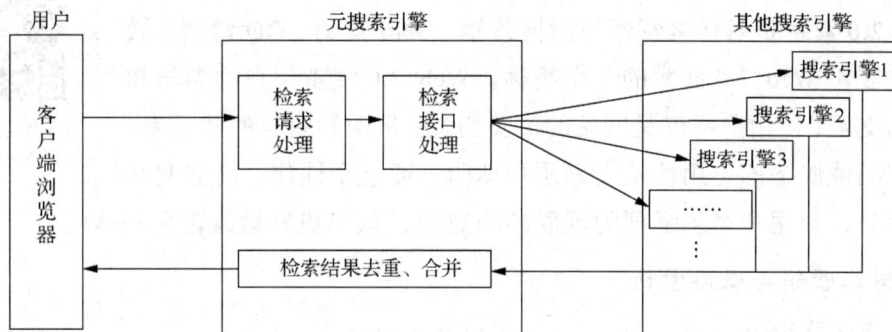

图 6-8　元搜索引擎

3. 搜索引擎优化

（1）搜索引擎优化定义

搜索引擎优化（Search Engine Optimization，SEO）是针对搜索引擎的审核原则和评判标准，将网站在结构上和内容上进行改进，使之更适合搜索引擎访问，从而更好地获得搜索引擎的收录并在搜索结果中排名靠前的一系列行为。搜索引擎优化是进行网站推广、提高网站排名的重要手段之一。

（2）电子商务网站搜索引擎优化策略

① 优化关键词。关键词是在使用搜索引擎时输入的核心关键字或词组。关键字或关键词的选择对提高网站的排名至关重要。对于电子商务网站而言，关键词一定要包含

产品名称，在网页标题、网页内容、网页的描述标签、关键字标签及网站内外链接中包含关键词有助于提升网站的排名。

② 网站主题与内容的相关性。网站的主题要有特色和针对性，越简单越好。网站的内容应围绕主题展开。搜索引擎根据网站内容及与网站主题的相关性来判断网站的质量，对网站主题与内容相关性强的网站评价较高。

③ 页面设计。从网页设计的结构来说，网页所占空间小、静态、格式一致，每一页都有指向首页的链接，这种网页最适合搜索引擎收录；从网页的修饰性元素来说，网页标题、描述等，要紧紧围绕关键词进行设计；从页面内容来说，要将重点体现网页的句子、词语和标题加以强调、突出，从而更有利于搜索引擎明确网页的主题，更易于搜索引擎收录。

④ 优化链接。网站链接的优化包括站内链接优化和站外链接优化。站内链接比站外链接更重要，它关系到网站的结构是否畅通，内容能否顺利衔接，页面级别（Page Rank，PR）值能否顺利地传递到各个网页。站内链接的优化可以使网站整体获得搜索引擎的价值认可。站外链接的稳定和丰富对网站价值的提升也有帮助。若导入链接恰好使用了被链接网页的关键词，则可以提升被链接网页在搜索引擎的排名。

6.3.4 Web 2.0 营销

微课 扫一扫：

Web 2.0 营销

Web 2.0 营销是对博客营销与微博营销、SNS 营销、QQ 营销、微信营销等应用 Web 2.0 技术的一个统称。Web 2.0 注重用户的参与和与用户的交互，让用户不仅是网站的浏览者，还是网站内容的建设者。它注重产品或服务的可用性及友好用户体验，通过个性化、简洁友好的界面设计，让用户产生强烈的互联参与意愿，从而更好地改善用户体验。

1. 博客营销与微博营销

（1）博客营销

博客营销又称 Blog 营销，是 Web 2.0 营销的典型产物。它是利用博客的方式，通过向用户传递有价值的信息而最终实现营销信息的传播。博客营销的优势表现在：能够削减网站推广费用；好的博文能增加企业网站的链接数量；博客营销做得好也能降低被竞争者超越的潜在危险；可以为企业直接带来潜在用户。

（2）微博营销

微博营销是指通过微博平台为商家、个人等创造价值而采用的一种营销方式，是商家或个人通过微博平台发现并满足用户的各类需求的商业行为。微博营销以微博作为营销平台，每一个听众或"粉丝"都可能是潜在的营销对象，企业利用自己的微博账号向网友传播企业信息、产品信息，从而树立良好的企业形象和产品形象。企业每天更新微博内容就可以跟网友交流互动，或者发布网友感兴趣的话题，从而达到营销的目的。

2．微信营销

微信营销是网络时代企业或个人营销模式的一种，是伴随着微信的兴起而广泛采用的一种网络营销方式。微信不存在距离的限制，用户注册微信后，可与周围同样注册微信的"朋友"形成一种联系，并订阅自己所需的信息。商家通过提供用户需要的信息来推广自己的产品，从而实现点对点的营销。

微信营销主要体现在安卓系统、苹果系统的手机或者平板电脑中的移动消费者端进行的区域定位营销，商家通过微信公众平台展示商家微官网、微会员、微推送、微支付、微活动，已经形成了一种主流的线上线下微信互动营销方式。它有以下几个特点。

（1）点对点精准营销

微信拥有庞大的用户群，借助移动终端、天然的社交和位置定位等优势，每个信息都是可以被推送的，能够让每个用户都有机会接收到信息，继而帮助商家实现点对点精准营销。

（2）位置签名

商家可利用"用户签名档"这个免费的广告位为自己做宣传，这样附近的微信用户就能看到商家的信息，如 K5 便利店等就采用了微信签名档的营销方式。

（3）二维码

用户可以通过识别二维码身份来添加朋友、关注企业账号。企业则可以设定自己品牌的二维码，用折扣和优惠来吸引用户关注，拓展 O2O 的营销模式。

（4）公众平台

在微信公众平台上，每个人都可以打造自己的微信公众账号，并在微信平台上实现和特定群体的文字、图片、语音的全方位沟通和互动。普通微信公众账号可以群发文字、图片、语音 3 个类别的内容。认证的微信公众账号则有更高的权限，不仅能推送单条图文信息，还能推送专题信息等。

6.3.5　视觉营销

学者马大力在《视觉营销》一书中提出："视觉营销通过视觉展示，实现与客户的沟通，以此向客户传达产品信息、服务理念和品牌文化，达到促进产品销售与树立品牌形象的目的。"

1．视觉营销概述

视觉营销（Visual Marketing）是以艺术化的形式，通过各种传播媒介广泛地传递信息、启迪思维，用视觉设计语言与消费者进行交流，进而使消费者对品牌产生兴趣、偏爱和信任，以此实现品牌影响力与价值的提高的目的。视觉营销可以将品牌的文化内涵、精神气质直观生动地展现出来，使品牌与消费者有一种密切的情感联系。因此，在品牌建设中，视觉营销是一个必不可少且相当重要的营销策略。

视觉营销涉及的范围是相当广泛和多样的，商业实践中的商标设计、产品设计、广告设计、网页设计、终端卖场设计等都属于视觉营销的范畴。视觉营销之所以无处不在，是因为它与我们的重要感官——眼睛密切相关。眼睛是人类最为关键的信息接收器官，一个正常人每天从外部接收的信息中有 80%～90%是通过视觉获得的。这也使视觉营销得以区别于触觉、嗅觉、味觉、听觉等其他感官营销（Sensory Marketing）方式，信息的视觉呈现方式以及由此产生的视觉体验成为影响消费者感知、判断乃至行为的重要因素。

2. 视觉营销在品牌整合传播中的应用价值

视觉营销是一种借助视觉辅助手段传达品牌理念的策略。依靠新媒体技术与平台，视觉营销越来越多地嵌入消费者文化消费的各个环节中，从创意生产到传播互动，有效地提高了信息传递的效能，提高了品牌对消费者的吸引力，也增强了营销内容的趣味性，改善了消费者的被动信息消费状态，从而更有效地促进品牌与消费者的沟通和交流。其应用价值如下。

（1）有助于营销信息的高效传播

在当今信息爆炸的时代，消费者每天都会接触到大量的品牌信息，对于信息的过滤能力也不断增强。如何在众多品牌营销的红海中快速传递品牌信息，增强消费者的品牌记忆，成为营销中的重要问题。第一，视觉体验远远高于其他感官对人的影响，尤其对于一些抽象化的数据信息，如果能够进行可视化处理，就会极大地促进消费者的理解和接收。第二，数字化的信息在新媒体传输中快速且精准，依赖于技术手段而赋予的多种表现形式也能够充分调动消费者的多感官刺激，辅助视觉语言的表达，进一步增强营销信息传递的效能。

（2）有助于提高品牌的吸引力及关注度

图像相较于文字而言，可以更直接和更便捷地表达情感、观点及个性，尤其是对于"网络原住民"来说，具有视觉冲击力和趣味性的图像对他们有着天然的吸引力。品牌通过视觉媒介传递品牌故事，表达品牌诉求时，可以大大提高目标消费者的观感体验，提高消费者参与度，使内容在多媒体渠道中脱颖而出。

（3）有助于品牌形象的塑造

整合营销传播理论指出，成功的品牌在其视觉符号塑造和视觉营销中，会通过设计折射品牌的精神内涵和价值诉求，引导并帮助品牌形象进行一元化整合。此外，视觉营销对于消费者建立品牌记忆和联想具有不可替代的作用。

3. 视觉营销在电子商务网站产品成交转化中的应用

（1）店铺设计

好的消费者体验是商家取得好的成交额的关键因素。因此，无论是产品详情页还是店铺的整体风格，都要尽可能保持一致。同时，网页设计要有好的易用性，如让进入店铺的每一个消费者都能够轻易地找到自己想要的产品。网页设计合理，店铺有亮点，产品放在显眼的地方，不仅能够提升店铺的品牌形象，还可以增加消费者停留在页面的时间，让消费者有更好的购物体验，成交转化率自然也会大大提高。

（2）抓住每一个进店的流量入口

随着店铺的增多，流量更加碎片化，虽然流量入口较多，但如何抓住流量入口则是关键。店铺首先要抓住消费者的喜好，分析消费者特征及偏好，提供消费者想要的产品，同时应用关联营销，提供更多消费者想要的产品，增加店铺的浏览量，这样成交转化率也会有所提高。

（3）定向推广自然流量

一些自主访问店铺的消费者或者是再次光顾店铺的消费者，对店铺往往有比较高的忠诚度，这些消费者具有极高的成交转化率。第一，商家可以根据这些消费者的特征做定向推广，如从消费者的搜索习惯、消费习惯以及所能承受的价格区间将产品更多地推向这类消费者，从而更好地提高投放的精准度。第二，针对每一个产品的详情页进行不同层次的优化，从而提高整个店铺的成交转化率。

6.3.6　H5 营销

H5 中的"H"指 HTML，它是"超文本标记语言"（Hyper Text Markup Language）的英文单词缩写，简单来说，就是一种规范、一种标准，它以网页的形式呈现在我们面前。H5 技术是指第 5 代超文本标记语言技术，目前主要用于移动端的 Web 页面制作。H5 是唯一能够适应主流平台（如 PC、Mac、Android、移动电话、Windows Phone）的跨平台语言。

从营销的角度来讲，H5 广告是集视频、音频、文字动态特效、离线储存功能、绘图功能、感应功能、三维效果等多种媒体表现方式于一身的营销媒介。用于营销推广的 H5 作品，不仅能够突出品牌的核心特点，还能为客户带来丰富的感官体验与交互体验，让人能够置身其中，自发分享，从而达到营销的目的。

H5 广告因其成本低而被广泛使用，它能够与微信朋友圈很好地结合，具有强大的"吸粉"、引流能力。目前，H5 已渐渐成为移动运营者对外宣传的窗口，与客户交流的平台工具，同时也是个人创业的新颖平台。

1. H5 的特点

（1）交互性强

H5 技术强大的功能是微信交互广告发展的动力，更加新颖的交互形式大大拓宽了交互广告的创意空间。交互环节改变了传统广告营销中消费者被动接收信息的传播方式，进而实现消费者在互动体验中主动接收并传播产品信息。

（2）针对性强

H5 广告具有可跨平台的特点，微信作为 H5 广告传播的媒介，增大了其宣传覆盖面。同时，根据不同人群的具体需求有针对性地进行广告投放，能够使信息投放更为精准，可很好地实现精准营销。

（3）时效性强

相比传统广告的制作周期长、反馈时间慢等时间与空间上的局限性，H5 广告能够和时事热点巧妙结合，具有更强的时效性，通过其自身带有的传播力与感染力，紧扣新闻热点，运用明星效应搭配优质的创意，能够发挥出 H5 广告的时效性。找准时事热点的 H5 广告会聚焦消费者的关注热点，利用消费者的怀旧心态、好奇心和从众心理使宣传效果更好。

2. H5 的分类

H5 营销的分类形式有很多。在此，H5 营销按其表现形式可分为以下几类。

（1）技术类

技术类营销主要以技术为主，它运用一些炫酷的技术让整个画面效果更好，如场景视频 H5 广告是将小视频与传统的 H5 广告融合在一起，视频包含语言、图片、色彩和互动体验效果，弥补了 H5 技术上的不足，取得了很好的互动效果。例如，腾讯动画 App 的广告"薛之谦历史上最疯狂的广告"，这个 H5 广告通过视频的加入，与前后的 H5 交互特效相结合，让人印象更加深刻。

（2）互动类

互动类营销是大家常见的一种类型，近年较为常见的有两种形式。

一种是人脸融合式 H5 广告，大多是基于移动 App 提供的体验功能服务，这种 H5 广告类似于在线角色扮演游戏，根据时事热点提供不同的样式供用户选择，用户选择好自己喜欢的样式之后只需要上传一张自己的照片，便能得到专属于自己的相应的角色照片。例如，2019 年《人民日报》客户端和腾讯微视联手推出的"56 个民族服装任你选！快秀出你的爱国 Style"活动刷爆朋友圈。截至 2019 年 10 月 8 日，《人民日报》法人微博单条微博阅读量 639 万，微博话题"我穿民族服装的样子"阅读量 2.1 亿，讨论量 11 万。

另一种是海报生成式 H5 广告。它通常与小测试、简单的小游戏等形式相结合，最终经用户自己的选择形成一张专属于自己的海报。有了小测试和小游戏的加入，这类 H5 广告的趣味性更强，用户体验它的兴趣也更强。企业可以利用微信小程序和朋友圈"吸粉"，把小程序与微信号关联，通过小程序的附近搜索和自动推荐来吸引用户关注。

（3）信息展示类

信息展示类营销主要是展示信息，如企业的信息介绍或者活动详情。这类 H5 广告，没有花哨的特效，仅由精美的图片和文字排列而成，因此又叫幻灯片式 H5 广告。

例如，常见的会议邀请函、招生宣传广告等，与推广活动有关的 H5 广告通常采用这种形式。

实践训练

根据淘宝开店项目主题，每个小组选择可行的项目主题，并完成以下实训内容。

1. 掌握网络问卷的设计原则，设计网络调查问卷并对问卷结果进行数据分析，得出相应结论。

2. 根据店铺主题产品，小组运用恰当的方式（如视频、图片、动画等）设计产品宣传广告，形式不限。

3. 了解基本的网站推广方式，运用基本的网络营销工具为自己的店铺做推广，并撰写可行的店铺促销策划方案（分小组完成文档及 PPT，上课分享展示）。

练习题

一、单项选择题

1. 下列属于网络直接调研的是（   ）。
   A. 利用搜索引擎收集资料　　　　　　B. 网上问卷调查法
   C. 利用新闻组收集资料　　　　　　　D. 利用公告栏收集资料

2. Web 2.0 营销最具有代表性的应用是（   ）。
   A. HTML　　　　　B. Blog 营销　　　C. HTTP　　　　　D. Client Server

3. 网络广告与传统广告的根本区别是（   ）。
   A. 即时互动，使用方便　　　　　　　B. 使用方便，效果可测，海量信息
   C. 使用方便，海量信息　　　　　　　D. 即时互动，效果可测，海量信息

4. 网上商店可以每天 24 小时随时随地提供全球性营销服务。这体现了网络营销的（   ）。
   A. 无障碍沟通　　　　　　　　　　　B. 超时空限制
   C. 多媒体交互　　　　　　　　　　　D. 高技术支持

5. 下列选项中哪个不是移动广告的形式（   ）。
   A. 开屏广告　　　　　　　　　　　　B. Banner 广告（横幅广告）
   C. 插屏广告　　　　　　　　　　　　D. 红包广告

二、名词解释

网络广告　Web 2.0 营销　网络市场调研　H5 营销

三、简答题

1. H5 有哪些特点？

2. 举例说明微信朋友圈推广产品的典型案例。

3. 网络市场调研的基本方法有哪些？

4. 简述网络直播营销的特点。

5. 简述搜索引擎的分类。

6. 简述视觉营销在品牌整合传播中的应用价值。

第7章　电子商务安全

【学习目标】

本章主要介绍电子商务安全的基础知识，使读者初步了解当前电子商务应用中的安全问题，了解黑客常用的攻击手段；理解信息加密技术的基本原理及应用；掌握数字签名技术及其应用；掌握数字证书的基本原理及使用方法；掌握计算机病毒的防范方法；能够进行基本的网络安全设置。

【导入案例】

某快递公司：10亿条用户信息数据被出售

继酒店业、电商网站等因网站漏洞导致用户个人信息泄露后，快递公司网站再曝漏洞。2018年6月19日，一位ID为"f666666"的用户公然兜售某快递公司10亿条用户信息数据，引发了外界的广泛关注。按照该用户的说法，这些数据是2014年下旬的数据，包括寄（收）件人姓名、电话、地址等信息，都是该快递公司内部人士批量出售而来的（只要快递单信息进入计算机，他们就可以获取）。

随后，有网友验证了其中一部分数据，发现所购"单号"中，姓名、电话、住址等信息均属实。对于这件事，该快递公司官方称正在展开调查，但并没有承认这些数据为内部流出，只是表示公司的技术部门已通过多种技术手段预防信息外流，提高信息安全系数。

按照当时售价，用户只要花430元人民币即可购买到100万条该快递公司快递的个人用户信息，而10亿条用户信息数据（10亿条数据1比特）则需要约43 000元人民币。能够泄露如此多的用户信息且准确率这么高，外界普遍认为泄露人员是该快递公司内部职级较高的工作人员。

《中华人民共和国刑法修正案（七）》规定："国家机关或者金融、电信、交通、教育、医疗等单位的工作人员，违反国家规定，将本单位在履行职责或提供服务过程中获得的公民个人信息，出售或者非法提供给他人，情节严重的，处三年以下有期徒刑或者拘役，并处或者单处罚金。"对于邮政企业、快递企业来说，除了要做好安全措施，同时还要健全管理制度，杜绝从公司内部泄露快递单信息的举动。

近年来，个人信息安全事件频发，酒店业、电商网站等相继爆发大规模个人信息泄露事件。这些事件的背后则是一条完整的利益链条，这些个人隐私最终成为不良商家牟利的工具。在上述事件中，有人购买 1 400 万条个人信息仅花费 1 000 余元。

对于频频曝出的"泄露"事件，相关部门也在加强管控。2014 年初，国家邮政局颁布的《寄递服务用户个人信息安全管理规定》规定："邮政企业、快递企业应当建立健全寄递用户信息安全保障制度和措施，明确企业内部各部门、岗位的安全责任，加强寄递用户信息安全管理和安全责任考核。"

通过上述案例可以看出，随着互联网和电子商务的快速发展，利用网络犯罪的行为可能会大量出现，为保证电子商务的顺利发展，法律保障必不可少，但我国目前的网络立法还不够完善。

【思考】

互联网环境下，用户应该如何保护自己的个人隐私？

7.1　电子商务安全概述

电子商务在为全球客户带来丰富的商务信息、快捷的交易服务和低廉的交易成本的同时，也给参与电子商务的主体带来了许多安全问题。电子商务所依赖的互联网具有虚拟性、动态性、高度开放性等特点，这使电子商务面临众多的威胁与安全隐患，严重制约着其进一步的发展和应用。目前，电子商务的安全问题已经是制约电子商务广泛应用的主要瓶颈之一。

课堂思考　观看《巨额来电》宣传短视频，列举你身边与互联网及电子商务相关的安全问题，试着提出相应的预防措施。

7.1.1　电子商务安全现状分析

电子商务是通过信息技术将企业、用户、供应商及其他商贸活动涉及的相关机构结合起来的一种信息技术的应用，是完成信息流、物流和资金流转移的一种行之有效的方法。但由于计算机信息具有共享和易扩散等特性，它在处理、存储、传输和使用上有着严重的脆弱性，很容易被干扰、滥用、遗漏和丢失，甚至被泄露、窃取、篡改、冒充和破坏，还可能受到计算机病毒感染。几乎所有的网站从建站开始到发展过程中，都将网站便利性、实用性作为目标，往往忽略网络安全环节，给网络发展埋下了深深的隐患。公安部的资料显示，利用计算机网络进行的各类违法行为在中国正以每年 30% 的速度递增，黑客的攻击方法已超过计算机病毒的种类，总数近千种。目前已发现的黑客攻击案约占网络安全事件总数的 15%，多数网络安全事件由于没有造成严重危害或商家不愿透露而未被曝光。与以往相比，电子商务安全呈现以下特点。

电子商务理论与实务（微课版 第3版）

1．木马病毒爆炸式增长，变种数量快速增加

据统计，2018 年瑞星"云安全"系统共截获病毒样本总量 7 786 万个，病毒感染次数约 11.25 亿次，病毒总体数量比 2017 年同期上涨 55.63%。由于利益的驱使，更多的犯罪分子进入挖矿病毒与勒索病毒领域，同时，病毒与杀毒软件的对抗越来越激烈，攻击者持续更新迭代病毒，导致病毒数量有了极大的增长。总体而言，目前的新木马不多，更多的是它的变种。目前反病毒软件的升级速度越来越快，病毒存活时间越来越短，因此，如今的病毒投放者不再投放单一的病毒，而是通过病毒下载器来进行病毒投放。病毒下载器可以自动从指定的网址上下载新病毒并进行自动更新，计算机用户永远也无法清除所有的病毒。同时，病毒制造、传播者利用病毒木马技术进行网络盗窃、诈骗活动，通过网络贩卖病毒、木马以及教授病毒编制技术和网络攻击技术等形式的网络犯罪活动明显增多，电子商务网络犯罪也逐渐呈现公开化、大众化的趋势。

2．网络病毒传播方式的变化

过去，传播病毒通过网络进行。目前，病毒通过移动存储介质传播的案例显著增加，存储介质传播病毒已经成为电子商务网络病毒感染率上升的主要原因。由于 U 盘和移动存储介质的广泛使用，病毒、木马通过"autorun.inf"文件自动调用执行 U 盘中的病毒、木马等程序，然后感染用户的计算机系统，进而感染其他 U 盘。不过，从网络监测和用户寻求帮助的情况来看，大量的网络犯罪通过"挂马"方式来实现。"挂马"是指在网页中嵌入恶意代码，当系统存在安全漏洞的用户访问这些网页时，木马会侵入用户系统，然后盗取用户敏感信息或者对其进行攻击、破坏。通过浏览网页方式进行攻击的方法具有较强的隐蔽性，用户更难发现，因此潜在的危害性也更大。

3．其他问题

目前，互联网网站还面临被篡改、被植入后门、存在信息系统安全漏洞等问题。2019 年上半年，国家互联网应急中心（National Internet Emergency Center，CNCERT）检测发现并协调处置我国境内被篡改的网站近 4 万个，其中被篡改的政府网站有 222 个；还监测发现境内外约 1.4 万个 IP 地址对我国境内约 2.6 万个网站植入后门，同比增长约 1.2 倍。与此同时，国家信息安全漏洞共享平台收录通用型安全漏洞 5 859 个，同比减少 24.4%，其中高危漏洞收录数量为 2 055 个，同比减少 21.2%。

7.1.2 电子商务安全需求

1．内部网的严密性

对于一个电子商务系统来说，严密性主要是指保证一些敏感的商业资讯不被泄露。资讯加密主要就是解决这方面的问题。事实上，现存的任何一种加密方法在理论上都是可以被破解的，只是时间长短的问题。尤其是硬件设备的快速发展，给密码破译带来越来越多的便利。

因此，在一个电子商务系统中，用户信息、商家信息需加密，防止其泄露。电子商务系统的内部网严密性尤为重要，它只能被企业内部访问、修改，若是被入侵，造成商业信息泄露将很危险。例如，美团网的用户密码泄露，入侵者可能会使用这个账号下虚假订单，给商家造成损失；又如支付宝密码泄露，那么用户将直接损失金钱；还有如果商家的大宗交易信息泄露并被对手知道后，可能会造成重大损失。这些信息泄露的风险都在威胁着电子商务的安全，阻碍交易活动的开展。

电子商务系统的内部网可以对特殊网段加密，访问前需进行身份验证，在与互联网相接处设立防火墙禁止外网访问。网络防火墙技术作为内部网络与外部网络之间的第一道安全屏障，是最先受到人们重视的网络安全技术，它可以阻止对信息资源的非法访问，也可以阻止专用信息从企业的网络上被非法输出，是最适合于相对独立、与外部网络互连有限、网络服务种类相对集中的单一网络。防火墙有两个基本准则：一是未被允许的就是禁止的，二是未被禁止的就是允许的。基于该准则，防火墙应转发所有信息流，然后逐项屏蔽可能有害的服务。这种方法构成了一种更为灵活的应用环境，可以为用户提供更多的服务。

2. 完整性

完整性包括信息的完整性、数据和交易的完整性。

电子商务简化了贸易过程，减少了人为的干预，同时也带来维护贸易各方商业信息的完整、统一的问题。数据输入时的意外差错或欺诈行为，可能导致贸易各方信息的差异。此外，数据传输过程中信息丢失、信息重复或信息传送的次序差异也会导致贸易各方信息的不同。贸易各方信息的完整性将影响到贸易各方的交易和经营策略，保持贸易各方信息的完整性是电子商务应用的基础。因此，要预防对信息的随意生成、修改和删除，同时要防止数据传送过程中信息的丢失和重复，并保证信息传送次序的统一。完整性一般可通过提取信息的数据摘要方式来获得。

3. 保密性

电子商务作为贸易的一种手段，其信息直接代表着个人、企业或国家的商业机密。传统的纸面贸易都是通过邮寄封装的信件或通过可靠的通信渠道发送商业报文来达到保守商业机密的目的。电子商务是建立在一个较为开放的网络环境上的（尤其互联网是更为开放的网络），维护商业机密是电子商务全面推广应用的重要保障。因此，要预防非法的信息存取和信息在传输过程中被非法窃取。保密性一般通过加密技术对传输的信息进行加密处理来实现。加密技术解决了传送信息的保密问题，可分为对称加密技术和非对称加密技术。对称加密技术是一种传统的信息认证方法，通过信息交换的双方共同约定一个口令或一组密码，建立一个通信双方共享的密钥。非对称加密技术又称公开密钥加密技术，它使用一把公开发布的公开密钥和一把只能由生成密钥对的贸易方掌握的私用密钥来分别完成加密和解密操作。

电子商务理论与实务（微课版 第3版）

加密技术对用户密码、口令、数字证书等重要信息加密，防止其被盗取，但不需要对商家的产品信息、消费者的留言及评论等信息加密，从交易环节开始确保双方安全交易。

4. 身份确定性

由于电子商务交易系统的特殊性，个人或企业的交易通常都是在虚拟的网络环境中进行的，因而对个人或企业进行身份确认成为电子商务交易中十分重要的一环。对个人或企业的身份进行鉴别，可以为身份的真实性提供保证，即交易双方能够在相互不见面的情况下确认对方的身份。这意味着当个人或企业声称具有某个特定的身份时，鉴别服务将提供一种方法来验证其身份的正确性，一般都通过证书机构（Certificate Authority，CA）和数字证书来实现。

5. 交易的无争议性和不可抵赖性

无争议性是指交易的双方达成了协议，客户愿意以多少钱的价格购买商家的产品，而商家也同意这样的条件，在此条件下双方可以做成交易，如货到付款或者先付款等，确定交易没有争议。

电子商务是关系贸易双方的商业交易，如何确定要进行的交易方正是所期望的贸易伙伴则是保证电子商务顺利进行的关键。在传统的纸面贸易中，贸易双方通过交易合同、契约或贸易单据等书面文件上的手写签名或印章来鉴别贸易伙伴的身份，从而确定合同、契约、单据的可靠性并预防抵赖行为的发生，这也就是人们常说的"白纸黑字"。在无纸化的电子商务方式下，通过手写签名和印章进行贸易方的鉴别已是不可能的。因此，我们要在交易信息的传输过程中，为参与交易的个人、企业或国家提供可靠的标识。不可抵赖性可通过对发送的消息进行数字签名来获取。

6. 有效性

电子商务以电子形式取代了纸张，那么保证这种电子形式的贸易信息的有效性则是开展电子商务的前提。电子商务作为贸易的一种形式，其信息的有效性直接关系到个人、企业或国家的经济利益和声誉。因此，要对网络故障、操作错误、应用程序错误、硬件故障、系统软件错误及计算机病毒所产生的潜在威胁加以控制和预防，以保证贸易数据在确定的时刻、确定的地点是有效的。

7.2 信息加密技术

7.2.1 密码学概述

密码学（Cryptology）是一门古老的科学。自古以来，密码主要用于军事、政治、外交等重要部门，因而密码学的研究工作本身也是秘密进行的。密码学的知识和经验主要掌握在军事、政治、外交等保密部门，不便公开发表，这是过去密码学的书籍资料一向很少的原因。然而，随着计算机科学技术、通信技术、微电子技术的发展，计算机和通信网络的应用进入了人们的日常生活和工作中，出现了电子政务、电子商务、电子金融等必须确保信息安全的系统，使民间和商业界对信息安全保密的需求大大增加。总而言之，在密码学形成和发展的历程中，科学技术的发展和战争的刺激起着积极的推动作用。

1. 密码学历史

回顾密码学的历史，它源于应用的无穷需求，而这也是推动密码技术文明进步的直接动力。在古代，古埃及人、希伯来人、亚述人都在实践中逐步发明了密码系统。从某种意义上说，战争是科学技术进步的催化剂。人类自从有了战争，就面临着通信安全的需求，这其中比较著名的是大约公元前 440 年出现在古希腊战争中的隐写术。当时为了安全地传送军事情报，奴隶主剃光奴隶的头发，将情报写在奴隶的光头上，待头发长长后将奴隶送到另一个部落，再次剃光头发，使原有的信息复现出来，从而实现这两个部落之间的秘密通信。严格来说，这只是对信息的隐藏，而不是真正意义上的加密。自从有了文字，人们为了某种需要总是想方设法地隐藏某些信息，以达到保证信息安全的目的。这些古代加密方法体现了后来发展起来的密码学的若干要素，但只能限制在一定范围内使用。

古代加密方法一般是文字置换，通过手工或机械变换的方式实现。古典密码系统已经初步体现出近代密码系统的雏形，加密方法逐渐复杂化，但其变化仍较小。虽然从近代密码学的观点来看，许多古典密码是不安全的，是极易破译的，但我们不应当忘记古典密码在历史上发挥的巨大作用。古典密码的代表密码体制主要有单表代替密码、多表代替密码及转轮密码。凯撒（Caser Cipher）密码就是一种典型的单表加密体制。多表代替密码有 Vigenere 密码、Hill 密码，著名的 Enigma 密码是第二次世界大战中使用的转轮密码。

密码技术形成一门新的学科是在 20 世纪 70 年代，这是计算机科学蓬勃发展和推动的结果。密码学的理论基础之一是 1949 年克劳德·艾尔伍德·香农发表的《保密系统的通信理论》（*Communication Theory of Secrecy Systems*），这篇文章发表了 30 年后才显示出它的价值。1977 年迪菲和赫尔曼发表了《密码学的新方向》（*New Directions in Cryptography*）一文，提出了适应网络上保密通信的公钥密码思想，开辟了公开密钥密码学的新领域，掀开了公钥密码研究的序幕。各种公钥密码体制被提出，特别是 1977 年 RSA 公钥密码体制的出现，是密码学史上的一个里程碑。同年，美国国家标准局正式公布实施了美国的数据加密标准（Data Encryption Standard，DES），这也是近代密码学的开端。2001 年，美国联邦政府颁布高级加密标准（Advanced Encryption Standard，AES）。随着其他技术的发展，一些具有潜在密码应用价值的技术也逐渐得到密码学家极大的重视并加以应用，因而出现了一些新的密码技术，如混沌密码、量子密码等，这些新的密码技术正在逐步走向实用化。

2. 密码体制

研究各种加密方案的科学为密码编码学（Cryptography），而研究密码破译的科学为密码分析学（Cryptanalysis）。密码学作为数学的一个分支，是密码编码学和密码分析学的统称。

在密码学中，密码技术的基本思想是伪装信息，使未获授权者不能获得其中的真实含义。所谓伪装，就是对信息进行一系列可逆的数学变换。输入的原始信息称为明文（Plaintext），而明文经过加密变换的结果则称为密文（Ciphertext），整个过程称为加密（Encryption）。相对应地，合法收信者接收到密文后将密文恢复为明文的过程称为解密（Decryption）。

概括起来，一个密码系统通常简称为密码体制（Cryptosystem），有 5 个基本组成部分，图 7-1 所示为密码系统模型。

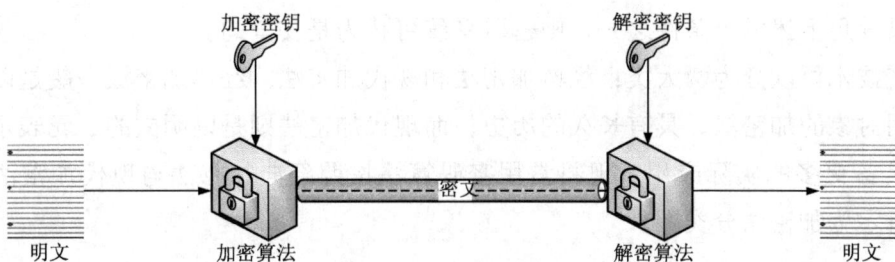

图 7-1　密码系统模型

① 明文：输入的原始信息，通常用 m 表示。全体明文的集合称为明文空间，通常用 M 表示。

② 密文：明文经加密变换后的结果，通常用 c 表示。全体密文的集合称为密文空间，通常用 C 表示。

③ 密钥：参与信息变换的参数，通常用 k 表示。全体密钥的集合称为密钥空间，通常用 K 表示。

④ 加密算法：将明文变换为密文的变换函数，即发送者加密消息时所采用的一组规则，通常用 E 表示。

⑤ 解密算法：将密文变换为明文的变换函数，即接收者解密消息时所采用的一组规则，通常用 D 表示。

对于明文空间 M 中的每个明文 m，加密算法 E 在加密密钥 k_e 的控制下将明文 m 加密成密文 c，$c=E_{k_e}(m)$；而解密算法 D 在解密密钥 k_d 的控制下将密文 c 变换为明文 m，$m=D_{k_d}(c)$。对于有实用意义的密码体制而言，要求 $m=D_{k_d}[E_{k_e}(m)]$，即用加密算法得到的密文用一定的解密算法总是能够恢复成为原始的明文。

当加密密钥 k_e 与解密密钥 k_d 是同一把密钥，或者能够相互较容易地推导出来时，该密码体制被称为对称密码体制；当加密密钥 k_e 与解密密钥 k_d 不是同一把密钥，且解密密钥不能根据加密密钥计算出来（至少在假定合理的长时间内）时，该密码体制被称为非对称密码体制。

7.2.2 密码算法安全性及分类

在密码学中通常假定加密算法和解密算法是公开的，密码系统的安全性重点在于密钥，这就要求加密算法本身要非常安全。如果提供了无穷的计算资源依然无法被攻破，则称这种密码体制是无条件安全的。除了一次一密，无条件安全是不存在的。密码系统用户所要做的就是尽量满足以下条件。

① 破译密码的成本超过密文信息的价值。

② 破译密码的时间超过密文信息有用的生命周期。

如果满足上述两个条件之一，则密码系统可认为是安全的。

加密技术可以分为两大类：经典加密法和现代加密法。经典加密法一般是以单个字母为作用对象的加密法，具有长久的历史；而现代加密法则是以明文的二元表示为作用对象，具备更多的实际应用。现将常用密码算法按照经典加密法与现代加密法归纳，图 7-2 所示为加密法分类图。

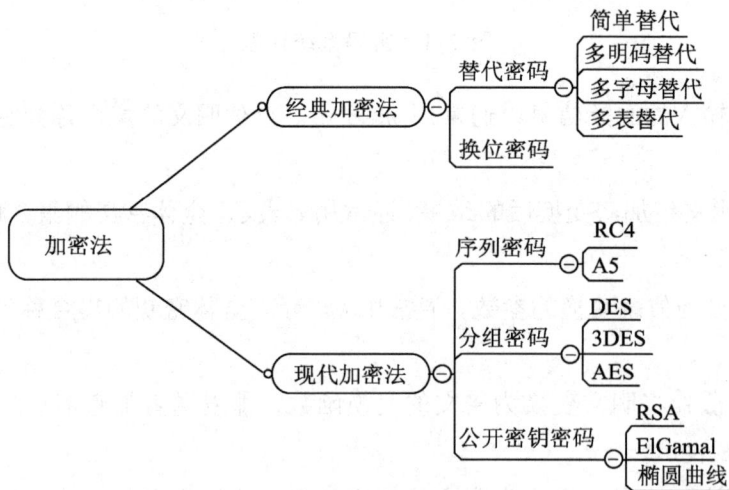

图 7-2　加密法分类图

7.2.3 密码技术的应用

密码技术不仅用于网上传送数据的加密、解密，也用于认证和数字签名等。其具体应用如下。

1. 用来加密保护信息

利用加密算法将明文变换成只有合法者才能恢复的密文，这是密码的最基本功能。信息的加密保护包括传输信息和存储信息两个方面，后者解决起来难度更大。

2. 采用数字证书进行身份鉴别

数字证书就是网络通信中标志通信各方身份信息的一系列数据，是网络正常运行所必需的。现在一般采用交互式询问回答，在询问和回答过程中采用密码加密，特别是采用密码技术的带 CPU 的智能卡，安全性好。在电子商务系统中，所有参与活动的实体都需要用数字证书来表明自己的身份，数字证书从某种角度上说就是"电子身份证"。

3. 数字指纹

数字签名中有重要作用的"报文摘要"算法，即生成报文"数字指纹"的方法近年来备受关注，是现代密码学的一个重要方面。

4. 采用密码技术对发送信息进行验证

为防止传输和存储的信息被有意或无意地篡改，企业采用密码技术对信息进行运算，生成信息的验证码，附在信息之后发出或与信息一起存储，对信息进行验证，它在票券防伪中具有重要作用。

5. 利用数字签名来完成最终协议

在信息时代，电子数据的收发使我们过去所依赖的个人特征都将被数字代替，数字签名的作用有两点：一是因为自己的签名难以否认，从而确定了文件已签署这一事实；二是因为签名不易仿冒，从而确定了文件是真的这一事实。

7.2.4　经典加密法

经典加密法可以分为替代密码和换位密码两大类。替代密码（Substitution Cipher）是发送者将明文中的每一个字符用另外一个字符来替换，生成密文发送，接收者对密文进行逆替换，恢复成明文。换位密码是使明文中的字母不变而位置改变的密码，也称为置换密码，如把明文中的字母顺序倒过来写，再以固定长度的字母组发送或记录。

1. 替代密码

在经典加密法中，替代密码有 4 种。

（1）简单替代密码

简单替代密码（Simple Substiution Cipher）又称为单字母密码（Monoalphabetic Cipher），是指一个明文字符用相应的唯一一个密文字符替代的密码。例如，打乱字母的排列次序构成与明文对应的密码表，或者采用密钥词组来推导密码表。

移位密码是简单替代密码中的一种，其替换规则是明文字母被字母表中排在该字母后面的第 K 个字母所替代，即明文字母表向左循环移动 K 位，Z 字母的后面是 A。当

$K=3$ 时，就是最早的替代密码——凯撒密码（Caesar Cipher）。

移位密码算法可以表示如下。

设明文字母为 m，则加密算法 $c =E（m）=（m+k）\bmod 26$，解密算法 $m=D（c）=（c-k）\bmod 26$，其中 $M=\{A, B, C, \cdots, Z\}$，$C=\{A, B, C, \cdots, Z\}$，$K=\{0, 1, 2, \cdots, 25\}$。

例 1： 已知移位密码的密钥 K 为 5，明文 M 为 CLASSROOM，求密文 C。

解 1： 首先建立英文字母和模 26 的余（0～25）之间的对应关系，图 7-3 所示为字母数值表。

明文	A	B	C	D	E	F	G	H	I	J	K	L	M	N	O	P	Q	R	S	T	U	V	W	X	Y	Z
密文	0	1	2	3	4	5	6	7	8	9	10	11	12	13	14	15	16	17	18	19	20	21	22	23	24	25

图 7-3　字母数值表

利用图 7-3 可查到 CLASSROOM 对应的整数为 2，11，0，18，18，17，14，14，12。利用公式 $c=E（m）=（m+5）\bmod 26$ 可计算出值为 7，16，5，23，23，22，19，19，17。

再利用图 7-3 可查到算式值对应的字母分别为 H，Q，F，X，X，W，T，T，R。

因此，明文 CLASSROOM 对应的密文为 HQFXXWTTR。

解 2： 利用循环移位密码的概念使字母表向左循环移动 5 位，循环移位密码表如图 7-4 所示。

明文	A	B	C	D	E	F	G	H	I	J	K	L	M	N	O	P	Q	R	S	T	U	V	W	X	Y	Z
密文	F	G	H	I	J	K	L	M	N	O	P	Q	R	S	T	U	V	W	X	Y	Z	A	B	C	D	E

图 7-4　循环移位密码表

由图 7-4 可以查到，明文 CLASSROOM 对应的密文为 HQFXXWTTR。

移位密码仅有 25 个可能的密钥，用强行攻击密码分析直接对所有 25 个可能的密钥进行尝试即能破解，因此非常不安全。如果允许字母能够任意替代则可以使密钥空间变大，消除强行攻击密码分析的可能性，如采用密钥词组单字母密码（Keyword Cipher）。

在密钥词组的单字母密码替代算法中，密文字母序列为先按序写下密钥词组，去除该序列中已出现的字母，再依次写下字母表中剩余的字母构成密码表。

例 2： 已知密钥词组的单字母密码替代算法的密钥 K 为 CLASSROOM，明文 M 为 BOOKSTOR，求密文 C。

解： 按照密钥词组的单字母替代算法生成密码表，图 7-5 所示为密钥词组单字母替代密码表。

电子商务理论与实务（微课版　第3版）

明文	A B C D E F G H I J K L M N O P Q R S T U V W X Y Z
密文	C L A S R O M B D E F G H I J K N P Q T U V W X Y Z

图 7-5　密钥词组单字母替代密码表

查密码表得明文 BOOKSTOR 对应的密文为 LJJFQTJP。

密钥词组的单字母密码虽然比移位密码更安全一些，但由于它和移位密码一样都是明文字母与密文字母一一对应，因此，利用语言的规律性，采用频率分析的方法仍能对密文进行破解。为了对抗频率分析，可以对单个字母提供多种替代，即一个明文字母可以对应多个密文字母，如果分配给每个字母的替代字母数正比于该字母的相对频率，则单字母频率信息会完全被淹没，如后面要介绍的几种密码算法。

（2）多明码替代密码

多明码替代密码（Homophonic Substitution Cipher）是指单个的明文字符可以用几个密文字符替代，如多文字加密法（Mutiliteral Cipher）。

多文字加密法的密钥是一个 5×5 的矩阵，字母表的 26 个字母按行填写到矩阵中（字母"I"和"J"占用同一个单元），再用 5 个字母的关键词来标识行号和列号。多文字加密法密码表如图 7-6 所示。

	A	B	O	U	T
A	A	B	C	D	E
B	F	G	H	I/J	K
O	L	M	N	O	P
U	Q	R	S	T	U
T	V	W	X	Y	Z

每个明文字母对应的行号和列号就是密文字母，如明文 HOT 对应的密文为 BOOUUU。解密过程是反向查找矩阵。

图 7-6　多文字加密法密码表

（3）多字母替代密码

多字母替代密码（Polygram Substitution Cipher）是指字符块被成组加密。最著名的多字母替代密码是 Playfair，它将明文中的双字母组合作为一个单元对待，并将这些单元转换为密文双字母组合。

Playfair 算法使用关键词构造一个 5×5 的矩阵，其构造规则是按行依次写下关键词的字母（去除重复字母），然后按照字母表的顺序依次写下其余的字母，其中 I 和 J 算作同一个字母。Playfair 加密过程如下。

首先，将明文按两个字母分组，假定一组中的明文字母分别为 m_1 和 m_2，若 m_1 与 m_2 相同，则在重复的字母中间插入一个事先约定好的字母，若明文字母为奇数则在明文的末端添加一个事先约定好的字母。例如，约定插入字母和补充字母均为 X，则对明文 CONNECTION 的分组为 CONXNECTIONX。

其次，按照如下规则对明文组进行加密。

① 当 m_1、m_2 在同一行时，对应的密文 c_1、c_2 分别是紧靠 m_1、m_2 右边的字母。其中行的最后一个字母的密文是行的第一个字母（解密时相反）。

② 当 m_1、m_2 在同一列时，对应的密文 c_1、c_2 分别是紧靠 m_1、m_2 下方的字母。其中列的最后一个字母的密文是列的第一个字母（解密时相反）。

③ 当 m_1、m_2 不在同一行也不在同一列时，对应的密文 c_1、c_2 分别是与 m_1 同行且与 m_2 同列的字母及与 m_2 同行且与 m_1 同列的字母（解密时相同）。

最后，将生成的密文组按次序排列即为最终的密文字母序列。

例 3： 已知 Playfair 密码的关键词 K 为 INTERFACE，明文 M 为 SERVER，求密文 C。

解： 以关键词 INTERFACE 构造的密码表如图 7-7 所示。

I/J	N	T	E	R
F	A	C	B	D
G	H	K	L	M
O	P	Q	S	U
V	W	X	Y	Z

图 7-7　以关键词 INTERFACE 构造的密码表

将 SERVER 分组为 SE RV ER，按照 Playfair 加密规则对明文分组进行加密。

① SE 在同一列，因此对应的密文是紧靠 SE 下方的字母 YB。

② RV 不在同一行也不在同一列，因此对应的密文是与 R 同行且与 V 同列的字母 I（由于 J 的概率比较低，所以一般加密均用 I 表示）和与 V 同行且与 R 同列的字母 Z。

③ ER 在同一行，因此对应的密文是紧靠 ER 右边的 R 和 I。

所以明文 SERVER 的密文是 YBIZRI。

（4）多表替代密码

多表替代密码（Polyalphabetic Substitution Cipher）是由多个简单替代密码组成的密码算法。Vigenere 密码是一种典型的多表替代密码，其密码表是以字母表移位为基础，把 26 个英文字母进行循环移位排列在一起，形成 26×26 的矩阵。Vigenere 密码表如图 7-8 所示。

```
    ABCDEFGHIJKLMNOPQRSTUVWXYZ
  A|ABCDEFGHIJKLMNOPQRSTUVWXYZ
  B|BCDEFGHI JKL MN O P QRS TUVWXY ZA
  C|CDEF GHI J KLMNO P QRS TUVWX Y ZAB
  D|DEFGHIJ KLMNOPQRSTUVWXYZABC
  E|EFGHIJ KLMNOPQRSTUVWXYZABCD
  F|FGHIJ KLMNOPQRSTUVWXYZABCDE
  G|GHIJ KLMNOPQRSTUVWXYZABCDEF
  H|HIJ KLMNOPQRSTUVWXYZABCDEFG
  I|IJKLMNOPQRSTUVWXYZABCDEFGH
  J|JKLMNOPQRSTUVWXYZABCDEFGHI
  K|KLMNOPQRSTUVWXYZABCDEFGHIJ
  L|LMNOPQRSTUVWXYZABCDEFGHIJK
  M|MNOPQRSTUVWXYZABCDEFGHIJKL
  N|NOPQRSTUVWXYZABCDEFGHIJKLM
  O|OPQRSTUVWXYZABCDEFGHIJKLMN
  P|PQRSTUVWXYZABCDEFGHIJKLMNO
  Q|QRSTUVWXYZABCDEFGHIJKLMNOP
  R|RSTUVWXYZABCDEFGHIJKLMNOPQ
  S|STUVWXYZABCDEFGHIJKLMNOPQR
  T|TUVWXYZABCDEFGHIJKLMNOPQRS
  U|UVWXYZABCDEFGHIJKLMNOPQRST
  V|VWXYZABCDEFGHIJKLMNOPQRSTU
  W|WXYZABCDEFGHIJKLMNOPQRSTUV
  X|XYZABCDEFGHIJKLMNOPQRSTUVW
  Y|YZABCDEFGHIJKLMNOPQRSTUVWX
  Z|ZABCDEFGHIJKLMNOPQRSTUVWXY
```

图 7-8　Vigenere 密码表

电子商务理论与实务（微课版·第3版）

Vigenere 密码算法表示如下。

设密钥 $K=k_0$, k_1, k_2, $\cdots$, k_d, 明文 $M=m_0$, m_1, m_2, $\cdots$, m_n, $n \in$（$1 \sim \infty$）。

加密变换：$c_i =$（$m_i + k_i$）mod 26，$i=0$，1，2，$\cdots$，n。

解密变换：$m_i =$（$c_i - k_i$）mod 26，$i=0$，1，2，$\cdots$，n。

例 4：已知 Vigenere 密码算法中密钥 K 为 SCREEN，明文 M 为 COMPUTER，求密文 C。

解 1：根据字母数值表（见图 7-3）查得明文串的数值表示是（2，14，12，15，20，19，4，17），密钥串的数值表示是（18，2，17，4，4，13），根据 Vigenere 密码算法对明文和密钥串进行逐字符模码除 26。

$c_0 =$（$m_0 + k_0$）mod 26=（2+18）mod 26=20，对应字母表中的字母 U；

$c_1 =$（$m_1 + k_1$）mod 26=（14+2）mod 26=16，对应字母表中的字母 Q；

$c_2 =$（$m_2 + k_2$）mod 26=（12+17）mod 26=3，对应字母表中的字母 D；

$c_3 =$（$m_3 + k_3$）mod 26=（15+4）mod 26=19，对应字母表中的字母 T；

$c_4 =$（$m_4 + k_4$）mod 26=（20+4）mod 26=24，对应字母表中的字母 Y；

$c_5 =$（$m_5 + k_5$）mod 26=（19+13）mod 26=6，对应字母表中的字母 G；

$c_7 =$（$m_7 + k_0$）mod 26=（4+18）mod 26=22，对应字母表中的字母 W；

$c_7 =$（$m_7 + k_1$）mod 26=（17+2）mod 26=19，对应字母表中的字母 T。

因此，明文 COMPUTER 加密的密文为 UQDTYGWT。

注意

将明文与密钥字符串一一对应，密钥不足则重复字符串。明文与密钥对应表如图 7-9 所示。

明文	C O M P U T E R
密文	S C R E E N S C

图 7-9　明文与密钥对应表

解 2：以 SCREEN 为密钥构造的 Vigenere 密码表如图 7-10 所示。

	A B C D E F G H I J K L M N O P Q R S T U V W X Y Z
S	S T U V W X Y Z A B C D E F G H I J K L M N O P Q R
C	C D E F G H I J K L M N O P Q R S T U V W X Y Z A B
R	R S T U V W X Y Z A B C D E F G H I J K L M N O P Q
E	E F G H I J K L M N O P Q R S T U V W X Y Z A B C D
N	N O P Q R S T U V W X Y Z A B C D E F G H I J K L M

图 7-10　以 SCREEN 为密钥构造的 Vigenere 密码表

注意

对于实际计算使用的密码表，并不需要将 26×26 密码表字符全部列出。由于每一行均为移位密码的单表构成，并且每一行的首字母与密码表的列标是一致的，所以只要知道密钥字母（列标字母）就可以很方便地列出对应行的密码字符串。因此，本题只需列出密钥字母标识的行即可。

按照明文字母为列，密钥字母为行，查找以 SCREEN 为密钥构造的密码表（见图 7-10）对应的字母即为密文字母。如明文 *C* 对应的密文为 *C* 列 *S* 行的字母 U，明文 *O* 对应的密文为 *O* 列 *C* 行的 Q……最终查到明文 COMPUTER 对应的密文为 UQDTYGWT。

2. 换位密码

使明文中的字母不变而位置改变的密码称为换位密码，也称为置换密码，如把明文中的字母按倒序写出来，然后以固定长度的字母组发送或记录。列换位法是最常用的换位密码，其算法是以一个矩阵按行逐行写出明字母，再按列读出字母序列即为密文串。

例 5：已知列换位法密钥 *K* 为 SINGLE，明文 *M* 为 ABOUTFUNCTIONDISCOVERVERY，求密文 *C*。

解：根据密钥中字母在字母表中出现的次序可确定列号为 635241，将明文按行写，不足部分以不常用的字母进行填充，本例题以 ABC……进行填充，图 7-11 所示为列换位法矩阵。

```
S I N G L E
6 3 5 2 4 1
A B O U T F
U N C T I O
N D I S C O
V E R V E R
Y A B C D E
```

图 7-11　列换位法矩阵

按照列次序读出得到密文序列为 FOOREUTSVCBNDEATICE DOCIRBAUNVY。

纯换位密码易于识别，因为它具有与原文字母相同的频率，但通过多次换位可以使密码的安全性有较大的改进。

7.2.5　公钥密码体制

公钥密码体制又称为非对称密码体制，它与以前的密码学完全不同。第一，公钥密码算法基于数学函数而不是之前的代替和置换。第二，公钥密码学是非对称的，它使用两个独立的密钥。公钥密码学在消息的保密性、密钥分配和认证领域上都有着极其重要的意义。

1. 公开密钥密码体制

利用传统密码进行保密通信，通信的双方必须事先约定相同的密钥才能进行。而用户和商家之间想通过通信工具洽谈生意又要保持商业秘密时，有时很难做到事先约定密钥。另外，对于大型计算机网络，设有 n 个用户，用户之间进行保密通信就需要 $C(n,2) = n(n-1)/2$ 个密钥。当 n 较大时，这一数目是很大的。从安全角度考虑，密钥应当经常更换。在网络上产生、存储、分配、管理如此大量的密钥，其复杂性和危险性都是很大的。密钥管理上的困难是传统密码应用的主要障碍，这种困难在计算机网络环境下显得更为突出。另外，传统密码不易实现数字签名，也不适合陌生人之间的保密通信。

公开密钥密码的基本思想是将传统密码的密钥 K 一分为二，分为加密密钥 K_e 和解密密钥 K_d，用加密密钥 K_e 控制加密，用解密密钥 K_d 控制解密，而且根据计算复杂性确保由加密密钥 K_e 在计算上不能推出解密密钥 K_d。这样，即使是将 K_e 公开也不会暴露 K_d，从而不会损害密码的安全性。于是可对 K_d 保密，而对 K_e 进行公开，从而在根本上解决传统密码在密钥分配上所遇到的问题。为了区分常规加密和公开密钥加密两个体制，一般将常规加密中使用的密钥称为秘密密钥（Secret Key），用 K_m 表示，m 是某个修饰符，如 K_s 表示会话密钥。公开密钥加密中使用的能够公开的加密密钥 K_e 被称为公开密钥（Public Key），用 K_U 表示；公开密钥加密中使用的保密的解密密钥 K_d 被称为私有密钥（Private Key），用 K_R 表示。

根据公开密钥密码的基本思想，可知一个公开密钥密码应当满足以下 3 个条件。

① 解密算法 D 与加密算法 E 互逆，即对于所有明文 M 都有 $D_{K_R}[E_{K_U}(M)]=M$。

② 在计算上不能由 K_U 推出 K_R。

③ 算法 E 和 D 都是高效的。

满足了以上 3 个条件，便可构成一个公开密钥密码，这个密码可以确保数据的秘密性。如果还要求确保数据的真实性，则还应满足第四个条件：对于所有明文 M 都有 $E_{K_U}[D_{K_R}(M)]=M$。

如果同时满足以上 4 个条件，则公开密钥密码可以同时确保数据的秘密性和真实性。此时，对于所有的明文 M 都有 $D_{K_R}[E_{K_U}(M)]=E_{K_U}[D_{K_R}(M)]=M$。

公开密钥密码从根本上克服了传统密码在密钥分配上的困难，利用公开密钥密码进行保密通信需要成立一个密钥管理机构（Key Manager Center，KMC），每个用户都将自己的姓名、地址和公开的加密密钥等信息在 KMC 登记注册，将公钥记入共享的公开密钥数据库（Public Key Database，PKDB）。KMC 负责密钥的管理，并且对用户来说是可信赖的。这样，用户利用公开密钥密码进行保密通信就像查电话号码簿打电话一样方便，无须事先约定持有相同的密钥，因此特别适合计算机网络应用。

大体上说，公开密钥密码系统的应用分为 3 类。

（1）机密性的实现

发送者用接收者的公开密钥加密报文，接收者用自己相应的私钥来解密，公开密钥算法加密过程如图 7-12 所示。

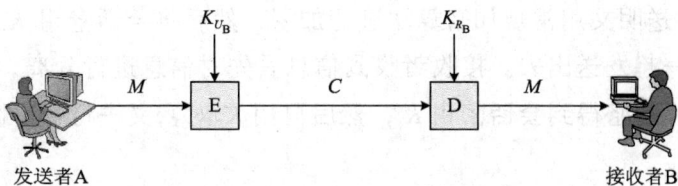

图 7-12 公开密钥算法加密过程

发送者 A 发送的信息用接收者 B 的公钥 K_{U_B} 进行加密，只有拥有与公钥匹配的私钥 K_{R_B} 的接收者 B 才能对加密的信息进行解密，而其他攻击者由于并不知道 K_{R_B}，因此不能对加密信息进行有效解密。此加密过程保证了信息传输的机密性。

（2）数字签名

数字签名简单来说就是证明发送者身份的信息安全技术。在公开密钥加密算法中，发送者用自己的私钥"签署"报文（即用自己的私钥加密），接收者用发送者配对的公开密钥来解密以实现认证。图 7-13 所示为公开密钥算法数字签名过程。

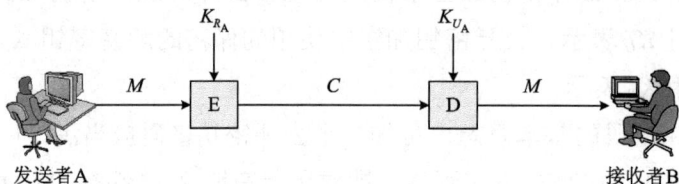

图 7-13 公开密钥算法数字签名过程

发送者 A 用自己的私钥 K_{R_A} 对信息进行加密（即签名），接收者用与 K_{R_A} 匹配的公钥 K_{U_A} 进行解密（即验证）。因为只有 K_{U_A} 才能对 K_{R_A} 进行解密，而发送者 A 是 K_{R_A} 的唯一拥有者，因此可以断定 A 是信息的唯一发送者。此过程保证了信息的不可否认性。

（3）密钥交换

发送者和接收者基于公钥密码系统交换会话密钥。这种应用也被称为混合密码系统，通过用常规密码体制加密需要保密传输的消息本身，然后用公钥密码体制加密常规密码体制中使用的会话密钥，将二者结合使用。它充分利用了对称密码体制在处理速度上的优势和非对称密码体制在密钥分发和管理方面的优势，从而使会话效率大大提高。图 7-14 所示为公开密钥算法交换会话密钥过程。

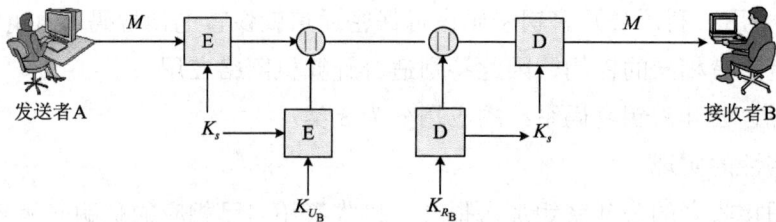

图 7-14 公开密钥算法交换会话密钥过程

发送者 A 发送明文用常规加密算法进行加密，然后将会话密钥 K_s 用接收者的公钥 K_{U_B} 加密与密文一起发送出去。接收者收到信息后先对信息进行分离，将加密密钥用自己的私钥 K_{R_B} 进行解密得到会话密钥 K_s，然后再用 K_s 对密文进行解密恢复成明文。

2. RSA 密码

RSA 公钥算法是由美国麻省理工学院（Massachusetts Institute of Technology，MIT）

的 Rivest、Shamir 和 Adleman 在 1977 年提出的。由于 RSA 密码既可用于加密，又可用于数字签名，且安全、易懂，因此 RSA 公钥算法是唯一被广泛接受并应用的通用公开密钥密码算法，许多国家标准化组织，如国际标准化组织（ISO）、国际电信联盟（ITU）和环球银行金融电信协会（SWIFT）等都已接受 RSA 作为标准。互联网的 E-mail 保密系统 GPG 以及国际 Visa 和 MasterCard 组织的电子商务协议（如 SET 协议）中都将 RSA 密码作为传送会话密钥和数字签名的标准。RSA 公钥算法的数学基础是初等数论的欧拉定理，其安全性建立在大整数因子分解的困难性之上。

RSA 密码体制算法描述如下。

（1）密钥的生成

首先，选择两个互异的大素数 p 和 q（保密），计算 $n=pq$（公开），$\varphi(n)=(p-1)(q-1)$（保密），选择一个随机整数 $e[0<e<\varphi(n)]$，满足 $\gcd[e,\varphi(n)]=1$（公开）。计算 $d=e^{-1}\bmod\varphi(n)$（保密）。确定公钥 $K_e=\{e,n\}$，私钥 $K_d=\{d,p,q\}$ 即 $\{d,n\}$。

（2）加密

$C=M^e\bmod n$

（3）解密

$M=C^d\bmod n$

3．ElGamal 密码

ElGamal 密码是 RSA 密码之外最有代表性的公开密钥密码。ElGamal 密码建立在离散对数的困难性之上。由于离散对数问题具有较好的单向性，所以离散对数问题在公钥密码学中得到广泛应用。除 ElGamal 密码外，Diffie-Hellman 密钥分配协议和美国数字签名标准算法 DSA 等也都是建立在离散对数问题之上的。

ElGamal 密码改进了 Diffie 和 Hellman 的基于离散对数的密钥分配协议，提出了基于离散对数的公开密钥密码和数字签名体制。由于 ElGamal 密码的安全性建立在 $GF(p)$ 离散对数的困难性之上，目前尚无求解 $GF(p)$ 离散对数的有效算法，因而当 p 足够大时，ElGamal 密码是安全的。ElGamal 密码由于其安全性得到世界公认，因而得到广泛的应用。

7.3 数字签名技术

7.3.1 数字签名的含义

数字签名（Digital Signature，DS）（也称数字签字）是利用数字技术实现在网络传送文件时附加个人标记，完成系统上手书签名盖章的作用，以表示确认、负责、经手等。

数字签名是实现认证的重要工具，在电子商务系统中是不可缺少的。保证传递文件的机密性应使用加密技术，保证其完整性应使用信息摘要技术，而保证其认证性和不可否认性应使用数字签名技术。

7.3.2 数字签名的原理

学习数字签名原理前，我们先了解一下散列函数。

散列函数又称为哈希（Hash）函数、数字指纹等，是一个将任意长度的报文映射为定长的散列值的公共函数，以散列值作为认证码。发送者 A 首先计算要发送的报文 M 的散列函数值 $H(M)$，然后将其与报文一起发给接收者 B，接收者 B 对收到的报文 M' 计算新的散列函数值 $H(M')$ 并与收到的 $H(M)$ 值进行比较，如果两者相同则证明信息在传送过程中没有遭到篡改。散列函数认证过程如图 7-15 所示。

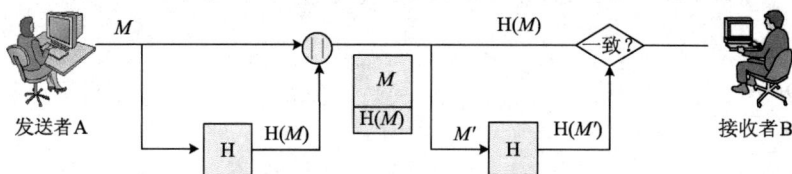

图 7-15　散列函数认证过程

数字签名的原理如图 7-16 所示。

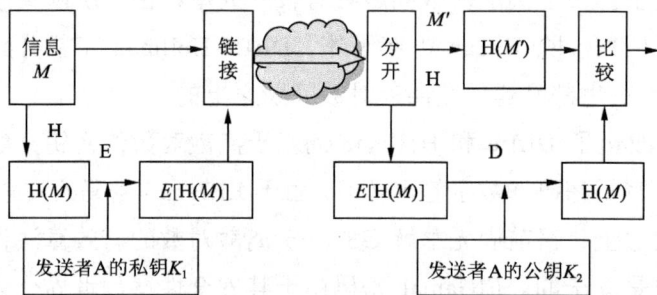

图 7-16　数字签名的原理

① 发送者 A 将信息 M 进行哈希运算，得一哈希值，即信息摘要 $H(M)$。

② 发送者 A 用自己的私钥 K_1，采用非对称 RSA 算法，对信息摘要 $H(M)$ 进行加密得到 $E[H(M)]$，即数字签名。

③ 发送者 A 把数字签名作为信息 M 的附件和信息 M 一起发给接收者 B。

④ 接收者 B 把接收到的信息分成 M' 和 $E[H(M)]$。

⑤ 接收者 B 从 M' 中计算出散列值 $H(M')$。

⑥ 接收者 B 再用发送者 A 的双钥密码体制的公钥 K_2 解密数字签名得到信息摘要 $H(M)$。

⑦ 将两个信息摘要 H（M'）与 H（M）进行比较，验证信息 M 是否被篡改。如果两者相同，说明信息 M 没有被篡改，是保密传输的，签名是真实的；否则拒绝该签名。

这样就做到了敏感信息在数字签名的传输中不被篡改，且未经认证和授权的人看不见原数据，起到了在数字签名传输中对敏感数据的保密作用。

7.3.3 数字签名的要求

数字签名技术是公开密钥加密技术和报文分解函数相结合的产物。与加密不同，数字签名的目的是保证信息的完整性和真实性。数字签名必须保证以下 3 点。

① 接收者能够核实发送者对信息的签名。

② 发送者事后不能抵赖对信息的签名。

③ 接收者不能伪造对信息的签名。

7.3.4 数字签名的作用

数字签名可以解决下述安全鉴别问题。

① 接收者伪造。

② 发送者或接收者否认。

③ 第三方冒充发送或接收文件。

④ 接收者篡改。

7.3.5 数字签名的种类

数字签名有 RSA 签名体制、ElGamal 签名体制、盲签名、双联签名和无可争辩签名等。

（1）RSA 签名体制

它基于求解一个大整数分解为两个大素数问题的困难性。

（2）ElGamal 签名体制

它基于求解有限域上的乘法群的离散对数问题的困难性。

（3）盲签名

一般数字签名中，要先知道文件内容而后才签署，这正是通常所需要的。但有时需要某人对一个文件签名，但又不让他知道文件内容，称为盲签名。

（4）双联签名

一次电子商务活动过程中可能有两个相互联系的消息 M1 和 M2，双联签名就是要对它们同时进行数字签名。

（5）无可争辩签名

无可争辩签名是在没有签名者自己的合作下不可能验证签名的签名。无可争辩签名是为了防止所签文件被复制，有利于产权拥有者控制产品的散发。它适用于某些应用，如电子出版系统，利于对知识产权的保护。

7.4　数字证书

7.4.1　数字证书概述

数字证书就是网络通信中标志通信各方身份信息的一系列数据，其作用类似于现实生活中的身份证。它通常由一个权威机构发行，人们可以在互联网上用它来识别对方的身份。

最简单的数字证书包含公开密钥、名称以及证书授权中心的数字签名。一般情况下，数字证书中还包括密钥的有效时间、发证机关（证书授权中心）的名称、该数字证书的序列号等信息。

一个标准的 X.509 数字证书（见图 7-17）包含以下内容。

① 证书的版本号。

② 证书的序列号，每个证书都有一个唯一的证书序列号。

③ 证书所使用的签名算法。

④ 证书的发行机构名称，命名规则一般采用 X.500 格式。

⑤ 证书的有效期，现在通用的证书一般采用 UTC 时间格式，它的计时范围为 1950—2049。

⑥ 证书所有人的名称，命名规则一般采用 X.500 格式。

⑦ 证书所有人的公开密钥。

⑧ 证书发行者对证书的签名。

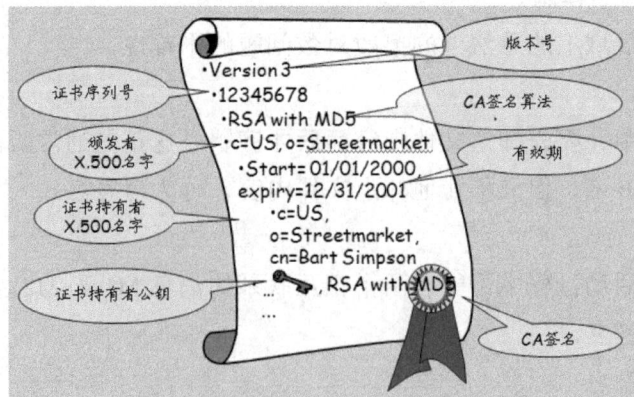

图 7-17　X.509 数字证书

电子商务理论与实务（微课版　第3版）

7.4.2 数字证书的作用

基于互联网的电子商务系统技术使在网上购物的客户能够极其方便地获得商家和企业的信息，但同时也增加了某些敏感或有价值的信息被滥用的风险。客户和商家都必须保证在互联网上进行的一切金融交易运作都是真实可靠的，并且互联网电子商务系统必须保证具有十分可靠的安全保密技术，这样才能使客户、商家和企业等交易各方都具有绝对的信心。也就是说，它必须保证网络安全的四大要素，即信息的保密性、交易者身份的确定性、发送信息的不可否认性、发送信息的不可修改性。

1. 信息的保密性

交易中的商务信息均有保密的要求。例如，信用卡账号和用户名被人知悉，就可能被盗用；订货和付款的信息被竞争对手获悉，就可能丧失商机。因此，在电子商务中传播的信息一般均有加密的要求。

2. 交易者身份的确定性

网上交易的双方很可能素昧平生，相隔千里。要使交易成功，首先要能确认对方的身份，商家要考虑客户是不是骗子，而客户也会担心网上商店是否存在欺诈行为，因此能方便而可靠地确认对方身份是交易的前提。对于为客户开展服务的银行、信用卡公司和销售商店，为了做到安全、保密、可靠地开展服务活动，都要进行身份认证的工作。对销售商店来说，它们对客户所用信用卡的号码的真实性是不知道的，商店只能把信用卡的确认工作完全交给银行来完成。银行和信用卡公司可以采用各种保密与识别方法，确认客户的身份是否合法，同时还要防止拒付款及确认订货和订货收据信息等问题。

3. 发送信息的不可否认性

商情的千变万化，使得交易一旦达成是不能被否认的，否则必然会损害一方的利益。例如，订购黄金，订货时金价较低，但收到订单后金价上涨了，如果收单方否认收到订单的实际时间，甚至否认收到订单的事实，则订货方就会蒙受损失。因此，电子交易通信过程的各个环节都必须是不可否认的。

4. 发送信息的不可修改性

电子交易的文件是不可被修改的，如上例所举的订购黄金。供货方在收到订单后，发现金价大幅上涨了，如果其能改动文件内容，将订购数 1 吨改为 1 克，则可大幅受益，而订货方可能就会因此而蒙受损失。因此，电子交易的文件要能做到不可被修改，以保障交易的严肃和公正。

人们在感叹电子商务的巨大潜力的同时，不得不冷静地思考：在人与人互不见面的互联网上进行交易时，怎么才能保证交易的公正性和安全性，保证交易双方身份的真实性。国际上已经有比较成熟的安全解决方案，那就是建立安全证书体系结构。数字安全证书提供了一种在网上验证身份的方式。安全证书体制主要采用了公开密钥体制，其他还包括对称密钥加密、数字签名、数字信封等技术。

7.4.3 数字证书的生成

数字证书在一个身份和该身份的持有者所拥有的公/私钥对之间建立了一种联系，是由认证中心或者认证中心的下级认证中心颁发的，数字证书的生成如图 7-18 所示。根证书是认证中心与用户建立信任关系的基础，用户使用数字证书之前必须先下载和安装它。

认证中心是一家能向用户签发数字证书以确认用户身份的管理机构。为了防止数字证书的伪造，认证中心的公共密钥必须是可靠的，认证中心必须公布其公共密钥或由更高级别的认证中心提供一个电子凭证来证明其公共密钥的有效性，这也就产生了多级别认证中心。

数字证书颁发过程如下：用户产生自己的密钥对，并将公共密钥及部分个人身份信息（称作 P10 请求）传送给一家认证中心，该认证中心在核实身份后将执行一些必要的步骤，以确信请求确实由用户发送而来；然后，该认证中心将发给用户一个数字证书，该证书内附有用户和他的密钥等信息，同时还附有对认证中心公共密钥加以确认的数字签名。数字证书内容如图 7-19 所示。当用户想证明其公开密钥的合法性时，就可以提供这一数字证书。

数字证书的产生：认证中心把用户证书的基本信息通过哈希算法计算，然后用认证机构的私钥对哈希值进行加密，从而形成数字证书。

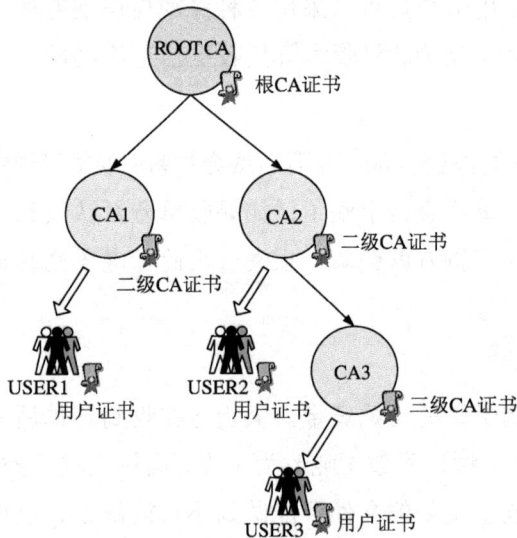

图 7-18 数字证书的生成

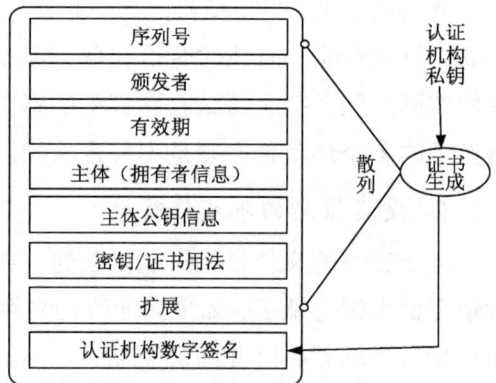

图 7-19 数字证书内容

7.4.4 数字证书的类型

1. 个人证书（客户证书）

客户证书证实客户身份和密钥所有权。

（1）个人身份证书

个人身份证书是用来表明和验证个人在网络上的身份的证书，它可以确保网上交易操作的安全性和可靠性。个人身份证书可以存储在磁盘或 IC 卡中。

（2）个人安全电子邮件证书

个人安全电子邮件证书可以确保邮件的真实性和保密性。

2．企业证书

企业证书包括企业安全邮件证书和企业身份证书，主要用于企业安全电子事务处理。具体应用如安全电子邮件传送、网上公文传送、网上签约、网上招标投标和网上办公系统等。

3．服务器证书（网站证书）

服务器证书证实服务器的身份和公钥，它主要用于网站交易服务器的身份识别，使连接到服务器的用户确信服务器的真实身份。其目的是在客户和服务器进行交易、支付时确保双方身份的真实性、安全性、可信任性等。

4．代码签名证书

代码签名证书又称代码数字证书，代表软件开发者的身份，用于对其开发的软件进行数字签名，证明软件的合法性。

5．信用卡身份证书

信用卡身份证书包括消费者、商户和支付网关，均符合 SET 协议。

实践训练

1．上网查询我国还有哪些数字证书认证中心可以进行免费的个人证书下载，通过操作，比较它们之间的差别。

2．如果系统软件发生故障，需要重新安装系统，请问应该做哪些准备工作才能保证数字证书不会丢失，系统恢复正常后又如何恢复证书？万一证书彻底丢失怎么办？说说你的想法。

3．登录数字证书认证中心网站，学习数字证书的申请、下载、使用等过程，并在 Windows 中对证书进行导入、导出、删除等操作。

练习题

一、单项选择题

1．CA 的中文含义为（　　）。

A．银行中心　　　B．认证中心　　　C．金融中心　　　D．电子中心

2. 下列不属于安全认证技术的是（　　　）。

    A. 数字签名　　　　B. 数字时间戳　　　C. 数字信封　　　D. 电子钱夹

3. 数字签名不可以解决（　　　）。

    A. 抵赖　　　　　　B. 伪造　　　　　　C. 篡改　　　　　D. 窃听

4. 用户身份认证可以采用下面哪种方法（　　　）。

    A. 年龄　　　　　　B. 姓名　　　　　　C. 信用卡　　　　D. 指纹

5. 交易中的文件是不可以被修改的，否则必然会损坏交易的严肃性和公平性，这属于电子商务安全的哪一方面？（　　　）

    A. 信息的保密性　　　　　　　　　　B. 访问控制

    C. 交易的不可否认性　　　　　　　　D. 交易内容的完整性

二、名词解释

数字证书　对称加密　明文　数字签名

三、简答题

1. 电子商务安全需求有哪些？

2. 什么是公开密钥密码体制，其基本原理是什么？

3. 简述公开密钥的加密模式。

4. 什么是数字签名？

5. 数字签名的基本原理是什么？

6. 数字证书有什么作用？

7. 数字证书分为哪些类型？

第8章 移动电子商务

【学习目标】

本章主要介绍移动电子商务相关知识，使读者理解移动电子商务的含义；了解移动电子商务的发展历程及发展趋势；掌握移动电子商务模式；能够熟练使用智能手机等移动终端运营和管理自己的移动网店。

【导入案例】

从百度、阿里巴巴和腾讯春节红包大战看未来移动支付

2016 年，作为春晚独家合作伙伴的支付宝在春晚期间扔出了 8 亿元红包，拥有 3 245 亿次红包互动，共 208 个国家和地区的用户参与福卡互动；除夕到初五，微信红包收发次数达 321 亿次，共 5.16 亿人参与活动，比 2015 年春节锐增 10 倍；截至大年初一中午 12 时，百度钱包开福袋次数达 112 亿次，共发放出价值 42 亿元的福袋。

从数据去评判谁输谁赢并没有多大的意义，因为查看数据的对象永远是投资人和广告主。对此，微信红包给出的数据是春节期间的总收发次数，而支付宝给出的是春晚期间的互动次数。红包从一开始就显现了赤裸裸的商业属性，其最终目的还是支付。经过此轮红包大战，个人网络资金账户体系显现了替代个人商业银行账户体系的能力，从某种程度上看，标志着个人网络金融时代的正式开启。中国人民银行《2019 年第二季度支付体系运行总体情况》显示，银行业金融机构共处理电子支付业务 536.71 亿笔，金额 5 972 100 亿元。其中，网上支付业务 187.38 亿笔，同比增长 35.09%；移动支付业务 237.34 亿笔，总金额为 794 600 亿元，同比分别增长 59.03% 和 26.37%；电话支付业务 0.48 亿笔，总金额为 26 000 亿元，同比分别增长 16.67% 和 29.90%。

目前，移动电子商务应用已经从过去的移动公交、移动交费等单纯个人消费领域，发展出银行、农业、商超、税务、电力等多种行业应用，呈现出广泛渗透、规模扩张之势，其社会影响越来越大。随着一些核心关键技术环节的突破以及政策环境的不断优化，无论是对于电信运营商来说，还是对于银行、商务服务、交通等相关行业的主要合作伙伴来说，移动电子商务都已成为一个新兴的战略性蓝海市场。

【思考】

百度、阿里巴巴、腾讯 3 家企业红包大战的目的是什么？

8.1　移动电子商务概述

随着无线网络的完善和智能终端的普及，移动互联网已经深入人们的生活。基于移动互联网的电子商务已成为一种重要的商业运作模式。目前，人们已经意识到融合移动通信技术的电子商务未来将具有更大的潜力。

微课 扫一扫：

移动电子商务概述

课堂思考　相对于传统电子商务，你认为移动电子商务的最大优势是什么。

8.1.1　移动电子商务的含义

移动电子商务就是利用手机、掌上电脑（Personal Digital Assistant，PDA）等无线终端进行的 B2B、B2C 或 C2C 的电子商务。它将互联网、移动通信技术、短距离通信技术及其他信息处理技术完美地结合，使人们可以在任何时间、任何地点进行各种商贸活动，实现随时随地的线上线下的购物交易、在线电子支付以及各种交易活动、商务活动、金融活动和相关的综合服务活动等。

移动电子商务是电子商务一个新的分支，但是从应用角度来看，它的发展是对有线电子商务的整合与发展，是电子商务发展的新形态。移动电子商务将传统电子商务与已经发展起来但比较分散的电子商务整合起来，将各种业务流程从有线向无线转移和完善，是一种新的突破。

8.1.2　移动电子商务的主要特点

移动电子商务是一种与传统电子商务有很大差异的新的交易方式，其主要特点是方便、简单、灵活。用户可以通过移动电子商务随时随地进行网络购物，企业也可以借此打造出一条全新的销售与促销渠道。移动电子商务全面支持移动互联网业务，用户可以通过移动支付为自己买单。移动电子商务可以为用户提供个性化服务和定制服务，用户有很大的空间去选择自己所喜爱的产品和服务。通过移动电子商务，用户可以随时随地获取所需的服务、应用、信息和娱乐；通过随身携带的移动终端，用户可以进行各种商务活动，无论何时何地，商务交易可以随时完成，物流信息可以随时查询更新，费用支付也可以选择网银支付、话费支付、第三方平台支付等多种方式。移动电子商务的一个重要特征就是可以通过个人移动终端随时随地进行商务交易，其主要特点可以从以下几个方面来描述。

1. 移动电子商务更具有便利性

随着 4G 网络的大范围覆盖、5G 网络的推广、智能移动终端快速持续地更新换代，移动电子商务的优势越来越明显，用户只需要利用手中的移动终端就能完成一切商务交易。移动终端不仅是一个通信工具，还是一个移动支付工具，用户所需的信息资料可以通过移动终端进行搜索和获取，还可以利用移动终端查找、选择以及购买各种产品和服务。

2. 移动电子商务不受时空限制

无线通信技术使电子商务摆脱了有线网络的束缚，用户可以随时随地进行商务活动，特别是对于企业工作者而言，解决了他们随时携带庞大数量的资料出入的麻烦。通过移动终端、无线网络以及企业内部资源系统的整合，企业员工通过移动终端就能进行移动办公活动。

3. 移动电子商务较传统电子商务更具安全性

手机 SIM 卡具备身份的特殊性，其中存储的信息可以用来确认手机用户身份的唯一性，这是认证安全的基础。移动终端本身具有的密码锁认证功能也增加了安全性能，用户在支付时也会通过短信认证来确保交易的安全性。

4. 移动电子商务能够提供个性化服务

企业为客户建立数据库，存储客户相关的信息资料，通过数据挖掘分析获得企业所需的结果，并以此为参考依据，为客户提供相应的产品和服务。客户可以根据自身的需要来定制相关的产品和服务。此外，移动电子商务还具备潜在用户规模巨大、易于推广、迅速灵活和开放包容等特点。

8.1.3 移动电子商务发展现状

随着智能终端和移动互联网的快速发展，移动端购物的便利性越来越突出。在主流电商平台的推动下，用户对通过移动端购物的接受程度大大提高，用户移动购物习惯已经养成。在支付方面，移动支付是移动电子商务实现闭环的重要一步，移动支付的普及和完善极大地促进了移动电子商务的快速发展。

1. 手机网民及移动支付规模不断扩大

截至 2020 年 3 月，我国网络支付用户规模达 7.68 亿，较 2018 年年底增加 1.68 亿，占网民整体的 85.0%。手机网络支付用户规模达 7.65 亿，较 2018 年年底增加 1.82 亿，占手机网民整体的 85.3%。

2. 移动电子商务的应用不断创新

移动电子商务在当今社会已经被越来越多的人熟知并使用。5G 的发展，运营商手机上网包月套餐的推出，手机终端功能的提高以及相关政府部门的高度重视促进了这一产业的高速发展。移动电子商务的业务范围也逐渐扩大，涵盖了金融、信息、娱乐、旅游和个人信息管理等领域，其主要应用领域包括网上银行业务、网上订票、网络购物、娱乐服务、网络比价、信息推送与分享等。

而移动终端的普及与上网应用的创新更是移动电子商务新一轮增长的重要因素。随着智能手机市场份额的逐步提高以及智能手机性能的不断增强，移动上网应用出现创新热潮，同时手机价格不断走低，降低了移动智能终端的使用门槛，从而促成了普通手机用户向手机上网用户的转化。目前，用户已经基本养成通过移动智能终端上网的习惯，为移动电子商务的进一步发展奠定了良好的基础。

3．第三方移动支付占据主流

益普索《2019 第三季度第三方移动支付用户研究报告》显示，2019 年第三季度中国第三方移动支付市场交易额达 1 993 900 万亿元。财付通和支付宝竞争格局依旧，整体上财付通略显领先优势，财付通和支付宝各自的渗透率分别为 92.4%和 72.1%。

4．老用户移动购物频率更高

在使用过移动购物（服务）应用的用户中，超过半数已使用移动购物（服务）应用 3 年或更久，且使用频率多为每月或每季度一次。随着使用年数的增加，使用频率会相应增加，在使用 3 年或更久的用户中，平均每周使用移动购物（服务）应用一次以上的比例达 22.2%。

8.2　移动电子商务模式

8.2.1　通信模式

移动通信是移动终端用户的基本需求，也是移动电子商务中最早出现的最普遍的服务。无线网络运营商为用户提供移动通信服务，用户缴纳使用费，从而形成了无线网络运营商通过语音或短信服务获取利润的商务模式。

课堂思考 结合个人体会，讨论生活中的移动电子商务模式有哪些？

在这种商务模式中，主要的参与者就是无线网络运营商和用户，主要的服务是语音和短信服务，主要的利润来源是用户缴纳的使用费。

移动通信服务商之间的竞争促进了移动通信服务费用的下降，也进一步扩大了移动通信服务市场，使持有移动终端设备的用户越来越多。中国拥有全球最大的固定和移动互联网用户群，中国移动和中国联通官方公布的数据显示，截至 2019 年前 3 个季度，三大运营商移动用户总数达 15.98 亿户，可以说中国市场是一个相当具有潜力的移动通信市场。

8.2.2　信息内容服务模式

移动电子商务中另一种比较常见的服务是信息内容服务，包括各种实时信息服务（如新闻、天气、股票信息等），各种基于位置的信息服务（如移动用户附近酒店信息、娱乐场所信息等）以及各种紧急信息服务。

在这种商务模式中，主要的参与者是信息内容服务提供商、无线网络运营商和用户，主要的服务是信息内容服务，主要的利润来源是用户缴纳的服务预订费。信息内容服务提供商通过无线网络运营商向移动用户提供各种信息内容服务，用户通过缴纳一定的服务费获得这些服务，无线网络运营商通过传输信息而获得通信费。另外，根据与信息内容服务提供商签订的协议，无线网络运营商还会以佣金的形式获得信息内容服务提供商的利润分成。

用户缴纳服务费的方式可以按时间计费或按流量计费。按时间计费可以是按年、月或周，但一般都是以月为单位；按流量计费可以根据获得服务的次数或获得服务内容的多少来收取费用。

无线网络运营商收取通信服务费也有两种方式：信息流量费和佣金。无线网络运营商通过与信息内容服务提供商协调确定收费模式。它可以按照信息流量收取通信费用，也可以根据与信息内容服务提供商达成的协议，对所有服务费收取一定比例的佣金。

在这个模式中，移动用户是服务的享受者，也是利润的来源；无线网络运营商提供了服务实现的途径，获取信息服务费和佣金；信息内容服务提供商提供各种服务信息，也是利润的主要获得者，它获得的利润占到总利润的 80%～90%，可以说是最大的赢家。

8.2.3　广告模式

1. 移动广告模式的运作形式

广告仍然是内容提供商赚取高额利润的有效途径。由于移动设备的屏幕小，与有线网相比广告的目的性就需要更强。例如，用户在寻找饭店的时候，与其仅将查询内容相关性最好的广告发给他，不如将其所在地附近饭店的优惠券也同时发给他。当然，很多服务的提供过程是需要收集用户的偏好信息，如根据用户的偏好，把与用户所在地或其他属性（时间、所在地的天气等）相关的敏感广告发给用户。那么，在多种信息的同时引导下，用户就更容易接受所推销的产品。这种商务模式涉及广告客户、内容提供商、无线网络运营商和用户，当然其中还涉及一些中间商，如无线广告代理商、内容集成商、移动门户网站和无线网络接入商等。

表面上看来，广告模式中广告客户支付给内容服务提供商一定的费用，内容服务提供商再与无线网络运营商进行利润分配，而实际上，移动用户才是利润的主要来源。移动用户通过购买产品或服务，将利润过渡给广告客户，而广告客户只是将其获得利润的一部分以广告费的形式付给内容服务提供商。内容服务提供商将推销信息添加到接收移动用户的内容和服务中，从而获得广告费。而无线网络运营商通过为内容服务提供商提供无线传输服务，获得通信费或利润分成。

2. 移动广告模式中广告费用的支付形式

（1）固定收费

通过协议等方式，内容服务提供商在一定时间（一般以年、月为单位）内登载广告客户的广告，而广告客户向内容提供商缴纳一定金额费用作为广告费。这种收费方式是最简单也最容易被采纳的方式。

（2）基于访问次数收费

跟有线网一样，根据广告客户的信息被显示出来的次数收费，一般以千万次或百万次为计费单位。不同的是，当广告客户的广告被显示的次数相同时，与用有线网做广告相比，广告客户愿意支付的费用要多得多。这是因为移动终端设备显示屏很小，广告信息更容易引起移动用户的注意，所以广告的成功率也就越高，广告客户由此获得的收益也就更大。

（3）基于效果收费

有线网也有类似的收费模式，广告客户通常要求所支付的费用能够反映其实际收益。它通常是根据用户做出特定行动次数计费，如根据用户单击广告的次数计费等；也可能是按照订购某种服务次数计费，或按实际销售额计算佣金等。由于这种方式能够反映广告客户的实际效益，因而广告客户更容易接受。

3. 移动广告模式中广告的传递方式

广告的传递方式可以分为推动式和拉动式两种。

（1）推动式

这种方式是把广告作为促销信息或提示信息发送给用户。这种方式涉及用户隐私、消费者权益、消费者容忍度等问题，所以在采用这种方式之前应该首先征得用户的同意。而且，即使在用户同意的前提下发送广告，也要慎重考虑，避免引起侵害用户权益方面的纠纷。

（2）拉动式

这种方式是把广告信息随同用户所检索的内容传输给用户。此时，广告传递是发生在用户查询相关信息情况下的，所传递的广告和用户所需要的信息具有很高的相关性，一般可以看作所查询信息的补充。例如，当用户查询所在地附近的电影院信息时，将相关广告随同其所要的信息发送给他们，而不是在用户没有提出任何需求时就发送给他们。

尽管移动广告受到广告内容少、费用高等方面因素的制约，但无线广告的效果也使广告客户对移动广告领域更加看重。随着第五代网络技术的不断发展和成熟，广告费用有降低的可能性，广告内容的类型也更加丰富，无线广告继续会成为内容服务提供商竞相争夺的市场。

8.2.4　销售模式

自互联网诞生以来，人们就将其视为销售渠道之一，通过建立网上商店等形式降低销售成本。同样，无线网络也具有类似的功能，并已经开始成为产品和服务的另一种销售渠道。同时，无线网络技术和终端设备的特性决定了这种销售模式具有不同于有线网销售方式的特征。

1. 移动销售模式的运作形式

在这种商务模式中，主要的参与者有内容和应用服务提供商（产品和服务提供商）、门户/接入服务提供商、无线网络运营商等支持性服务提供商（第三方）和移动用户。

在此，移动用户是利润来源；产品与服务提供商通过向移动用户销售产品获得利润；门户/接入服务提供商通过向产品与服务提供商提供无线网络接入服务获得信息服务费；无线网络运营商通过向门户/接入服务提供商提供信息服务获得服务费，有时还会获得移动用户支付的通信费；而其他第三方（信用卡公司、银行等）则是通过向产品与服务提供商提供服务支持（付费支持）来获得佣金的。

产品与服务提供商要向门户/接入服务提供商缴纳信息服务费，这种费用可以根据信息流量或时间长度缴纳，根据访问次数缴纳或按月、年缴纳等。而门户/接入服务提供商与无线网络运营商之间则大多根据带宽的大小按月或年付费，当然也有根据提供信息的数量付费。有时移动用户还要向无线网络运营商提供通信费。其他第三方获得佣金的方式则可以是根据交易次数收取（如每次收取一定额度的交易费），也可以是根据交易金额收取。

2. 无线网络销售模式与有线网络销售模式的对比

无线网络销售模式除了与有线网络销售模式一样，具有降低成本、减少中间层的作用，还具有自己的特有优势。

（1）方便性

移动用户由于能够在任何时候、任何地方接入无线网络，因此能够享受更加便利的服务，随时随地可以参与各种竞拍活动，以及通过移动网络购买产品等。

（2）个性化

由于终端设备能够反映个性信息，利用无线网络销售产品和提供服务更具针对性，更能够满足移动用户的个性化需求。而移动终端设备通常与移动用户形影不离，也就促使移动销售成为最理想的激发人们购买欲的手段。

（3）灵敏性

由于移动设备的位置敏感性，移动用户能够获得与位置相关的产品和服务。例如，在移动用户出差的时候，他可获得所在地附近的旅店信息；当移动用户在傍晚寻找休闲娱乐场所时，他可获得附近电影院等娱乐场所的相关信息。

除了以上相对优势，无线网络销售模式也有其自身的局限性。并不是所有产品和服务都适合移动销售模式，尤其对于那些非急需的，在购买之前需要搜寻大量信息才能进行决策的产品和服务。比较常见的适合移动销售模式的产品和服务有预订电影票、车票与鲜花等。

随着移动销售的发展，各种形式的移动销售代理逐渐出现。他们的出现会促使更多移动销售模式的出现，使更多类型的产品可以通过移动销售模式进行销售。不仅如此，有些门户网站在销售产品的基础上已经开始为用户提供产品比价服务。产品和服务类型的增加以及安全性等方面的进一步改善都将大大促进移动销售的发展。

8.2.5　移动工作者支持服务模式

在企业移动支持中，最重要的一项就是为移动工作者提供支持服务系统，这个系统的建立能够大大提高移动工作者的工作效率。在这种模式中，参与者包括内容服务提供商、无线网络运营商和移动工作者。无线网络运营商通过向企业的移动工作者提供移动支持服务获得服务费用，移动工作者则是移动服务支持的对象，而企业则充当类似于内容服务提供商的角色。但不同的是，这里的内容服务提供商并不会直接从移动工作者那里获得产品和服务费用，而是借助于移动工作者工作效率的提高来提高客户满意度和忠诚度，进而提高经营效率的方式获得回报的。

当然，由于移动技术的限制，移动工作者获得的信息是有限的，所以应该给他们提供最有效、相关性最好的信息。这就要求在提供这种服务之前，企业必须对提供的内容进行精炼和整合。

目前，移动电子商务在我国正处于蓬勃发展的新时期，移动电子商务的参与者应该紧紧抓住这个契机，不断拓展业务范围、丰富服务内容，以获得更大的发展空间。

8.3　移动网店

8.3.1　移动网店概述

随着互联网和智能手机的普及，传统网店商家和网络消费者的行为模式已经大幅转移到移动端。2019 年，"双十一"阿里巴巴平台成交额中 90%来自移动端。因此，移动端网购逐渐成为电商新趋势，做好移动网店也成为所有电商企业发展的必经之路。

课堂思考　我们在网络上经常看到的移动网店形式有哪些？

1. **移动网店定义**

"网店"即网络店铺。移动网店，即随时随地可以购物的网络店铺，它是区别于固定 PC 端，通过无线终端，借助于平板电脑、智能手机终端等形式开展的购物活动。除传统的阿里巴巴、淘宝、京东等在移动端经营，微店也是移动网店的典型代表。微店是帮助商家在手机开店的软件，它是移动端的新型产物，任何人通过手机号码即可开通自己的店铺，并通过一键分享来宣传自己的店铺并促成成交。相对于传统的淘宝网平台，微店基于社交购物，店铺设置较简单。微店的诞生降低了网上开店的门槛，简化了网上开店的复杂手续，是比较适合大学生、白领和上班族的兼职创业平台。

通过微店，商家可以轻松地对商品进行管理，并能一键分享至微信好友、微信朋友圈、新浪微博、QQ 空间；可以使用微信收款；可以对订单进行管理。微店具有新订单自动推送、免费短信通知、扫描条形码输入快递单号等功能；支持销售管理，支持查看 30 天的销售数据，包括每日订单量统计、每日成交额统计、每日访客量统计；并能对客户进行管理，还能管理收入；可设置私密优惠活动来吸引客户，同时其促销和推广形式多样。

2．典型移动网店平台

微店是移动网店的典型代表。下面介绍市场上主流的几个移动网店平台。

（1）微店

微店面向各类批发、零售型商家以及个人商家等，其体系非常完整，货源容易获取，且具备多种营销工具，具有较大的市场规模。同时，其入驻无门槛，开店简单，开店仅需缴纳 1 000 元保证金，但不推广、不产生费用。

（2）有赞

有赞即原来的口袋通，旨在为商家提供微商城和完整的新零售解决方案，是一家商家服务公司，从 2012 年开始一直专注于微商城这个产品。目前其提供有赞微商城、有赞零售、有赞美业、有赞小程序、有赞学院等全面帮助商家经营移动社交电商和全渠道新零售的 SaaS 软件产品及人才服务，并提供面向开发者的"有赞云"PaaS（平台即服务）云服务，面向品牌商的有赞推广、有赞分销以及面向客户的有赞精选、有赞微小店等服务。

（3）云集微店

云集微店是一款在手机端开店的 App，为店主提供美妆、母婴、健康食品等上万种货源，并有商品文案、手把手培训、专属客服等特色服务，是个人零售服务平台。

云集微店货源涵盖欧美商品、海外单品等。其所有商品不需要打款、压货，店主卖出产品后即可得到返利；同时配备专属客服解决售前售后咨询；支持分享店铺或商品链接，可保存商品图片、文案并发到各大社交平台。

8.3.2 移动网店应用案例

微信公众号是由北京尹建莉文化传播有限公司创办的，由作者尹建莉主持的教育交流平台。微信公众号以家庭教育为主要交流内容，紧贴教育现实，传递东西方优质教育理念。在微信公众号上先后推出"好妈妈优课""父母学堂优选""戒吼活动""28 天培养孩子自己做作业"等精品课程，受到家长们的热切欢迎。同时，其旗下"宝宝市集"微信公众号不仅每天推送育儿心得等有见地的文章、音频，同时还推送高质量的婴幼儿、儿童产品，为家长朋友提供了更多的选择。

尹建莉父母学堂微信公众号等相关产品，以其丰满的知识品质和尹建莉老师独特的个人见地和育儿理念，在互联网育儿领域独树一帜。该微信公众号在推出一个课程时，会推送一段尹建莉本人的 60 秒语音，分享其育儿感悟，同时根据家长反馈的集中问题推送育儿文章。该微信公众号以伴随成长的姿态，启发家长朋友对育儿的感知和思考，已成为宝爸宝妈在育儿理念的引导、图书推荐等方面使用的重要平台之一，也成为移动网店在教育领域的代表。

实践训练

了解移动网店的主要形式，对比微信营销（微信公众平台、微店）、企业微博营销、App 营销的异同并填入表 8-1，更好地理解移动电子商务和传统电子商务的差异。

表 8-1　微信营销、企业微博营销、App 营销对比表

不同	移动网店		
	微信营销	企业微博营销	App 营销
依托平台			
经营商品			
搜索方式			
用户下单方式			
支付形式			
物流配送			
网店页面美观程度			
网店易用性			
用户体验反馈			
相同			

练习题

一、单项选择题

1. 移动电子商务从本质上属于（　　　）。

　　A. 电子商务　　　　B. 通信技术　　　　C. 网络技术　　　　D. 无线通信

2. 下列哪项不是移动办公终端设备（　　　）。

　　A. 手机　　　　　　　B. 笔记本电脑　　　C. PDA　　　　D. PSP

3. 移动互联网营销的目标是（　　　）。

　　A. 增大品牌知名度　　　　　　　　　B. 收集客户资料

　　C. 增加客户参加活动或到店的机会　　D. 改进客户信任度和增加企业收入

4. 下面哪项不是常见的移动终端（　　　）。

　　A. 智能手机　　　B. 车载电脑　　　C. POS 机　　　D. 对讲机

5. 小杰在"拼多多"上买了 5kg 芒果，并立即通过手机微信支付成功。这种支付方法属于（　　　）。

　　A. 货到付款　　　B. 移动支付　　　C. 电子支票　　　D. 汇款

二、名词解释

移动电子商务　移动支付　微店

三、简答题

1. 移动电子商务的含义是什么？

2. 移动电子商务有哪些特点？

3. 我国移动电子商务的发展趋势是什么？

4. 我国微店发展中面临哪些问题？

5. 移动电子商务有哪些模式？

第9章 跨境电子商务

📁【学习目标】

　　本章主要介绍跨境电子商务的含义及种类，使读者了解主要的跨境电子商务平台的特点；掌握速卖通的特点；了解跨境电子商务支付平台，掌握主要的支付平台的特点；了解跨境电子商务物流方式，掌握主要的物流方式的特点；能通过速卖通或敦煌网进行店铺的开设并开展店铺运营与管理等相关业务。

💼【导入案例】

来赞达公司

　　来赞达（Lazada）成立于2012年3月，目前已成为东南亚最大的B2C电商平台（拥有400万日均访问量和5 500万月均独立访问量），覆盖印度尼西亚、马来西亚、菲律宾、新加坡、泰国和越南6国大约6亿消费者，也被称为东南亚版亚马逊平台。截至2018年6月底，来赞达的国际电子商务业务收入是26亿元，入驻来赞达平台的商家数超过1.5万家。来赞达的移动端销售业务占到了50%以上，包括移动端和Wap版网站等，而移动端下载量每月最高能达到30万次。

　　来赞达开放平台上主要销售13个品类的商品，包括美妆、家居、时尚、电子产品和运动装备等。其中，时尚、健康和美妆业务是其增长最快的业务。来赞达平台收费根据类目不同，收取成交费的6%～10%；在收款方式上，与亚马逊收款方式类似，来赞达平台与Payoneer已建立深度合作关系，来赞达商家可注册Payoneer账户来收取来赞达平台款项。Payoneer收取来赞达平台的费用更低，仅有2%。当然，当收款达到一定数额时，可申请调低费用；在物流及仓储上，来赞达目前没有仓储，主要使用中国邮政小包或商业快递。2018年8月14日，来赞达全面上线智能客服机器人，标志着东南亚电商正式进入人工智能服务时代。

　　2016年，阿里巴巴花费10亿美元购买了来赞达51%的股份，获得了控制权，这是当时阿里巴巴规模最大的一笔海外投资；2017年，阿里巴巴又追加了10亿美元，股权增加至83%左右。来赞达在大笔资金和各类资源的支持下，发展成为东南亚第一大电商平台。凭借阿里巴巴的资金支持和本土优势，来赞达必然会有更加出色的市场表现。

1. 来赞达取得成功的原因是什么？其前景如何？
2. 阿里巴巴为何要花巨资控股来赞达？

9.1 跨境电子商务概述

近年来，随着国际贸易环境的恶化，中国出口贸易增速并不显著，以跨境电子商务（简称"跨境电商"）为代表的新型贸易自 2013 年以来成为中国贸易乃至整个经济发展的新的经济增长点。跨境电商现已成为一个可以带动生产、物流、服务等产业链整合与发展的重点行业，引起了从中央到地方各级人民政府的高度重视，被列入国家级和省级的未来经济产业战略规划。

9.1.1 跨境电商的含义及分类

跨境电商是指分属不同关境的交易主体，通过电子商务平台达成交易、进行支付结算，并通过跨境物流送达商品、完成交易的一种国际商业活动，图 9-1 所示为跨境电商结构图。

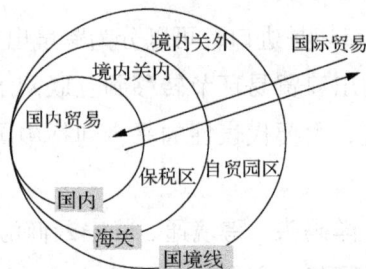

图 9-1 跨境电商结构图

1. 跨境电商的含义

① 从狭义上看，跨境电商实际上基本等同于跨境零售。跨境零售指分属不同关境的交易主体，借助计算机网络达成交易、进行支付结算，并采用快件、小包等方式，通过跨境物流将商品送达消费者手中的交易过程。跨境电商在国际上流行的说法叫"Cross-border E-commerce"，即跨境零售。从严格意义上说，随着跨境电商的发展，跨境零售消费者中也会含有一部分小额买卖的企业类商家用户，这部分针对小企业的销售也归属于跨境零售部分。

② 从广义上看，跨境电商是指分属不同关境的交易主体，通过电子商务的手段将传统进出口贸易中的展示、洽谈和成交环节电子化，并通过跨境物流送达商品、完成交易的一种国际商业活动。从更广的层面看，跨境电商指电子商务在进出口贸易中的应用，

143

是传统国际贸易商务流程的电子化、数字化和网络化。它涉及许多方面的活动，包括货物的电子贸易、在线数据传递、电子资金划拨、电子货运单证等内容。从某种意义上说，在国际贸易中，只要涉及电子商务应用的环节都可纳入这个范畴。

2. 跨境电商的分类

（1）从经营模式的角度分类

跨境电商可以分为平台式和自营式。平台式跨境电商指企业本身并不经营产品的进货、仓储、销售等环节，不通过赚取产品的差价实现利润，而是为产品上、下游提供电子化的基于互联网的信息交易平台，只通过赚取服务费或者佣金的方式来实现利润，如速卖通、敦煌网等。自营式跨境电商指自己海外采购后销售给消费者或者下游分销商，通过赚取产品差价的方式来实现利润。我们通常探讨的是平台式跨境电商企业。主要跨境电商类型、收入来源及产品分类如表 9-1 所示。

表 9-1　主要跨境电商类型、收入来源及产品分类

主要跨境电商类型	主要收入来源	产品分类
传统跨境 B2B 平台式电商	收取会员费和营销推广费	综合类
跨境 B2C 零售平台式电商	交易佣金、会员费、广告费等增值服务费	综合类
跨境 B2C 零售综合品类自营式电商	产品销售收入	综合类
跨境 B2C 零售垂直类自营式电商	产品销售收入	专注于某一类产品

（2）从出口还是进口的角度分类

跨境电商平台按交易是出口还是进口，可以分为跨境出口电商和跨境进口电商两类。

跨境出口电商是将原先的出口贸易环节转移到互联网上来实现，其中资金流和信息流则由传统的线下转移到线上，主要代表性的平台包括中国制造网、全球速卖通、敦煌网、Wish 等。

跨境进口电商平台主要有洋码头、跨境通、苏宁云商海外购、考拉海购、丰趣海淘、聚美海外购、网易考拉、天猫国际、京东海外购等。

课堂思考　选择典型的跨境电商进口或跨境电商出口平台，分析其差异，小组讨论发言。

9.1.2　跨境电商发展现状及趋势

1. 跨境电商发展现状

（1）市场机会

艾媒咨询数据显示，2018 年，中国跨境电商交易规模达 91 000 亿元，用户规模超 1 亿。据海关统计，2019 年，我国跨境电商零售进出口总额达 1 862.1 亿元，同比增长 38.3%。随着"一带一路"倡议的实施，2018 年，我国与俄罗斯、阿根廷等 9 个国家新建电子商务合作机制；与柬埔寨、科威特、奥地利等国跨境电商交易额同比增速均超过 100%。

同时，跨境电商占整体电商的比例已升至 13%，跨境电商是大势所趋。

跨境电子商务作为推动经济一体化、贸易全球化的基础，具有非常重要的战略意义。跨境电子商务不仅冲破了国家间的障碍，使国际贸易走向无国界贸易，同时它也正在引起世界经济贸易的巨大变革。对企业来说，跨境电子商务构建的开放、多维、立体的多边经贸合作模式极大地拓宽了其进入国际市场的路径，大大促进了多边资源的优化配置与企业间的互利共赢；对消费者来说，跨境电子商务使他们可以非常容易地获取其他国家的商品信息并购买到物美价廉的商品。

（2）存在的问题

① 法律法规尚需完善。随着跨境电商行业的快速发展，假货、维权困难、捆绑搭售等乱象不断滋生。虽然《中华人民共和国电子商务法》（以下简称《电商法》）及系列跨境电商新政的出台对商品安全、税收、物流、售后等方面做出了明确规定，有利于改变原有跨境电商平台良莠不齐、行业野蛮生长的状况，使企业有章可循、规范发展，推动市场有序竞争，但随着"一带一路"倡议的实施及跨境电商的纵深发展，我国需要出台更细化的跨境电子商务法律法规来规范相关操作。

② 跨境电商流程中的关键节点需提速。跨境电商流程需要采购供应、物流配送、电子支付、售后服务等环节的衔接配合，任何环节出问题都可能影响跨境电商的发展。物流是跨境电商发展的核心链条，同时也是目前制约跨境电商发展的主要瓶颈。

③ 跨境支付面临着制度困境和技术风险。目前缺乏统一的法律法规、制度对跨境支付加以规范，跨境支付信用安全风险、跨境消费者和商户身份认证技术风险高，跨境交易资金流向监管难。同时，由于跨境支付平台交易清算时间为 7～10 天，因而由交易主体办理对外收付款申报的规定较难实施。电子商务的虚拟性直接导致外汇监管部门对跨境电子商务交易的真实性、跨境支付资金的合法性难以审核，这些都是支付环节要在相关技术上解决的操作上的瓶颈。

④ 售后服务让消费者望而却步。对于境外的消费者而言，境外采购商品的售后服务面临着一系列的麻烦。由于涉及跨境通关和物流，换货后的商品很难有顺畅的通道返回境内；物流费等相关费用要消费者承担，甚至出现退货费用严重超出货品价值的现象。同时，跨境购的商品质量维权、货品丢失处理、技术售后服务等都需要耗费巨大的时间成本，这些都会影响消费者跨境购的意愿。

2. 跨境电商发展趋势

（1）跨境电商仍处于红利期

艾媒咨询报道，2018 年以来，跨境电商行业迎来政策性利好，《电商法》及系列跨境电商新政的出台将规范跨境电商行业的发展。此外，提高个人跨境电商消费限额，新增跨境电商综合试验区，均为跨境电商行业的进一步发展营造了良好的政策环境。同时，中国消费者购买力不断提高，跨境电商市场内需庞大，为跨境电商企业带来了更多发展机遇。

（2）平台开启全渠道模式

网易考拉、天猫国际等跨境电商平台纷纷开设线下体验店，将渠道从线上发展到线下，开启"线上+线下"全渠道模式。艾媒咨询分析师认为，这种模式能够将线上商品信息与线下用户体验相结合，拉近与用户之间的距离，提高用户互动频率，促进用户购买并提高品牌知名度。

（3）上下游供应链逐渐完善

2018年以来，多个跨境电商企业加强与境外品牌的合作，加强对其上游供应链的整合与管理。与此同时，跨境电商企业不断强化物流仓储等配套服务，降低物流运输成本与仓储成本。跨境电商企业之间的竞争逐渐由原来的销售竞争向供应链竞争转变。

（4）商品品质成关注重点

中国海淘用户愈发重视商品品质，正品保障度成为跨境电商企业赢得客户和持续发展的关键。目前，各大跨境电商企业均采取相应措施进行正品把控，尤其是溯源体系的建设与完善，加强对商品质量的把控，提高用户信任度。

（5）人工智能和大数据助力跨境电商的发展

跨境电商企业不断加强在人工智能和大数据方面的研发和应用，智能机器人分拣中心、自动化智能物流仓库、人工智能客服、基于大数据的精准消费者洞察等先进技术将会降低企业的人工服务成本，持续助力跨境电商行业的发展。

9.2 主流跨境电商企业

2014年，电商领域的热门词汇就是"跨境电商"，蜜芽宝贝、贝贝网、洋码头等一批网站迅速崛起。此外，阿里巴巴、亚马逊，还有淘宝上的海外代购店也在不断发展，跨境电商已成规模。下面就以平台式典型企业速卖通等为例进行介绍。

1. 速卖通

速卖通（AliExpress）是阿里巴巴为帮助中小型企业接触终端批发零售商，实现小批量多批次快速销售，拓展利润空间而全力打造的融订单、支付、物流于一体的外贸在线交易平台，其定位独特，惠及广大出口零售商，是出口跨境电商领域平台类的杰出代表。速卖通有以下特点。

（1）精准定位

速卖通上的商家可以把商品信息编辑成在线信息，通过速卖通发布到境外，通过相应的发货流程、国际快递将商品运输到消费者手上，完成交易。速卖通消费者一般为零售商、网店经营者及个人消费者；商家一般是经营小单的外贸商家、内贸工厂、内转外商家、淘宝客户和零售转批发商户。

（2）打通国际物流和支持跨境支付

速卖通在物流方式上打通了跨境物流，基本有 3 类物流服务，分别是邮政大小包、速卖通合作物流以及商业快递，其中 90% 的交易使用的是邮政大小包，物流上主要以邮政或快递报关为主。速卖通 3 类物流服务如表 9-2 所示。

表 9-2　速卖通 3 类物流服务

物流方式	特点
邮政大小包	便宜，但邮政大小包速度相对较慢，且存在一定的丢包率
速卖通合作物流	经济实惠、性价比高、适应国际在线零售教育，由速卖通与各地邮政合作推出
商业快递	速度快，服务好，专业、高效，但相对普通快递价格较高。适用于高附加值产品，消费者要求较高的产品或服务

在跨境支付方面，速卖通平台支持消费者使用 Visa、MasterCard 等信用卡或第三方支付平台支付，支付方式上可以通畅实现跨境支付。消费者付款方式主要有信用卡、电汇（Telegraphic Transfer，T/T）、贝宝支付、Skrill 及涵盖国际贸易主流的支付方式，支付的货币以美元为主，但也存在一定的限制条件，如汇率以消费者付款当日的平均汇率进行结算，T/T、贝宝支付、Skrill 直接支付美元到商家账号。

（3）减少渠道层级，惠及零售商

速卖通的核心优势是在全球贸易新形势下，小批量、多批次的采购。更多的终端批发零售商直接上网采购，外贸公司直接向终端批发零售商供货，实现更短的流通、零售渠道，直接在线零售、支付、收款，拓展了小批量、多批次产品的利润空间，为批发零售商创造了更多收益。速卖通渠道层次如图 9-2 所示。

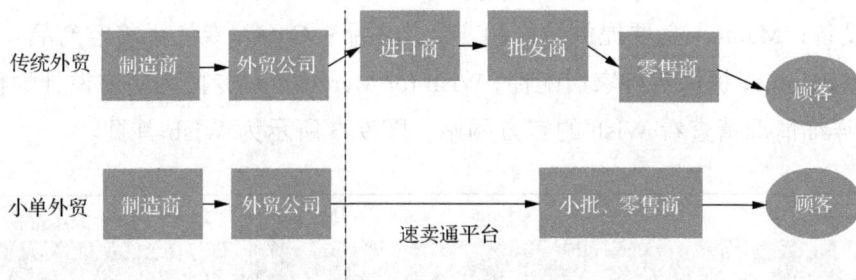

图 9-2　速卖通渠道层次

2．eBay

eBay 是一个线上个人拍卖及购物网站。1995 年，它创立于加利福尼亚州圣荷西，它的前身是 Auction Web，1999 年开始全球业务，第一个海外站点是德国站，目前其业务覆盖全球 190 个国家和地区，日均成交量超过数百万，2019 年 5 月在全球网站 Alexa 的排名达到 24 名。2002 年，eBay 与贝宝支付合并，2014 年 eBay 与贝宝支付拆分。人们可以在 eBay 上通过网络出售商品。

微课 扫一扫：

跨境电子商企业
eBay

eBay 分为常规商品出售和二手货交易，通常采用一口价和拍卖两种交易方式。eBay 重视店铺及商品，重视客户体验。与速卖通相比，eBay 对产品质量要求较高，同样要求价格具有优势。其盈利模式是向每笔拍卖收取刊登费（费用从 0.25 美元至 800 美元不等），向每笔已成交的拍卖再收取一笔成交费（成交价的 7%至 13%不等）。与贝宝支付合并后，eBay 的支付方式默认为贝宝支付，商户在注册开店时必须绑定有效的贝宝支付账户。

eBay 默认的搜索物品排序标准，可以帮助消费者找到真正需要的商品。对商家来说，这意味着其可将物品展示在消费者面前，而向消费者提供优质的商品和服务是决定商家在"最佳匹配"中排名的关键，系统会根据"最近销售记录""即将结束时间""商家评级（DSR）""消费者满意度""物品标题相关度""物品价格和运费"等因素考虑最佳匹配排名。

eBay 拥有商家服务系统，让商家能够借助工具减少操作时间，提高工作效率。同时，eBay 拥有亚太物流平台，可以自动同步销售数据，提供包裹追踪信息查询服务。eBay 详细情况请查看官方网站。

3. Wish

Wish 是 2011 年成立的一家高科技独角兽公司，有 90%的商家来自中国，也是北美和欧洲最大的移动电商平台。Wish 运用数据策略、技术手段来寻找、匹配、推送商品，并快速为每个客户提供最相关的商品，通过对客户行为的跟踪了解客户，增加客户黏度，让客户在移动端便捷购物的同时享受购物的乐趣，被评为硅谷最佳创新平台和欧美最受欢迎的购物类 App。

Wish 旗下共拥有 6 个垂直的购物 App：Wish，提供多种类别的商品；Geek，主要提供高科技设备；Mama，主要提供孕妇和婴幼儿用品；Cute，专注于美容商品、化妆品、配饰和衣服；Home，提供各种家居配件；Wish for Merchants，专门为商家设计的移动 App。

Wish 详细情况请查看 Wish 的官方网站。图 9-3 所示为 Wish 首页。

图 9-3　Wish 首页

9.3　跨境电商支付

目前，在跨境电子商务领域，银行转账、信用卡支付、第三方支付等多种支付方式并存。其中，跨境电子商务 B2B 目前主要以传统线下模式完成交易，支付方式主要是信用卡支付、银行转账（如西联汇款）。跨境电子商务 B2C 主要使用线上支付方式完成交易，第三方支付工具得到了广泛应用，境内主要支付企业有支付宝、合利宝、银联在线支付、财付通、钱袋宝等，境外主要支付企业有贝宝支付、MasterCard 支付、Visa 支付、Skrill 支付等。下面就以贝宝支付（PayPal）为例做简单介绍。

贝宝支付是美国 eBay 公司的全资子公司，它致力于让个人或企业通过电子邮件安全、简单、便捷地实现在线付款和收款。贝宝支付账户所集成的高级管理功能，使用户能轻松地掌握每一笔交易详情。贝宝支付作为跨境支付的新兴力量，现在已经是全球市值最大的支付公司。PayPal 的营收和利润稳步提高，跨境支付交易量占总交易量的 22%，近一半的收入来自海外市场，英国是美国本土外的第二大市场。

PayPal 在欧美普及率极高，是全球在线支付的代名词。PayPal 独有的即时支付、即时到账的特点，让用户能够实时收到境外客户发送的款项，同时最短仅需 3 天即可将账户内款项转账至用户境内的银行账户，及时高效地帮助用户开拓境外市场。PayPal 使用成本低，无注册费用，无年费，手续费仅为传统收款方式的 1/2。PayPal 快速、安全而又方便，是跨境交易支付的理想解决方案，对于消费者和商家都有诸多好处。

对于消费者来说，PayPal 首先是安全，它可以保证信息的安全，消费者可以在线付款，而不用将银行卡或银行账户的详细信息透露给他人；其次是快速，使用 PayPal 可以立即向有电子邮件地址的任何人进行付款；最后是方便，注册 PayPal 非常快捷，而且一旦成为其用户，就可以与全球范围内 56 个市场（包括美国、英国和亚洲及其他欧洲市场）的商家进行交易。数万网站支持 PayPal，可谓一个账户买遍全球。

2017 年 7 月 27 日，PayPal 与百度达成战略合作。根据协议，中国消费者可以在中国境内通过百度钱包，在 PayPal 的国际商户中进行购物和付款。通过与百度的合作，PayPal 的 1 800 万国际商户将有更多机会接触到众多的中国消费者，中国将成为 PayPal 的一个"非常重要且快速增长的市场"。

9.4　跨境电商物流方式的选择

跨境物流一直是制约整个跨境电商行业发展的关键性因素，物流服务、物流方案、物流服务商等问题是加速跨境电商发展的核心问题，下面就物流方式的选择问题进行探讨。

9.4.1 邮政物流

中国邮政速递物流股份有限公司（简称"中国邮政速递物流"）是经国务院批准，中国邮政集团于 2010 年 6 月联合各省邮政公司共同发起设立的国有股份制公司。目前，中国邮政速递物流公司主要有两方面的业务。国内业务涵盖国际速递、仓储、运输、物流等一体化的服务，国际业务主要包括国际特快专递业务（EMS）、中速快件业务、国际货代业务。

邮政物流的优势是邮政网络基本覆盖全球，比其他任何物流渠道都要广。邮政有国家税收补贴，价格非常便宜。邮政物流隶属万国邮联，各国邮政物流均由具有国家背景的公司来运营，不用提供商业发票即可清关，而且具有优先通关的权利，通关不过的货物可以免费运回境内。同时其收货范围较广，在快递中价格较低，速度相比于小包快很多。

邮政物流的劣势是快件一般以私人包裹方式出境，不便海关统计，无法享受正常的出口退税，同时小件（2 千克以下）与超大件（10 千克以上）运费较高，速度较慢。其相比于商业快递速度偏慢，查询网站信息滞后，一旦出现问题只能做书面查询，查询时间较长。

9.4.2 商业快递

商业快递主要是指联邦快递、UPS、DHL、TNT 这四大巨头，其中联邦快递和 UPS 总部位于美国，DHL 总部位于德国，TNT 总部位于荷兰。国际快递对信息的提供、收集与管理有很高的要求，以全球自建网络以及国际化信息系统作为支撑，以 500 克作为计费单位，以"首重+续重"方式计费，收取燃油附加费，收取偏远地区费。

商业快递的优势是速度快、服务好、丢包率低，尤其是发往欧美发达国家非常方便，其包裹清关能力较好，包裹跟踪信息详细。联邦快递、UPS 的优势航线是美洲地区，TNT、DHL 的优势航线为欧洲、中东、非洲。四大商业快递在亚太地区的服务差异不大，在快递中价格最高，派送速度最快，比如使用 UPS 从中国寄包裹到美国，最快可在 48 小时内到达，使用 TNT 从中国寄包裹到欧洲一般 3 个工作日可到达。

商业快递的劣势是价格昂贵且价格资费变化较大。包裹退回相当于重新从境外发货，需要回程费用，费用高且需清关。一般跨境电商商家只有在客户强烈要求时效性的情况下才会使用商业快递，且会向客户收取运费。

1. 联邦快递

联邦快递的优点是适宜运送 21 千克以上的大件，在中南美洲和欧洲的价格比较有竞争力，一般 2～4 个工作日可送达。其网站信息更新快，网络覆盖范围广，查询响应快。联邦快递的缺点是价格较贵，需要考虑产品体积重，对托运物品的限制也比较严格。

2. UPS

UPS 的优点是速度快、服务好，其强项在美洲线路和日本线路，特别是北美、南美和英国，适宜发快件，一般 2～4 个工作日可送达，发往美国的快件一般 48 个小时能到达。UPS 的货物可送达全球 200 多个国家和地区，可以在线发货，提供我国 109 个城市上门取货服务。其查询网站信息更新快，遇到问题解决及时。

UPS 的缺点是运费较贵，要计算产品包装后的体积重，对托运物品的限制也比较严格。

3. DHL

DHL 的优点是对发往日本、东南亚、澳大利亚的快件比较有优势，适宜走小件。其可送达的国家和地区网点比较多，一般 2～4 个工作日可送达，送达欧洲一般需要 3 个工作日，送达东南亚一般需要 2 个工作日。DHL 查询网站货物状态更新也比较及时，遇到问题解决速度快。其缺点是走小件价格较贵，不划算，对托运物品的限制也比较严格。

4. TNT

TNT 的优点是提供全球货到付款服务，速度快，通关能力强，且提供报关代理服务。TNT 提供免费、及时、准确的货物追踪查询，无偏远派送附加费；在欧洲和西亚、中东及政治、军事不稳定的国家有绝对优势；2～4 个工作日可送至全球，特别是送达西欧，仅需 3 个工作日，且可送达国家比较多。其网络覆盖范围广，查询网站信息更新快，遇到问题响应及时。TNT 的缺点是要算抛重，对所运货物的限制也比较多。

9.4.3 跨境专线物流

跨境专线物流一般通过航空包舱方式将货物运输到境外，再通过合作公司来进行目的地境内快件的派送，相对来说是一种比较受欢迎的物流方式。目前，业内使用较多的物流专线包括美国专线、欧洲专线、澳大利亚专线和俄罗斯专线等，也有不少物流公司推出了中东专线、南美专线。EMS 的"国际 e 邮宝"、中环运的"俄邮宝"和"澳邮宝"、俄速通（Ruston）的中俄专线都属于跨境专线物流推出的特定产品。

跨境专线物流的优势是集中大批量货物发往目的地，通过规模效应来降低成本，因此价格比商业快递低，通常无燃油附加费、偏远地区附加费，且查询服务较好。其速度快于邮政小包，丢包率也比较低。

跨境专线物流的劣势是网络覆盖少，主要集中在电商发达区域。其转运速度慢于四大快递，通常为 4～8 个工作日；提供取货服务的城市少，主要集中在电商发达城市，如珠三角、长三角的城市和北京；清关能力差。相比邮政小包来说，其运费成本较高。

货物跨境派送都需要向发出地及目的地海关进行货物申报，符合海关规定的货物将被放行。因此，常见的几个物流公司相比较而言，跨境专线物流派送速度由慢到快分别是：China Post（中国邮政），EMS（邮政特快专递），DHL（敦豪国际航空快件有限公司）/UPS（联合包裹）/FedEx（联邦快递）/TNT（荷兰的快递 TNT 集团）；清关速度由慢到快排序分别是：联邦快递，DHL/UPS，EMS，中国邮政。国际主要物流对比如表 9-3 所示。

表 9-3 国际主要物流对比

名称	公司名	俗称	质量限制	体积限制	时效性（天）	特点	计费	丢件率
邮政航空小包	中国邮政	航空小包	<2kg	长+宽+高<90cm；单边长度<60cm	15～25	便宜，适用性广	50g 起算，单一包裹不超过2kg	高
邮政航空大包	中国邮政	邮政大包	无	无	15～25	便宜，适用性广	1kg 起算，单一包裹质量为10～30kg	中
全球邮政特快专递	EMS	邮政大包	无	无	2～15	货通全球	0.5kg 起算，每0.5kg 为一个计费单位	低
敦豪国际快运	德国邮政	DHL	无	无	4～5	发往国际地区的大重量货物比较经济		低
联邦快递	美国联邦快递	FedEx	无	无	4～5	便宜	0.5kg 起算，每0.5kg 为一个计费单位；21kg以上有大货价	低
联合包裹服务	美国联合包裹公司	UPS	无	无	4～5	发往国际地区的大重量货物比较经济		低
TNT 快递	荷兰的快递 TNT集团	TNT	无	无	4～5	针对欧美国家，大货很便宜		低

9.4.4 海外仓

海外仓服务是指由网络外贸交易平台、物流服务商独立或共同为商家在销售目标地提供的货品仓储、分拣、包装、派送的一站式控制与管理服务。商家将货物存储到当地仓库，当消费者有需求时，物流服务商第一时间做出响应，及时进行货物的分拣、包装以及递送。海外仓服务整个流程包括头程运输、仓储管理和本地配送 3 个部分。目前，由于优点众多，海外仓已成为业内较为推崇的物流方式。例如，eBay 将海外仓作为宣传和推广的重点，联合万邑通推出 Winit 美国仓、英国仓、德国仓。出口易、递四方等物流服务商也大力建设海外仓储系统，不断上线新产品。

微课 扫一扫：

跨境电商之海外仓

海外仓的优势是用传统外贸方式走货到仓，可以降低物流成本，相当于销售发生在本土，可以提供灵活可靠的退换货方案，提高了境外客户的购买信心。其发货周期缩短，发货速度加快，可以降低跨境物流缺陷交易率。此外，海外仓可以帮助商家拓展销售品类，突破"大而重"的发展瓶颈。

不是任何商品都适合使用海外仓，最好是库存周转快的热销单品，否则容易压货。同时，海外仓对商家在供应链管理、库存管控、动销管理等方面提出了更高的要求。

9.4.5 境内快递的跨境业务

随着跨境电商的升温，境内快递也开始加快国际业务的布局，如 EMS、顺丰均在跨

境物流方面开展了相关业务。EMS 依托邮政渠道,其国际业务相对成熟,可以直达全球 60 多个国家和地区。顺丰也开通了到美国、澳大利亚、韩国、日本、新加坡、马来西亚、泰国、越南等国家和地区的快递服务,并启动了通往俄罗斯的跨境 B2C 服务。

境内快递开展的跨境业务优势在于速度较快,且费用低于四大国际快递巨头,如 EMS 在中国境内的出关能力较强。境内快递开展的跨境业务劣势在于由于并非专注跨境业务,相对缺乏经验,对市场的把控能力有待提高,覆盖的境外市场也比较有限。

从上面的分析可以看出,从事跨境电商的商家在物流方式选择上,应该根据面向的客户群所在地来进行选择,影响物流方式选择的因素主要有物流费用、运达时效、通关率、丢件率等。跨境电商企业在进行物流方式的选择时,应考虑以下几个因素。

① 从消费者的角度出发,为消费者所购买的货物做全方位考虑,包括运费、安全度、运送速度、是否有关税等。

② 尽量在满足物品安全度和运送速度的情况下,为消费者选择运费低廉的服务。

③ 即使拥有再多的经验,也无法估计所有消费者的情况,所以把选择权交给消费者更为合适,只需要在物品描述中表明所支持的运输方式,再确定一种默认的运输方式,如果消费者有别的需要自会联系商家。

④ 最好选择消费者下单时选用的运输方式,不要因为运费贵而随便更换运输方式,如果要更换运输方式,应征得消费者的同意。

9.5　跨境电商营销方式的选择

跨境电商营销系统分为两类:平台营销和商家促销。平台营销是由跨境电商平台发起的综合性营销活动,平台会为这些大型活动制订专门的境外引流计划,可以在短时间内形成流量爆发点,如全品类综合活动(春夏秋冬季营销/父亲节、母亲节/周年庆/万圣节/圣诞节/感恩节)、行业营销(3C/儿童节/奥斯卡/格莱美)等。商家营销指由商家自主发起店铺营销,商家可自由选择促销时间段、促销商品和促销形式(如折扣或者直降形式等)。本节主要以速卖通为例来探讨商家可以采用的营销形式。

9.5.1　限时限量折扣

1. 用途及特点

限时限量折扣能够增强店铺内人气,活跃气氛,调动客户购买欲望,在推出新款、推广爆款、清库存、优化排名时都可以使用这种营销方式。其特点是每月可创建 40 组活动,共 1 920 小时;创建后 12 小时生效,活动商品生效前后无法修改;可跨月设置活动,可控制供应数量;全店铺折扣和限时折扣时间均以限时折扣优先。

2. 注意事项

限时限量折扣活动时间以北京时间为准，营销需在活动开始前 12 小时创建；不能提价后再打折，这样会影响该商品的搜索排名；找准消费者心理，巧妙设置时长以及折扣率、库存量；搭配其他店铺活动一起进行，效果会更好。具体说明如下。

（1）如果商品存在多个 SKU（Stock Keeping Unit），则此商品下所有 SKU 的商品普通库存量非 0 且商品为"正在销售"状态时，商品均可以参加到活动中。

（2）目前全站活动和手机专享活动还不支持独立库存，店铺需要设置恰当的活动折扣率以避免预期外的损失。

（3）同一商品必须先设置全站折扣才能设置手机专享折扣。

（4）营销价格必须要低于 90 天均价。限时限量折扣与全店铺打折、满立减活动、优惠券活动具有相同的优先级，参加任何一个活动的商品不能同时参加其他活动。

3. 限时限量折扣使用技巧

对于开展限时限量折扣活动，要针对店铺商品的情况及店铺运营情况进行不同的设置。如果店铺推出新品或者库存比较充足的商品，店铺在取得一定利润的前提下，可以加大促销商品的折扣力度，从而积累一些销量和人气，为卖家今后打造店铺爆款储备力量。

如果店铺前期已经积累了一定的"粉丝"，并且店铺已经有了爆款商品，而爆款商品已经具备较高的销量和靠前的排名，那店铺借助"爆款商品"可以为店铺和其他商品进行引流，从而积累更多客户。在这个阶段，店铺可以为"爆款商品"设置合适的折扣力度，搭配"全店铺满立减"，借助"满立减"不仅带动爆款，还可以增加店铺其他商品的销售，为店铺成功引流。

在店铺换季清仓阶段，店铺急于降低库存压力，回笼资金，为了取得较好的效果，在使用限时限量折扣活动时，店铺可将折扣力度加大，鉴于前期"爆款"阶段已经取得了较好的收益，在必要时也可以略微亏本。

9.5.2　全店铺打折

1. 用途及特点

全店铺打折能够提高转化率，提高整体排序分值，快速提高店铺销量和信用，增加店铺曝光率。同时，它能够活跃气氛，调动客户购买欲望，在推出新款、推广爆款、清库存、优化排名时都可以使用这种营销方式。

全店铺打折每月可创建 20 次活动，共 720 小时，可以跨月设置活动；创建后 24 小时生效，生效前 12 小时可以修改商品；可以根据不同折扣力度，设置营销分组。

2. 注意事项

全店铺打折活动时间以北京时间为准，需在活动开始前 24 小时创建，活动开始和结束时间必须在同一个月内。如果想提前一个月创建活动也是可以的，如提前创建"双 11"

活动；注意使用好营销分组功能；不同的分组设置不同的折扣，方便对成本和利润的把握；注意设置时间，当活动处于"待展示"和"展示中"状态时，参与活动的商品是不能编辑的，折扣信息也不能修改；活动一旦生效，要及时通知客户；搭配其他活动效果会更好。全店铺打折活动不设置独立活动库存，全店铺打折商品售卖时扣减商品库存。

但如果"全店铺打折"和"限时限量折扣"活动时间有重复或重叠时，"限时限量折扣"有较高的优先权。如果"限时限量折扣"活动结束，但"全店铺打折"活动还在继续，参与活动的商品会继续以"全店铺打折"的折扣展示。例如，店铺内商品"鸭鸭/YAYA 新款羽绒服女短款宽松时尚韩版大毛领连帽冬季外套"在"限时限量折扣"活动中，折扣价是 7.5 折（即 25% off），而在"全店铺打折"中的折扣价是 8.5 折（即 15% off），如果以"限时限量折扣"活动为先，那么买家页面展示的是"限时限量折扣"的是 7.5 折（即 25% off）。

3. 全店铺打折使用技巧

选择合适的时机。在时间分配上，店铺要合理安排活动时间跨度，合理利用和安排活动个数及时间。活动时长尽可能短，以便于我们灵活调整、修改以及添加新商品；活动的结束时间应是流量高峰值结束后的几个小时，因为较短的剩余时间容易刺激买家下单；上完新品应及时加入相应的营销分组，如果还没到展示时间，可以借助限时限量活动来首推新品。

设置合理的活动时长。全店铺打折要设置合理的活动时长，持续时间不宜过长，一般从活动开始到结束以 7 天内较为合适。日常全店铺打折活动允许对部分分组进行折扣，因此，店铺可以经常推出全店铺打折活动，这对提高店铺流量有较好的帮助，但也要根据店铺商品及自身实际情况进行调整，如果常年不间断打折也可能会影响买家的购物体验，从某种角度可能还会降低对店铺的信任度。

注意一些细节。开展全店铺打折活动，如果设置跨月活动，本月以及下月活动都会被减少，如从 9 月 25 号至 10 月 7 号设置活动，9 月、10 月分别会减少一个活动次数；同时不可提价打折，否则会影响搜索权限；全店铺打折设置完毕后，并不是所设置折扣的商品都会进入到分组中，可能会因为等待展示时商品下架无法打折成功；全店铺打折活动的折扣上限为 50%。

9.5.3　满立减活动

1. 用途及特点

满立减活动主要用于提高客单价，提高关联商品转化率。其特点是每月可创建 10 次活动，共 720 小时，可以设置隔月活动，可以叠加使用；创建活动后 48 小时生效；可设置多梯度满立减；可以针对部分和所有商品来设置活动范围。明确、详细的满立减活动设置，可以让店铺借助满立减工具，更好地服务客户。

2. 注意事项

满立减活动时间以北京时间为准，创建的活动需在活动开始前 48 小时创建；每月可以创建 3 个活动，总时长可达 720 小时。从创建活动开始到活动开始前的 12 小时，可以对参与活动的商品进行编辑、删除；活动开始前的 12 小时是"等待展示"期，这段时间商品不能编辑，因此店铺在开展满立减活动时，要考虑全面，注意细节。

满立减活动与优惠券可以叠加使用，结合优惠券效果会更好；同时满立减活动可以与折扣活动同时进行，如折扣商品以折扣价计入满立减、店铺优惠券的订单中，产生叠加优惠，这种双重叠加优惠或多重叠加优惠可以给买家更大的冲击，买家更容易下单。例如，"鸭鸭"羽绒服推出反季销售，"全场 0.5 折起"，同时"满 400 元减 20 元，满 500元减 30 元"，这在很大程度上能刺激买家下单，当然卖家要及时给买家推送促销信息。

同时，满立减活动包括全店铺满立减和商品满立减。全店铺满立减的订单金额包括商品的价格和运费；而商品满立减的订单金额只包含商品价格，不包含运费，限时折扣商品按折扣后的价格参与，这一点店铺也应该明确。

3. 满立减活动使用技巧

开展全店铺满立减活动，要在时间节点上有所把握。例如，店铺在推新品时，如果有热销、流量高的爆款带动新品销售，开展满立减活动就会收到较好的效果；在平台开展活动时，如果某商品开展活动，推出了满立减活动，消费者为了得到满立减的优惠，会购买其他商品，从而带动店铺其他商品的销售；周末时间，通过后台观察数据，周末购物呈现一定高峰的流量，这时开展全店铺满立减活动，也能提高客单价；在店铺清库存时，运用店铺所有商品的流量来带动需要清库存的商品销售，从而达到较好的营销效果。

设置合理的活动时效。买家都会有一个疲劳期，时间设置太长，买家不着急购买；时间设置太短，会让买家感觉太仓促，有紧迫感，因此，在设置时间时，建议将满立减时间控制在 3～5 天。

设置更有吸引力的满立减梯度。参与满立减活动的目的是提高店铺整体销售额和客单价，为此就要设置更合理和有吸引力的满立减梯度，才能吸引买家参与。为此，首先可以通过热销商品价格衡量梯度。一般来说，店铺流量主要来源于热销商品，买家选择热销商品时会更多地参与满立减活动，如某品牌"假发发片"有三类，但其中标价 19.86元的商品销量最多，我们通过分析商品及买家心理去设定第一梯度价格。例如，对于"假发发片"，客户买一束一般不够，通常要买两束，我们将第一梯度价格定为 38 元而不是40 元，这样让买家感觉容易达到满减效果，才会更愿意参与满立减活动。通过店铺过去30 天的客单价来衡量梯度。在商业经营看板中，可以看到过去 30 天的客单价，结合热销商品价格信息，设定第一梯度价格，也可以通过参与平台活动商品的单价来设定第一梯度价格。

电子商务理论与实务（微课版 第3版）

对于第二梯度价格和第三梯度价格的设置，也要结合第一梯度价格及热销商品价格，来进行综合判断设定。但无论哪个梯度价格的设置，设定价格一定不要太高，否则会让客户感觉无法达到，满立减活动设置的目的也就落空了。

9.5.4 优惠券活动

1. 用途及特点

优惠券活动可以刺激客户下单，提高客单价，增加二次营销的机会。店铺可利用"店铺级优惠卡券"，用于店铺自主营销。优惠券类型分为领取型优惠券、定向发放型优惠券、金币兑换优惠券、秒抢优惠券、聚人气优惠券 5 种形式。店铺可以通过多种渠道进行推广，通过设置优惠金额和使用门槛，刺激转化提高客单价。优惠券的特点是每月可创建 5 份优惠券，生效前可取消；每个订单只能使用一张；有专页集中展示优惠券，可以查看使用数据。

2. 注意事项

领取型优惠券用于在各种渠道发放，用户获取后到店购买使用，是引流、转化、拉新的有效手段。

定向发放型优惠券是针对特定用户发放优惠券，在店铺中能查到有关交易记录，曾经加过商品到购物车的买家都可作为优惠券定向发放对象，这样可以扩大定向营销人群范围。

金币兑换优惠券用于 AliExpress App 的金币频道。该频道中包括了各类的游戏玩法和红包优惠，吸引着全球买家定期回访和后续的转化。作为一个大流量的营销平台，店铺可以通过设置店铺优惠券或者报名参加金币全额兑换商品活动吸引更多高黏度的买家到自己的店铺里。需要注意的是，金币兑换的优惠券使用门槛条件必须为 1∶3 以下，即优惠券订单金额/优惠券面额≤3，如优惠券面额为 10 元，那么优惠券订单门槛最高为 30 元，最低不限。

3. 优惠券使用技巧

对于店铺开展优惠券活动，店铺要根据商品的情况及运营情况选择不同的时机。例如，在后台做好设置，买家登录速卖通，有弹框提示"您有三张优惠券即将到期"，通常买家就会进店了解，这就是优惠券的妙处。特别是每逢"6·18""双 11""双 12"大促之际，店铺可以提前半个月预热，整理出一定数量的商品，在半个月时间内合理分配，在首页增加活动信息，提醒进店的访客"在各个时间段内可以领取到店铺相应的秒杀商品优惠券，可用来购买我们制定的商品"，以此来吸引进店铺访客下单购买。

店铺针对不用商品，对优惠券可以设置不同的使用门槛。店铺对优惠券设置不同的使用门槛，方便向不同买家发放，从而在一定程度上保证店铺利益，在设置优惠券使用门槛时，成本和客单价是店铺综合考虑的两个因素。要根据客单价的不同设置不同的优惠券使用门槛，优惠券最低使用门槛设置要大于店铺的最低客单价。例如，夏季服饰比秋冬季服饰价格偏低，一般利润也会相对低一些，结合店铺的实际情况，店铺在设置优惠券使用门槛时，就要满足高于一件宝贝价格但低于两件宝贝价格的条件，即买家要使用优惠券就需要购买两件商品才能享受优惠。例如，某服装店铺的平均客单价是 87.34 元，而店铺商品价位在 40~90 元，店铺优惠券使用门槛可以设置为满 100 元可使用 10 元优惠券，相当于商品打 9 折，买家为了获取优惠进而增加购买量，从而增加了客单价。

设置合理的有效期。设置优惠券有效期要恰到好处，既要避免优惠券使用有效期过长，买家领了优惠券不用，又要防止优惠券使用有效期设置过短，买家领了优惠券想用时又失效，这样不仅店铺转化率得不到提高，还可能让买家对店铺失去好感。店铺要根据商品所处的阶段去设置优惠券的有效期。例如，店铺上新商品阶段，这时优惠券的有效期设置要在上架前 7 天到上架后 7 天，这段时间内买家对新品充满期待和新鲜感，可以把握这段时间让新品快速破零；而在清仓阶段，优惠券的有效期一般控制在 2~3 天，对买家形成紧迫感，促使买家快速下单购买。

总之，上述四种方式是店铺开展营销活动时常用的方式，店铺要结合经营的商品和买家的心理及消费行为习惯，灵活开展不同的店铺活动或多重叠加活动，以便更好地增加客单价，进而增加店铺整体的人气、流量和销售额，取得更好的营销效果。

9.6 行业选品与行业数据分析

9.6.1 行业选品

跨境电商商家在选择具体商品之前，首先要确定合适的细分行业，确定哪个国家为主要目标市场。行业选品的具体流程为先选行业，再选品类，确定商品架构，确定目标市场，找热销/热搜属性，最终结合货源做出选择。站内选品整体思路有以下几个。

① 行业情报。用于了解行业细分品类的流量、成交量以及供需情况的现状及趋势，还可以了解细分品类的热门国家。如果有优势货源，我们需要看行业情报是否适合。如果适合，我们则可借助选品专家进行分析定位；如果不适合，我们需要关注蓝海行业，进行行业情报分析。

② 选品专家。用于确定具体的商品属性以及商品款式。

③ 搜索词分析。通过消费者的搜索词来确定商品更加具体的细分市场（即商品最终定位）。搜索词分析也对商品标题的拟定有重要的参考意义。

9.6.2 行业数据分析

在借助行业情报确定了具体的品类之后，我们还要确定具体卖什么属性的商品以及细分市场该如何定位。这时候需要做的是利用选品专家来了解平台热卖的是什么属性的商品。行业数据分析主要分析以下内容（这部分内容以速卖通为例进行介绍）。

1. 爆款选择

在经营过程中，选择的商品为当前市场需求比较旺盛的商品，其盈利的可能性才比较大，这种需求比较旺盛的商品，一般被称为"爆款"。选择爆款时有以下几点需要注意。第一，选择的商品要为热销品。例如，冬天泳装的需求量比较小，泳装就不能作为热销品，也就不能作为爆款。第二，同样是爆款，要注意自己推广的商品与其他商品的差异性特点。很多中小商家在设置爆款商品的时候，都会选择跟随一些大商家的策略，看到大商家在销售什么，自己也销售什么，这样做很少能够成功，因为中小商家相对于大商家明显具有滞后性。当大商家在销售这些热卖商品的时候，其实已经预示这款商品的热度在不久后就会慢慢消退，最后淡出市场。如果中小商家在这个时候才开始准备进货销售的话，将明显滞后于市场，从而处于劣势。第三，注重商品的性价比，提高商品的转化率。商品要热销，首先的一个因素是其价格不能太高，同时质量也要过关，所以性价比就显得尤为重要，商家要把握好质量和盈利的中间点。

速卖通平台的"选品专家"模块提供的"TOP 热销商品词"页面可以查看全球最近一天某行业的热销商品的品类，其中圆圈越大，表明商品的销量越高。圆圈展示的图上不能详细地查看商品分类细化数据，你可以单击"下载原始数据"查看"Hot_sale"热销词表。接下来，你可以通过单击具体的商品查看该商品的销量详细分析情况，其中圆圈面积越大，表示商品销售量越大；连线越粗，表示消费者对相关商品的关注度越高。

2. 热搜品确定

店铺的成功运营仅靠一两种爆款是不够的，还要有能够给店铺带来持续销量和利润的商品。这些商品虽然单件给店铺带来的销量和利润不如爆款商品高，但是在店铺经营过程中，更多的商品是属于这一类型的商品，因此要注重店铺中爆款之外的其他商品的搜索量和销售情况。速卖通"商机发现"中有一个"搜索词分析"模块，该模块可以进行热搜词、飙升词以及零少词的显示和分析。

3. 关键词分析

速卖通平台限定商家商品标题设置的关键词字数为 120 个字符。标题是系统平台在关键词匹配时的重要内容，因此如何有效地利用这 120 个字符的长度对于商家来说是需要认真考虑的一个内容。一般优质标题的设定应该遵循下列格式：风格词+商品分类词+特征属性词+颜色+尺码。在确定关键词内容时，除了根据商品的具体情况确定特征属性词和商品分类词来选择关键词，还可以通过热搜词列表和飙升词列表来选择关键词。在关键词选择时，如果大部分商家都选择同样的关键词，那么该种关键词所起到的搜索作用就会大大降低，这时飙升词中的某些词汇作为关键词反而会有意想不到的效果。

实践训练

借助速卖通或敦煌网平台，选择某一类商品，以小组为单位进行跨境电商开店实训操作，并在一定时间内（如两周或一月）查看经营情况，如询盘量、成交量。在本章课程结束时提交以下资料，以运营成绩和现场表现为最终成绩。

1. 以 Word 文档方式呈交完整的运营月度分析报告。

2. 制作 PPT 宣讲说明。

3. 制作店铺运营月度分析报告宣讲视频（3～5 分钟，MP4 格式，必须为小组成员宣讲的视频，出镜人数自定）。

练习题

一、单项选择题

1. 下列不属于典型的跨境电商平台的是（   ）。

    A. 速卖通   B. 京东   C. eBay   D. Wish

2. 下列不属于跨境电商物流方式的是（   ）。

    A. 海外仓   B. 跨境专线物流   C. 邮政物流   D. 韵达快递

3. 下列不属于速卖通常用的营销方式的是（   ）。

    A. 店铺优惠券   B. 满立减

    C. 搜索引擎营销   D. 限时限量折扣

4. 跨境电子商务是一种新型的商务运作模式，以下不属于跨境电子商务的是（   ）。

    A. 淘宝   B. 考拉海购   C. 京东全球购   D. 速卖通

5. 速卖通、亚马逊、eBay 这些属于哪些类型的电商平台？（   ）

    A. 进口跨境电商平台   B. 本土化跨境电商平台

    C. 国际 B2C 跨境电商平台   D. 出口跨境电商平台

二、名词解释

跨境电商   跨境支付   跨境物流

三、简答题

1. 跨境电商发展现状如何？

2. 跨境电商是如何分类的？

3. 如果你今后从事跨境电商业务，应该做哪些准备？又该如何选品？

4. 从中国发往北美国家的商品，应该选择哪种物流方式？

第10章　网络店铺运营

📁【学习目标】

本章主要介绍网络店铺运营的相关内容。通过本章的学习，读者应了解网络店铺运营的基本流程和主要环节；能够进行网络店铺开设的相关处理；能够基于网络店铺的定位进行网络店铺的装修；能够基于用户进行数据分析及选择合适的网络店铺推广方式进行店铺商品的营销处理。

💼【导入案例】

罗江区：电商扶贫案例入选2019年网络扶贫典型案例

罗江区，隶属于四川省德阳市，地处成都平原东北部边缘，有着1 700多年的历史。近年来，罗江区多措并举，以项目带动扶贫，以产业带动就业，促农增收，以扶贫商标和特色品牌带动农产品销售，积极探索网络扶贫电商销售模式，充分发挥电子商务线上线下优势，助力脱贫攻坚工作，目前已取得显著成效。

2016年区供销社承接电子商务进农村项目，建设仓配一体中心，引进韵达快递物流公司，投入120万元用于农村电商发展。截至2018年年底，已在全区完成120个镇村站点建设，为贫困户提供80余个就业岗位。依托农民专业合作社，全区大力推进特色产业发展，2018年新建1万亩柑橘基地，1万亩青花椒基地，新建27个扶贫产业园，覆盖贫困户5 200人，为贫困户增收97.5万元，人均增收306元。2018年年底，贫困户累计分红35.4万元，人均分红110元。

目前，罗江区打造"罗江贵妃枣""春见"等7个扶贫商标品牌，2018年通过电子商务平台为贫困户销售农产品80万元，贫困户人均增收2 000元。此外，罗江区还通过"抖音"等新媒体平台充分宣传打造品牌，提高了农产品附加值。仅"凡滋羊肚菌"品牌就在去年实现销售收入1 600万元，带动贫困户人均增收1 500元。

【思考】

1. 罗江区脱贫的重要原因是什么？
2. 你怎么理解电商扶贫？

10.1　网络店铺的规划

互联网发展迅速，使电子商务进行得如火如荼，吸引了很多企业和个人加入网上开店的大潮中。网上开店运营之初首先进行的就是平台选择和店铺的整体规划，包括选择网上开店的平台、进行网络店铺的定位等。

10.1.1　网上开店的平台

进行网络店铺运营的第一步是选择网上开店的平台。平台的选择非常重要，合理的平台选择可以以最小的成本吸引客户的关注，增加企业或个人的销售额。理想的电子商务平台应该具有良好的品牌形象、简单快捷的申请手续、稳定的技术后台、尽可能高的客户流量等基本特征。当前供个人客户进行网络店铺运营的平台数量不是很多，主要有速卖通、敦煌网等。

> 👓 **课堂思考**　小组选择一个合适的主题开店，讨论选品及开店平台，并说明开店准备及选品依据，小组讨论后由代表发言。

1. 速卖通

速卖通是阿里巴巴集团旗下的跨境电商平台，平台的宗旨是帮助中小型企业与全球的个人消费者实现在线交易。该平台集商品展示、客户下单、在线支付和跨境物流等多种功能于一体，可实现小批量、多批次的商品快速销售，速卖通页面如图 10-1 所示。

图 10-1　速卖通页面

2. 敦煌网

敦煌网成立于 2004 年，是全球领先的在线外贸交易平台，致力于帮助中国中小型企业通过跨境电子商务平台走向全球市场，开辟一条全新的国际贸易通道，让在线交易变得更加简单、安全、高效。多年的专业与口碑使敦煌网目前有 120 多万个境内供应商、3 000 多万种商品，遍布全球 224 个国家和地区，拥有 1 000 万消费者在线购买的规模。其平台每小时有 10 万消费者实时在线采购，每 3 秒产生一张订单！敦煌网是境内首个为中小型企业提供 B2B 网上交易的网站，它采取佣金制，免注册费，只在买卖双方交易成功后收取费用。敦煌网是在线外贸交易额亚太地区排名第一、全球排名第六的电子商务网站。

10.1.2　网上开店的准备

选择好平台之后，接下来就是进行网上开店的相关准备工作。网上开店的准备工作分为心理准备、硬件准备和软件准备几个方面。

1. 心理准备

网络平台的店铺运营是一份艰辛的工作，没有上班族规律的上下班时间，没有节假日，要永远以饱满的热情应对客户的各种询问，要不分刮风下雨及时为客户发货，要忍受没有订单时的心理煎熬。因此从事网络店铺运营，首先要有创业的激情，做好吃苦的准备，以诚信为原则随时以饱满的热情为客户服务。

2. 硬件准备

网络店铺运营是以互联网为技术基础的，因此在经营过程中，必不可少的工具是计算机、打印机等相关设备。如果需要自己进行商品图片的相关处理，还需要购置数码相机、摄影灯等拍摄设备。

3. 软件准备

（1）支付方式选择

支付方式是指购物或消费需要付款时的多种支付途径。各个 B2C 以及 C2C 商家都有不同的支付方式，当前主要的支付方式有各种支付工具支付、货到付款、邮局汇款、银行转账以及分期付款等。网络店铺在运营时，要根据所在平台、店铺特点和商品特点选择合适的支付方式。

（2）物流方式选择

商家在接到客户的订单之后，首先要考虑的问题就是选择什么样的物流方式将商品递送到客户手中。中小型企业或个人一般是选择第三方物流进行商品处理。境内物流典型的第三方快递公司主要有"四通一达"（中通、申通、圆通、百世汇通、韵达），跨境物流主要包括邮政物流、商业快递、跨境专线物流以及海外仓物流方式。每种物流方式的服务、速度、价格以及运作方式都有稍许不同，商家可以根据自己的需求进行选择。

（3）专业知识准备

店铺在运营中，需要处理商品图片，商品的推广营销，回复客户关于物流、支付、商品信息等相关问题,因此在这些方面要具备相关专业知识;要了解自己所出售的商品,做好相关商品的售后服务;要进行合理的商品推广方式的选择以及做好客户关系的维护。

10.2　网络店铺的定位

淘宝网平台适合不同类型、不同等级的商家开店,因此根据自身情况制订合适的经营目标、做好定位很重要。在进行店铺运营定位过程中需要想清楚以下几点:选择什么样的行业,经营什么类别的商品,目标消费者是哪一类群体,也就是要做好行业选择、商品选择和目标消费者辨析。

在当前的大数据时代,以往常的经验式拍脑瓜的方式做决策往往最后会付出惨痛的代价,因此如何利用数据采集更好地为自己的决策选择服务就显得至关重要。阿里巴巴集团尤其是淘宝网平台的数据分析工具随着市场的需求和大数据的发展一直在做调整,在当前基于数据分析基础进行行业选择、商品选择过程中可以首选两种工具。这两种工具一个为阿里指数,另一个为生意参谋。其中阿里指数主要在本节进行介绍,生意参谋主要在 10.6 节"网络店铺的运营和管理"中进行介绍。

阿里指数是阿里巴巴出品的基于大数据研究的社会化数据展示平台,商家可以从这里获取以阿里电商数据为核心的分析报告及相关地区与市场的信息。阿里指数平台如图10-2 所示。

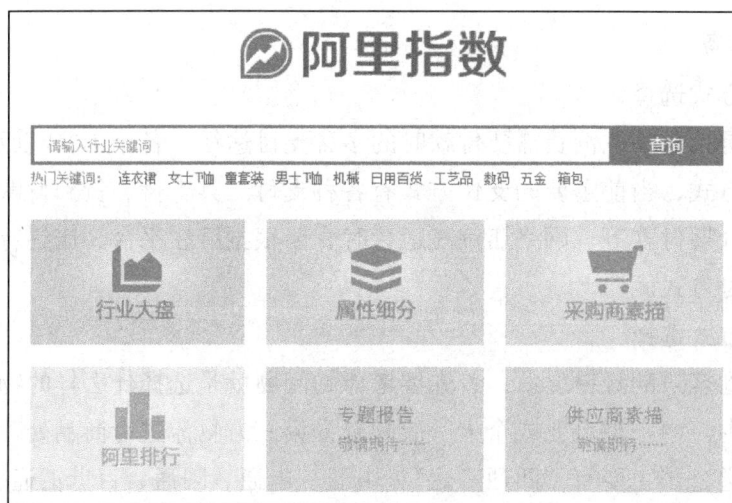

图 10-2　阿里指数平台

1. 行业大盘

在阿里指数搜索框中输入行业关键词后,单击"查询"会出现图 10-3 所示的阿里指数行业数据概况。该页面的侧边栏有四大版块，分别是行业大盘、属性细分、采购商素描和阿里排行。在统计图中，采购指数分为淘宝采购指数和1688采购指数，是分别以"淘宝+天猫"和1688全网为数据基础进行的数据统计。因淘宝、天猫和1688平台的密切关系，两个指标基本吻合。

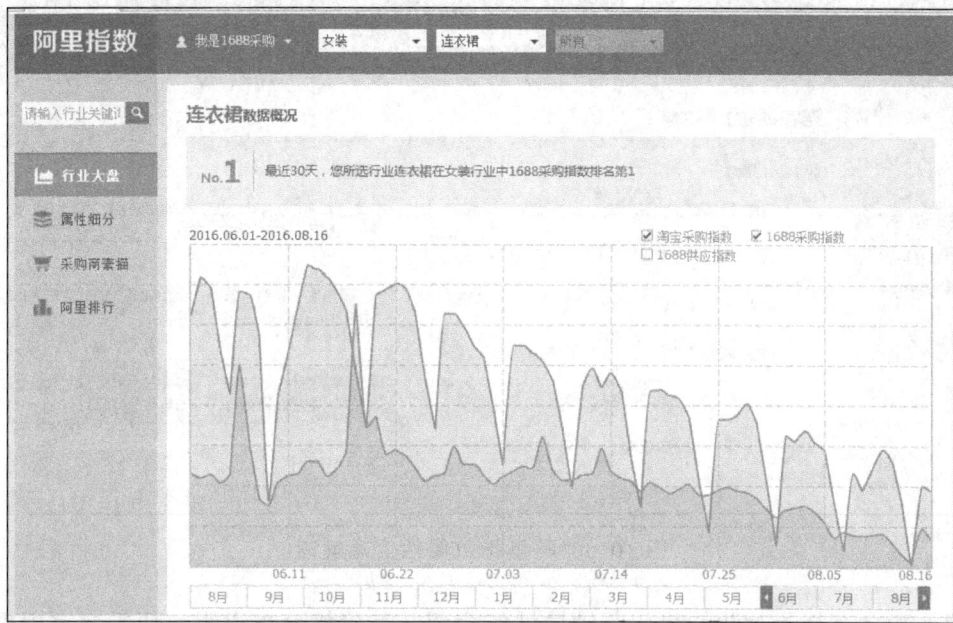

图 10-3　阿里指数行业数据概况

　　阿里指数提供所查询行业最近30天的相关行业信息如图10-4所示，这有助于商家了解市场需求情况，进行需求预测。

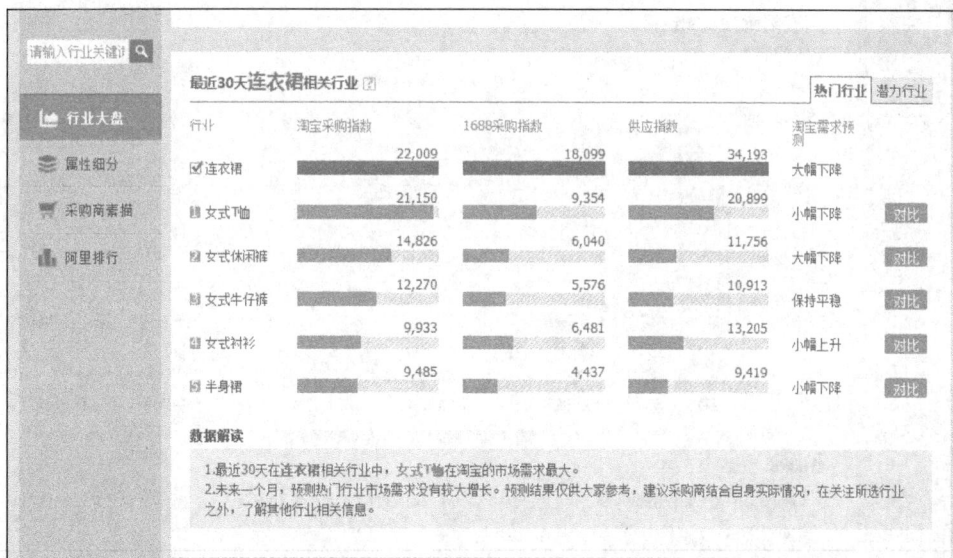

图 10-4　阿里指数所查询行业最近 30 天的相关行业信息

2. 属性分析

阿里指数属性信息解读如图 10-5 所示，在"属性细分"版块中，可以看到所选行业每一个属性数据后都有详细的解读，解读非常清晰细致，容易理解。

图 10-5　阿里指数属性信息解读

接下来会有基于行业的热门营销属性的介绍及其价格分布说明，便于商家根据市场营销控制采购或生产成本。阿里指数热门营销属性信息和阿里指数价格属性信息如图 10-6 和图 10-7 所示。

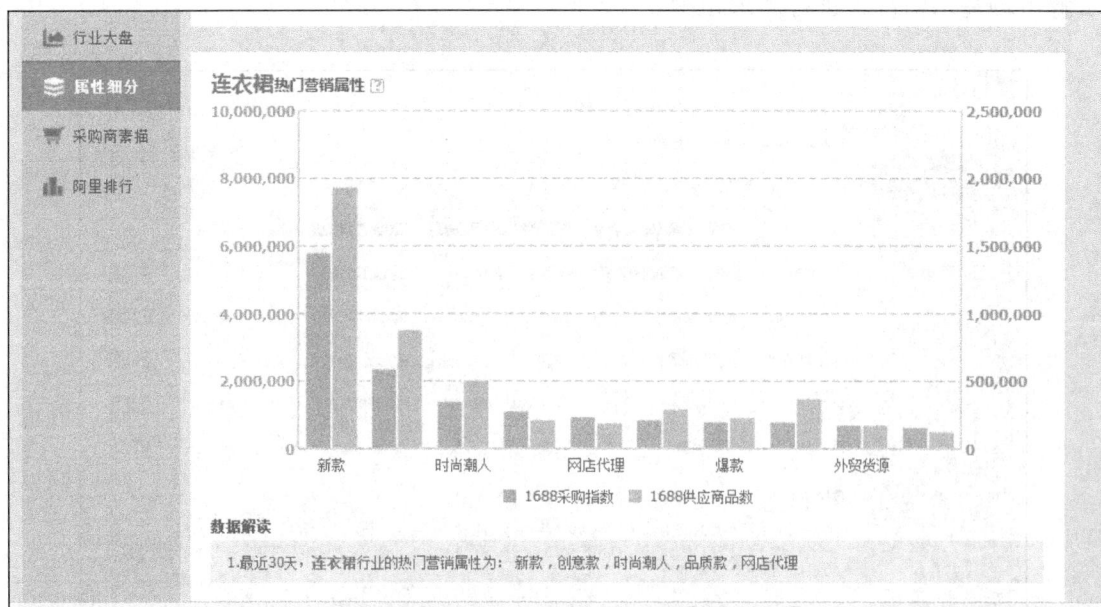

图 10-6　阿里指数热门营销属性信息

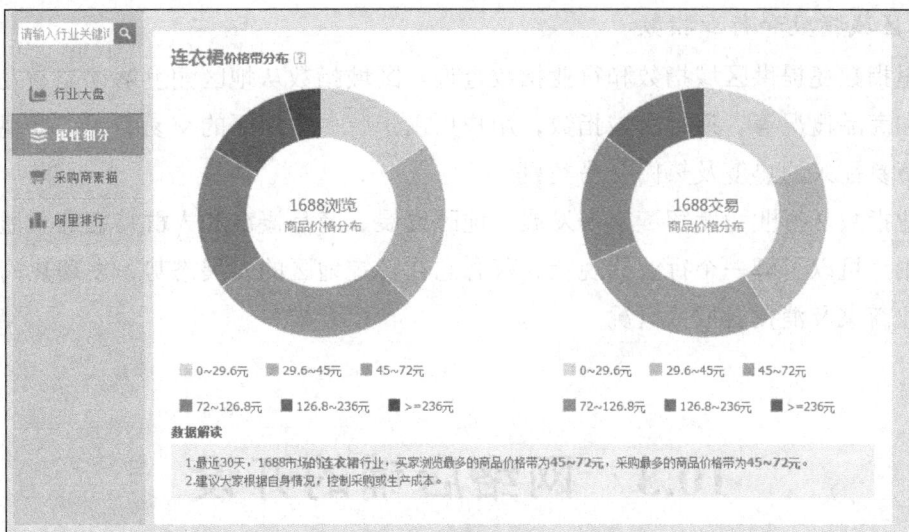

图 10-7　阿里指数价格属性信息

3. 阿里排行榜

阿里排行榜是商品分析和宝贝优化参考的重要指标。阿里排行榜分为几种。搜索排行榜包括 4 项，分别为上升榜（上升最快的词）、热搜榜（热门搜索的词）、转化榜（转化率最高的词）、新词榜（最新出现的词）。这些词语是营销推广、宝贝优化自然排名过程中最有价值的参考词，会直接影响商品的曝光度。除了搜索排行榜，还有商品排行榜，从中可以看出排行最高的商品是什么，可以进行深入分析和研究。同时，公司排行榜、企业官网排行榜在"阿里排行"版块也都有显示。这些数据可以帮助商家了解竞争对手情况，如图 10-8 所示。

图 10-8　阿里排行榜

4．区域指数和行业指数

阿里指数还提供区域指数和行业指数查询。区域指数从地区角度解读交易发展、贸易往来和商品概况等。通过区域指数，用户可以了解一个地区的交易概况，发现它与其他地区贸易往来的热度及热门交易类目。

行业指数从行业角度解读交易发展、地区发展、商品概况和人群特征等。通过行业指数，用户可以了解一个行业的现状，获悉它在特定地区的发展态势，发现热门商品，知晓行业商家及消费者群体概况。

10.3 网络店铺的开设

在本节中，将以淘宝网为例去探讨网络店铺开设内容。在当前全民淘宝的时代，大部分有过网络购物经验的人都有淘宝和支付宝的账号，注册账号的步骤非常简单，在此就不再讲述。要进行网络店铺的开设，需要进行支付宝实名认证，支付宝实名认证的方法和步骤如下。

首先登录淘宝网，图 10-9 所示为淘宝首页"千牛卖家中心"信息显示。

图 10-9 淘宝首页"千牛卖家中心"信息显示

单击"千牛卖家中心-我要开店"后，会出现图 10-10 所示的淘宝卖家中心界面。

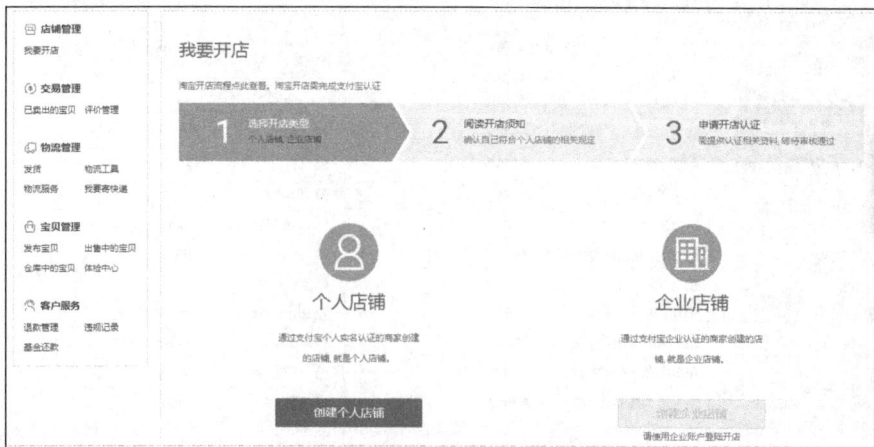

图 10-10 淘宝卖家中心界面

电子商务理论与实务（微课版 第3版）

单击"创建个人店铺-开始认证"按钮后，会出现图 10-11 所示的淘宝实名认证开通界面。

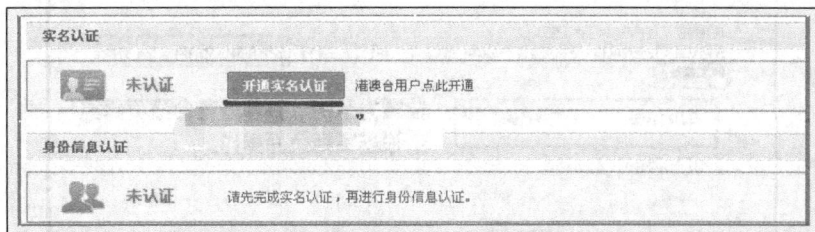

图 10-11　淘宝实名认证开通界面

单击"开通实名认证"按钮后，会出现图 10-12 所示的支付宝实名认证申请界面。

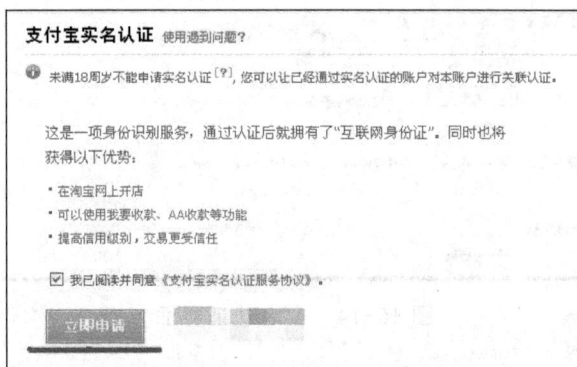

图 10-12　支付宝实名认证申请界面

单击"立即申请"按钮后，会出现图 10-13 所示的认证方式选择界面。

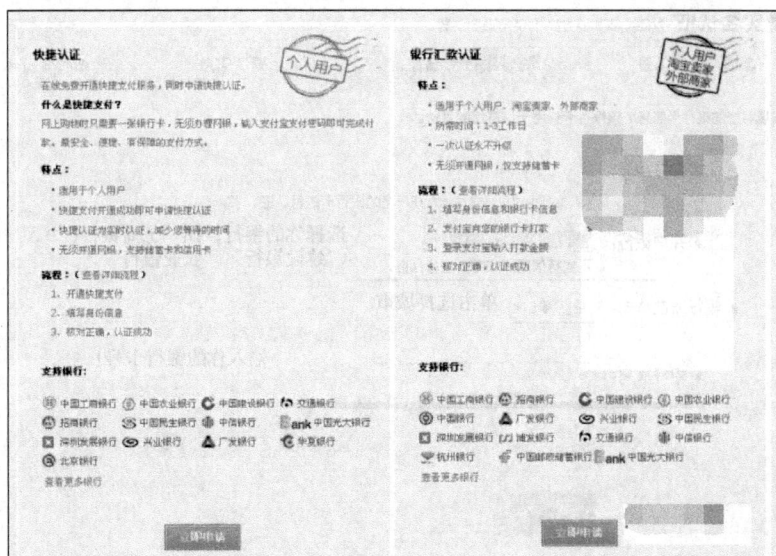

图 10-13　认证方式选择界面

单击"立即申请"按钮后，会出现图 10-14 所示的实名认证界面。

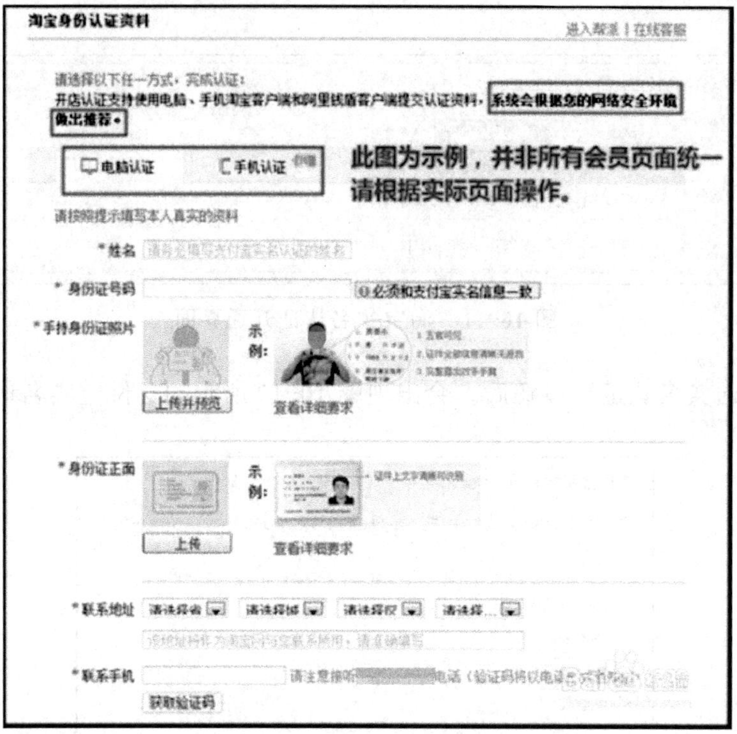

图 10-14　实名认证界面

填写完个人信息，单击"下一步"按钮后，会出现图 10-15 所示的银行卡信息填写界面。

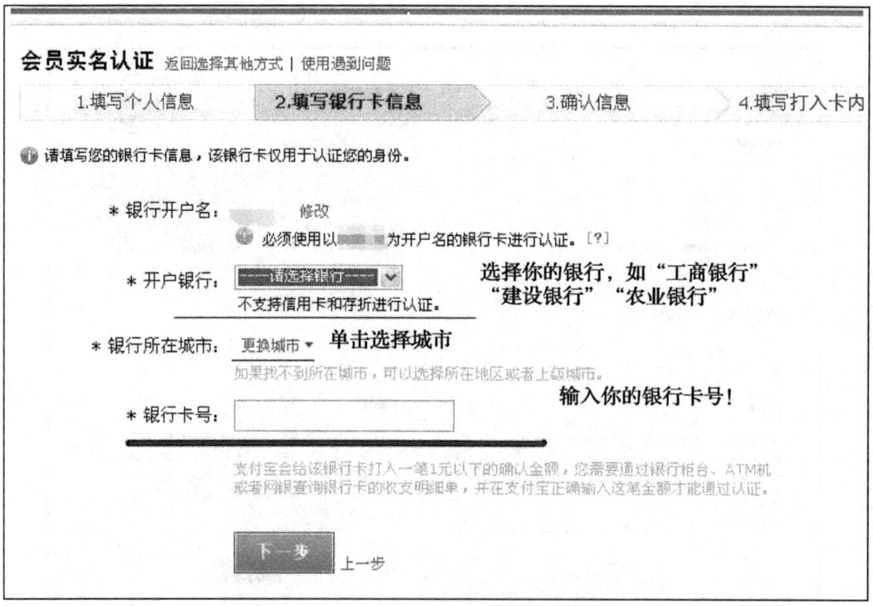

图 10-15　银行卡信息填写界面

电子商务理论与实务（微课版 第3版）

填写完银行卡信息，单击"下一步"按钮后，会出现图 10-16 所示的个人信息和银行卡信息确认界面。

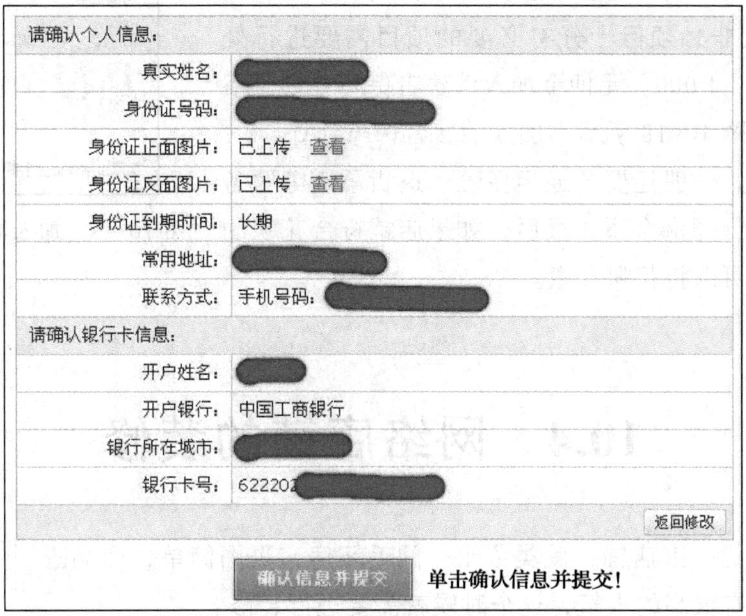

图 10-16　个人信息和银行卡信息确认界面

单击"确认信息并提交"按钮后，会出现图 10-17 所示的认证提交成功界面。

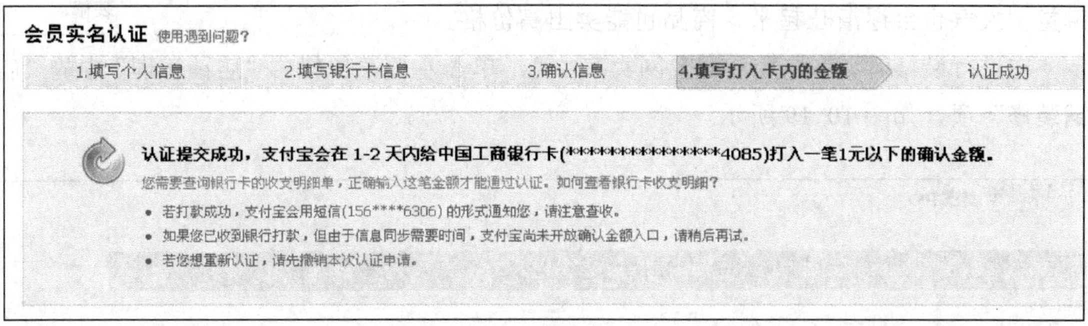

图 10-17　认证提交成功界面

支付宝公司在 1～2 天内，给该银行卡账户打入一笔金额在"1"元以下但不能确定具体是多少的钱款，如果打款成功，支付宝公司会给注册用户登记的手机号码发送短信通知，要求用户登录网银查看。用户登录网银后，可以查看账户明细，会发现有一笔"1"元以下的收入，然后记住具体金额（如 0.12 元、0.36 元等）。用户登录到淘宝网，同样单击"卖家中心"—"免费开店"—"开始认证"—"开通实名认证"，往往此时页面默认的是让用户输入打款金额，用户在输入框中输入正确金额之后，单击"确定"按钮，如果用户输入的金额正确，那么网银认证就通过了。

在网银认证通过之后，用户再进行开店在线考试以及店铺信息的完善，就拥有了属于自己的淘宝网店铺。

仅仅是成功开设店铺还不够，要赢得消费者的信任，还有一些虽然非必须但十分有必要的项目需要进行处理。例如，交"1 000"元押金加入消费者保障计划（俗称"消保"），图10-18所示为加入消费者保障计划。

交完押金，一般还要开通运费险、退货承诺等服务内容，随后再开通淘金币，最后，如果店铺符合花呗的开通条件，也可以将花呗开通。

图 10-18　加入消费者保障计划

10.4　网络店铺的装修

刚刚开设的一家店铺，就类似于一间毛坯房，页面简单，商品匮乏，自然不会有很高的人气，这个时候就需要进行装修。

网店装修指的是在网店平台允许的范围内，通过图片、程序模板等让店铺更加丰富美观，以此来达到吸引买家关注店铺，进而购买本店铺商品的目的。店铺装修很重要，装修好的商店会给人一种专业的感觉，人气也会逐渐旺起来，商品也能卖出高价格。

微课 扫一扫：

网店运营之店铺装修

在进行装修时，首先登录淘宝网卖家中心，单击左侧菜单栏中"店铺管理"中的"店铺装修"项，如图10-19所示。

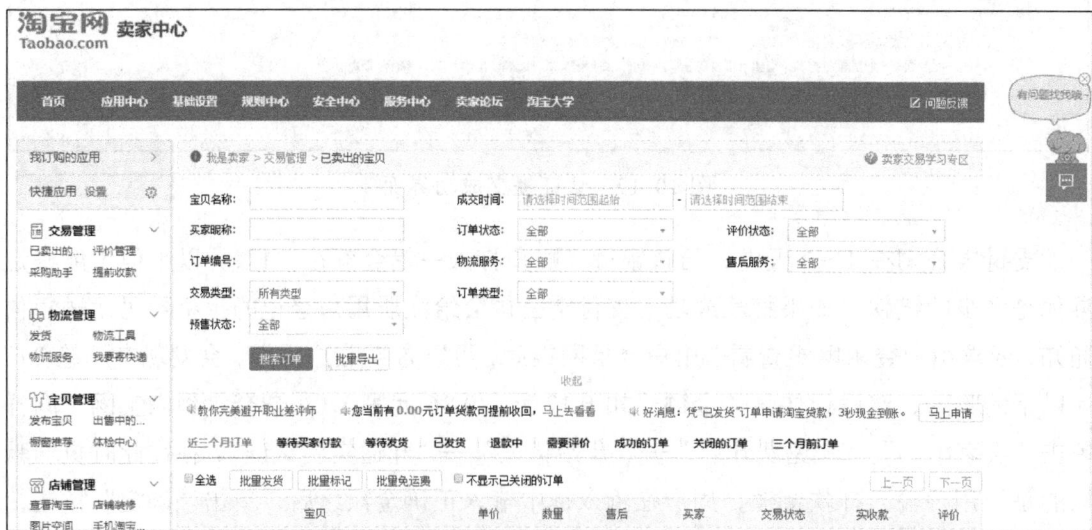

图 10-19　淘宝网卖家中心

进入装修页面后，选择"页面管理"，再选择店铺首页，进入线上首页，可看见以下页面，图 10-20 所示为页面管理界面。

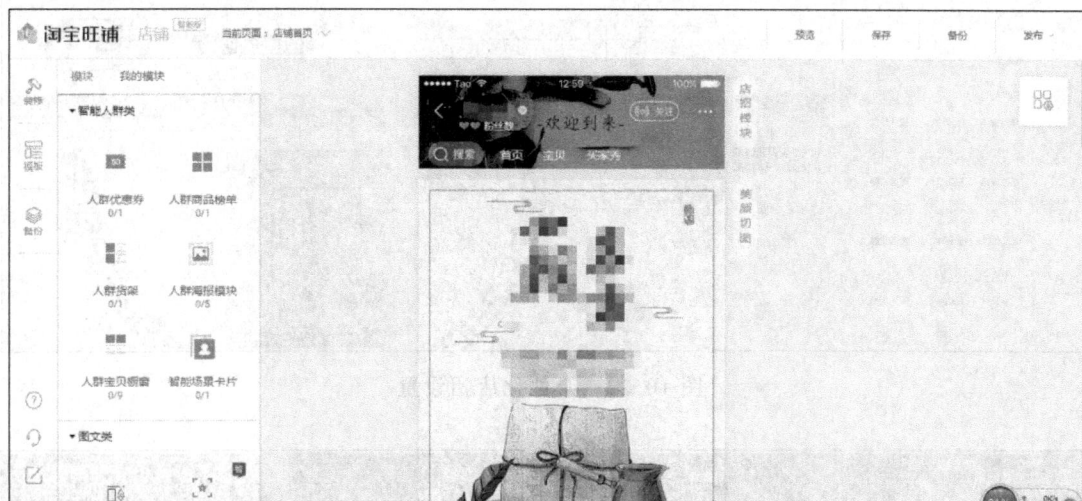

图 10-20　页面管理界面

接下来就是店铺页头设置，进入"基础设置-店铺招牌设置"，图 10-21 所示为店铺页头设置。

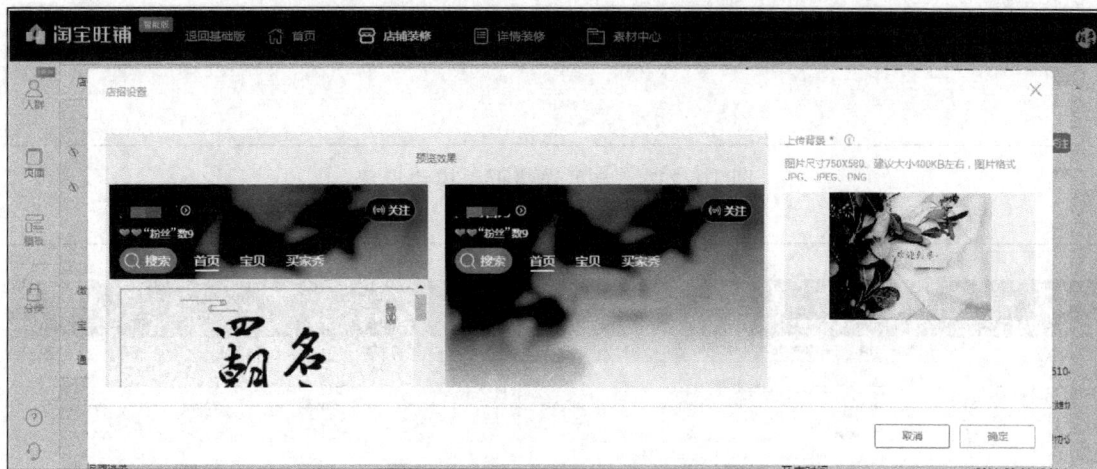

图 10-21　店铺页头设置

店铺首页招牌的通栏/店招很重要，可以通过自定义招牌进行设计，设置自己个性化的店招。图 10-22 所示为个性化店招设置。

接下来进行页面其他模块的装修设置，图 10-23 所示为"宝贝详情页"模块设置。

店铺装修还包括店铺商品分类管理设置等，图 10-24 所示为店铺商品分类管理设置。

图 10-22　个性化店招设置

图 10-23　"宝贝详情页"模块设置

图 10-24　店铺商品分类管理设置

　　在店铺装修过程中，如果是新开店铺但又没有专业美工进行店铺装修的话，采用装修市场现成的装修模板进行店铺装修是一种可选的省时省力的方法，图 10-25 所示为装修官方模板。

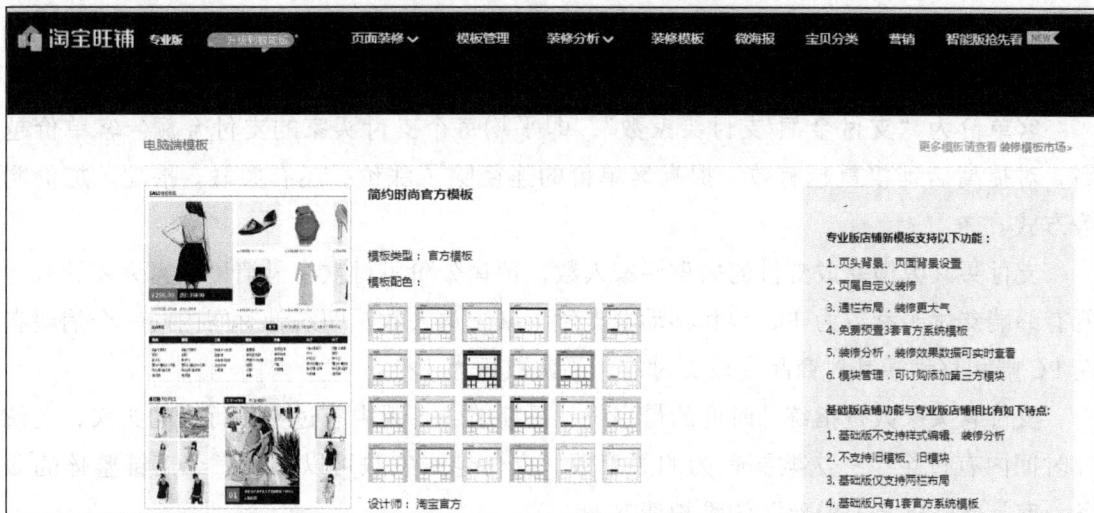

图 10-25　装修官方模板

　　模板当然不是免费的，需要按月付费，但是这个费用与商家花大量的时间、大量的精力从头开始进行店铺装修设计的付出相比还是非常值得的。

　　这时，我们已经有了可以进行实际操作的店铺了，但这个时候店铺还是个空壳，我们需要在里面添加商品和内容。

10.5　网络店铺数据分析

　　对于一家店铺来说，能否对店铺经营进行有效分析并辅助决策，成为商家经营成功的关键。现实中有很多辅助商家的工具，如生意参谋、亚马逊 AWS、量子恒道、数据魔方等。淘宝生意参谋给出的分析店铺的五大核心数据指标是交易、流量、商品、推广和服务。

1. 交易

　　交易维度包含支付金额、支付转化率、客单价、支付买家数、支付老买家数、老买家支付金额、支付件数和支付子订单数。

　　支付金额指买家拍下商品后通过支付宝支付给商家的金额，未剔除事后退款金额，预售阶段付款在付清当天才计入，货到付款订单确认收货时计入。支付金额越多，店铺权重提高越快。当支付金额在下滑或者上升的时候，就需要对比下滑或者上升前的数据表现，找出出现问题的商品或渠道，并及时改进。

　　支付转化率为"支付买家数/访客数"，即来访客户转化为支付买家的比例。转化率的高低可以说明买家对店铺商品的喜好程度，且一定要对比同行的转化率。如果店铺支付转化率低，需要先找店铺单品，再对比同类同价位商品的支付转化率情况，并采取相应措施，及时改进。

客单价为"支付金额/支付买家数"，即平均每个支付买家的支付金额。客单价越高，对提高店铺权重越有效。提高客单价的途径除了涨价，还有关联、搭配、加价购等方式。

支付买家数指完成支付的去重买家人数，预售分阶段付款在付清尾款当天才计入；所有终端支付买家数为 PC 端和移动端支付买家去重人数，即统计时间内同一个消费者在 PC 端和移动端都对商品完成支付的，买家数记为 1 个。

支付老买家数是指统计时间的最小统计日期前 365 天内有过支付行为的买家，在统计时间内有过至少一次购买行为的买家数。支付老买家数可以反映一个店铺整体的服务、商品质量以及"粉丝"的维护情况。

老买家支付金额指统计时间的最小统计日期前 365 天内有过支付行为的买家在统计时间内的累计支付金额。老买家支付金额越高，说明店铺在维护客户方面做得越到位。

支付件数指统计时间内，买家完成支付的商品数量。

支付子订单数指统计时间内的支付笔数，如某个买家在某个店铺购买了多件商品并一起下单支付，订单后台会展现每个商品，每个库存保有单位（Stock Keeping Unit，SKU）粒度下会有一条记录，这个就是一个子订单。

2. 流量

访客数指统计时间内访问店铺页面或商品详情页的去重人数，一个人在统计时间范围内访问多次只记为一次。所有终端访客数为 PC 端访客数和移动端访客数相加去重。访客数的多少意味着店铺人气的好坏，商家往往在看到访客数下滑的时候才开始察觉到店铺出现了问题。现实中，商家应该时刻掌握店铺访客情况，提前做好优化，防止出现不可逆转的局面。

人均浏览量为"浏览量/访客数"，多天的人均浏览量为各天人均浏览量的日均值。人均浏览量越高，说明整个店铺的商品关联做得越好，同时也说明整个店铺有一个统一的调性，也意味着跳失率低，因此店铺整体的人气也会得到很好的提高。

3. 商品

加购人数指统计时间内，访客将商品加入购物车的访客去重数。商品加入购物车的数量代表着买家对该商品的认可度和喜爱度。加购人数越多，就越可以提高商品的标签化流量。商家应该主动引导买家把商品加入购物车，第二天可以通过购物车营销提高加车人群的转化率。

加购件数指统计时间内，买家加入购物车的商品件数之和。商品收藏人数指统计时间内，新增点击收藏商品的去重人数，不考虑取消收藏的情况。它显示了当前某类商品的人气。当发现收藏、加入购物车数据下滑时，商家应及时细分各类商品，逐一分析，找出是哪款商品在下滑，并且分析影响收藏或加入购物车数据下滑的原因。

4. 推广

直通车消耗指统计时间内，直通车消耗费用的金额。钻石展位消耗指统计时间内，钻石展位消耗费用的金额。淘宝客佣金指统计时间内，淘宝客消耗费用的金额。如果发现店铺的淘宝客佣金变多或者淘宝客佣金一直不错，说明店铺的商品一直都有淘宝客在推广，商家应主动发现长期帮助其推广的淘宝客，并筛选表现较好的淘宝客，将其培养成自己店铺的淘宝客，创建更高佣金的定向计划并邀请这几个淘宝客进入高佣计划，从而产生更好的推广效果。

5. 服务

成功退款金额指统计时间内，消费者成功退款的金额，退款包括售中和售后的仅退款和退货退款（不包含货到付款的退款金额）。当店铺的退款金额超过店铺营业额的 10% 时，商家应查看退款商品，分析退款原因，特别是因为商品质量问题出现的退款，则该商品必须停止出售，待商品质量提高后再继续出售，否则将会影响店铺整体的权重；如果是服务问题，就需要提高客服能力。

10.6　网络店铺的运营和管理

基于 10.2 节介绍的阿里指数的数据分析，再结合商家的资源情况，卖家应该就能够大体确定其经营行业和经营方向了。选定行业和选定商品类别很重要，但是如何采购到合适的商品也很重要，这就是进货的问题。在哪里进货，以什么样的价格进货，每种类别的货物进多少，如何处理退换货问题，这些都需要商家认真考虑。因为每个商家的资源不同，所以在这一环节就要多动手、多动口、多调动资源，去寻找最适合自己的低价优质的商品。

例如，有的商家有大厂家销售的人脉关系，能够以低价拿到大厂家的商品，这就是商家独特的货源优势，一定程度上也就奠定了其良好的销售基础。再如，有的商家对于全球采购有很深刻的理解并且也有相关人员能够辅助进行全球采购，那他就可以进行境外商品的销售，这也是不错的选择。有的商家所在地区有大量批发商城，可以进行低价的商品批发，并在网上售卖；有的商家进行的是网络商品的代理，可以在阿里巴巴平台上进行采购等。

有了商品后，在网络店铺的经营过程中，还要有市场数据的参考来辅助商家调整当前的市场操作，其中生意参谋就是很重要的数据来源。

生意参谋集数据作战室、市场行情、装修分析、来源分析、竞争情报等数据产品于一体，是商家统一数据产品平台，是大数据时代下赋能于商家的重要平台。

1. 市场行情

生意参谋中有一个市场版块，有助于商家了解当前的市场行情情况，利于商家结合行业的实际情况，确定所卖的东西是不是市场需要的。

图 10-26 所示为店铺实时趋势图，基本上任何一个行业都存在淡旺季，任何一个行业在一天中的不同时段也存在着销售的波动。市场行情分析的第一步就是确定自己的商品在当前的具体情况特征。单击图 10-26 左侧的"市场大盘"，可以看到行业大盘的走势情况，在其中选择搜索人气和交易指数两个指标，如果这两个指标都在持续下滑，就说明现在所选择的这个行业存在问题，这个行业不应该是开店的最优选择。

图 10-26　店铺实时趋势图

2. 属性分析

在淘宝经营店铺，商家不能单凭自己的喜好来卖东西，一定要经过严格的选款，产品的属性选择也是如此。

在生意参谋中，选择"属性分析"中的"属性排行"，用户可以看到热销属性的排行，然后再单击"热销组合属性榜"，里面的数据可以帮助我们更好地选择更具有市场潜力的商品进行推广。图 10-27 所示为生意参谋商品热销属性排行。

然后单击"属性值"，进入属性详情页，添加属性后就能看到销售额的变化。图 10-28 所示为生意参谋属性详情页。

电子商务理论与实务（微课版·第3版）

图 10-27　生意参谋商品热销属性排行

图 10-28　生意参谋属性详情页

再往下拉，我们就能看到属性趋势和卖得好的宝贝，并以此进行参考。图 10-29 所示为生意参谋属性趋势图。

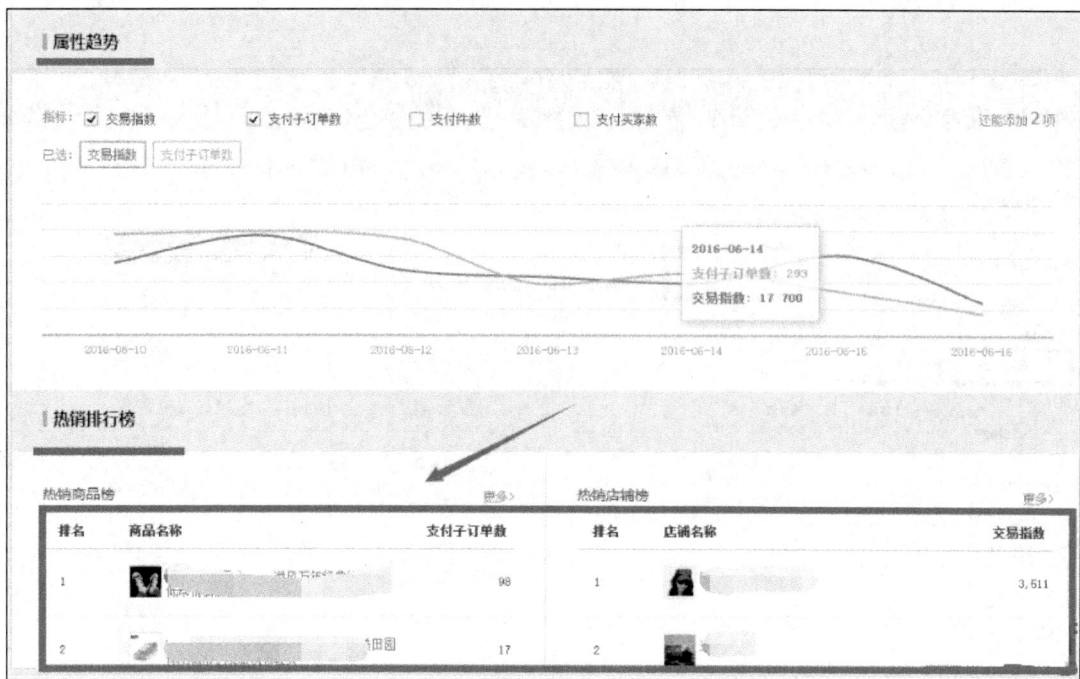

图 10-29　生意参谋属性趋势图

3．竞争对手分析

运营店铺一定要看竞争对手的流量词、详情页、主图和定价等。图 10-30 所示为生意参谋竞争对手分析。

图 10-30　生意参谋竞争对手分析

4．网络营销推广方式

分析完竞争对手，卖家就要对自己的店铺经营进行完善，也要靠数据说话。商品效果图如图 10-31 所示。

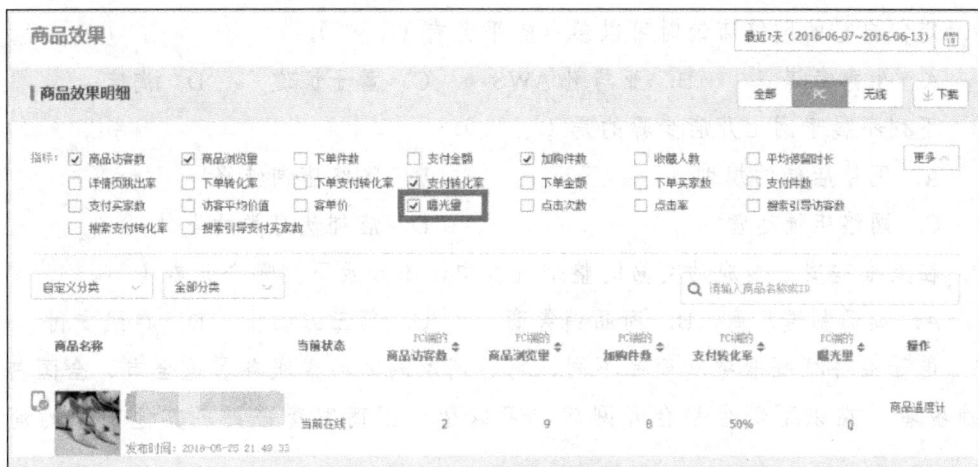

图 10-31　商品效果图

在这里，用户可以看到商品访客数、商品浏览量、支付转化率、曝光量等指标。如果有了曝光量，但是没有流量，那么就需要优化主图；如果有了流量，但是支付转化率比较低，那么就需要考虑价格、详情页、评论等因素；如果支付转化率低于同行同层级均值，那么就应该进一步分析是什么原因导致的这种情况，然后进行改正。

简单的市场数据分析可以让我们更直接地了解市场行情和走势，也便于我们布置店铺的主打商品以及解决后续供应链的相关问题，让我们在店铺运营和推广商品时有数据依据和参照。

上述内容只是介绍了生意参谋这一工具的部分典型功能，相关工具还有很多内容，商家可以好好去挖掘，从而辅助自己做好店铺经营和管理。

实践训练

小组根据店铺选品，完成以下内容。

1. 在淘宝、易趣、速卖通中任选一个平台，开设网络店铺。
2. 对自己开设的网络店铺进行装修。
3. 在开设的网络店铺中实际进行相关商品的销售，进行网络店铺的运营和管理。

练习题

一、单项选择题

1. 作为个人卖家，下列哪个不是常见的网上开店平台的选择（　　　）。

　　A. 凤凰网　　　　　B. 敦煌网　　　　　C. eBay　　　　　D. 淘宝

2. 定位自己的网络店铺时可以参考的平台有（　　）。

    A. 生意参谋　　　　B. 亚马逊 AWS　　　C. 量子恒道　　　D. 淘宝

3. 下列不属于网上开店步骤的是（　　）。

    A. 网络店铺的规划　　　　　　　　　B. 网络店铺装修

    C. 网络店铺运营　　　　　　　　　　D. 店铺优惠券的发放

4. 在天猫完成一个成功交易的整个流程中，不涉及下列哪个元素（　　）。

    A. 商品制造厂商　　B. 商品销售商　　　C. 第三方物流　　D. 在线支付

5. 电子商务根据服务和商品不同，可让商家的商品或服务覆盖全市、全国甚至全球的消费者。在以下哪个平台开网店，可以帮中国商家覆盖更多其他国家的消费者（　　）。

    A. 淘宝　　　　　　B. 速卖通　　　　　C. 小红书　　　　D. 京东

二、名词解释

店铺营销　网店运营　店铺数据分析

三、简答题

1. 淘宝、易趣、速卖通这几大平台有什么相同点与不同点？

2. 现在你准备在网上开店，需要事先做好哪些准备工作？

3. 在网络店铺运营过程中，你认为应该重点把握哪几个方面？

4. 什么是淘宝搜索关键词？

5. 当你通过关键词找出的最优类目与商品不一致时，你会怎么做？

参 考 文 献

[1] 特班，等. 电子商务：管理视角[M]. 严建援，等译. 北京：机械工业出版社，2010.

[2] 陈德人. 网络零售[M]. 北京：清华大学出版社，2011.

[3] 邵兵家. 电子商务概论[M]. 3版. 北京：高等教育出版社，2011.

[4] 瞿彭志. 网络营销[M]. 4版. 北京：高等教育出版社，2014.

[5] 毕娅. 电子商务物流[M]. 北京：机械工业出版社，2015.

[6] 贺刚. 电子商务物流[M]. 成都：西南财经大学出版社，2013.

[7] 马化腾，等. 互联网+：国家战略行动路线图[M]. 北京：中信出版社，2015.

[8] 李洪心，马刚. 电子支付与结算[M]. 2版. 北京：电子工业出版社，2015.

[9] 瞿彭志. 网络金融与电子支付[M]. 北京：化学工业出版社，2014.

[10] 杨坚争，杨立钒，赵雯. 电子商务安全与电子支付[M]. 2版. 北京：机械工业出版社，2011.

[11] 周虹. 电子支付与网络银行[M]. 3版. 北京：中国人民大学出版社，2016.

[12] 商玮，段建. 网络营销[M]. 2版. 北京：清华大学出版社，2015.

[13] 程虹. 网络营销[M]. 北京：北京大学出版社，2013.

[14] 张波. 电子商务安全[M]. 北京：机械工业出版社，2015.

[15] 唐四薪. 电子商务安全[M]. 北京：清华大学出版社，2013.

[16] 王忠元. 移动电子商务[M]. 北京：机械工业出版社，2015.

[17] 陈建忠，赵世明. 移动电子商务基础与实务[M]. 北京：人民邮电出版社，2016.

[18] 李耀东，李钧. 互联网金融框架与实践[M]. 北京：电子工业出版社，2014.

[19] 罗明雄，唐颖，刘勇. 互联网金融[M]. 北京：中国财政经济出版社，2013.

[20] 胡世良. 互联网金融模式与创新[M]. 北京：人民邮电出版社，2015.

[21] 陈勇. 中国互联网金融研究报告：2015[M]. 北京：中国经济出版社，2015.

[22] 汤兵勇，熊励. 中国跨境电子商务发展报告（2014—2015）[M]. 北京：化学工业出版社，
2016.

[23] 易传识网络科技. 跨境电商多平台运营[M]. 北京：电子工业出版社，2015.

[24] 速卖通大学. 跨境电商：阿里巴巴速卖通宝典[M]. 2版. 北京：电子工业出版社，2015.

[25] 王利锋. 网店运营实务[M]. 北京：人民邮电出版社，2015.

[26] 恒盛杰电商资讯. 电商淘金：网店数据化管理与运营[M]. 北京：机械工业出版社，2015.

[27] 王方华，徐飞. 盈利胜经[M]. 上海：上海交通大学出版社，2005.

[28] 方华. 现代企业管理[M]. 上海：复旦大学出版社，2005.

[29] 丁晖，等. 跨境电商多平台运营[M]. 北京：电子工业出版社，2015.

[30] 姚炜. 第四方物流与第三方物流协作机制研究[J]. 改革与战略，2016（11）：144-146.

[31] 潘娅媚. 第四方物流运作模式及发展前景分析[J]. 商业经济研究，2016（12）：82-85.

[32] 李玮，胡红兵. 电子商务环境下"最后一公里"物流配送合作模式研究[J]. 山东英才学院学报，2016，12（2）：42-47.

[33] 张晓晖. 网红经济下直播营销的新趋向[J]. 出版广角，2017（21）：65-67.

[34] 张晓晖. 网红经济下直播营销的新趋向[J]. 出版广角，2017（21）：65-67.

[35] 马大力. 视觉营销[M]. 北京：中国纺织出版社.

[36] 禹杭，谢毅，陈香兰. 视觉营销眼动研究：回顾与展望[J]. 外国经济与管理，2018，40（12）：98-108.

[37] 张牧. 新媒体时代下视觉营销在品牌整合传播中的应用[J]. ART AND DESIGN，2018，（10）：39-41.

[38] 张兆曦，赵新娥. 互联网金融的内涵及模式剖析[J]. 财会月刊，2017，（02）：84-91.

[39] 中国流通经济. 我国微商新业态发展现状、趋势与对策[J]. 财会月刊，2016，12（30）：47-56.

[40] 张华鑫，祝金玲，梁楠，庄天宝. 基于微信平台的H5宣传页面优势与局限性研究——以交互式移动营销产品为例[J]. 通讯世界，2018（09）：273-275.

[41] 余荣华. "军装照"H5为何能刷屏朋友圈[J]. 新闻与写作，2017（09）：78-80.

[42] 李玮. 我国专业型电商面临的竞争环境与转型策略[J]. 对外经贸实务，2016（5）：30-33.